Knaur.

Die Autorin:
Nicole Mtawa wurde 1979 in Schwäbisch Gmünd geboren und bereiste über längere Zeit Australien, Indien und Afrika. Gemeinsam mit Ehemann Juma unterstützt sie in ihrer neuen Heimat Tansania notleidende Kinder und Jugendliche. Das Geld für ihre Hilfsprojekte verdienen Nicole und Juma mit Jobs in Tansania und Europa.

Nicole Mtawa

Sternendiebe

Mein Leben in Afrika

Knaur Taschenbuch Verlag

Besuchen Sie uns im Internet
www.knaur.de

Originalausgabe Dezember 2009
Knaur Taschenbuch

Redaktion: Angela Gsell
Umschlaggestaltung: ZERO Werbeagentur, München
Umschlagabbildung: Gettyimages / The Image Bank / Harald Sund
Satz: Adobe InDesign im Verlag
Druck und Bindung: CPI – Clausen & Bosse, Leck
Printed in Germany
ISBN 978-3-426-78300-9

2 4 5 3 1

Für Juma

Maisha ni furaha
Life is happiness
Leben ist Freude

Danke, dass du daran geglaubt hast!
In tiefer Liebe und voller Respekt

Ich wünsche mir von Herzen, dass der Schmerz von uns, den Straßenjungen aus Tansania, auf der ganzen Welt wahrgenommen wird. Es ist dieser Schmerz, über den ich weine, während ich meine Geschichte erzähle. Werden wir wirklich eines Tages Gerechtigkeit erleben, oder wird es immer nur ein Traum bleiben?
Ich habe jetzt lange genug gelitten, dies sollen meine letzten Monate auf der Straße sein! Menschenleben können sich von einem Tag auf den anderen ändern. Niemand ist dazu bestimmt, sein ganzes Leben lang arm zu bleiben. Jeder Mensch ist reich, denn er besitzt ein Herz und eine Seele. Und vergiss niemals: Wenn du dich um ein gutes Leben bemühst, dann bekommst du es auch.
Wir dürfen nur niemals die Hoffnung verlieren, auch wenn wir oft traurig sind. Das Straßenleben zerstört uns. Wir haben keine Arbeit und keine Zukunft. Unsere Eltern sind so weit weg. Sie konnten oder wollten uns nicht großziehen, uns nicht trösten oder mit uns lachen. All das und noch vieles mehr ist es, was uns so unendlich traurig macht.
Darum möchte ich euch bitten, liebe Mütter und Väter, vergesst eure Kinder nicht. Jedes Kind braucht Liebe! Das Elend, das ich in meinem Leben ertragen musste, darf sich nicht fortsetzen.

Juma, 24. September 2005, Dar es Salaam

Yaani, mimi ninapenda kutoka moyoni mwangu kwamba uchungu wetu sisi, watoto wa mitaani wa Tanzania, isikike duniani. Machungu yangu ninalia kwa kuhadithia maisha yangu. Je, haki kweli itapatikana au itaendelea kuwa ndoto tu?
Nilishavumulia sana, itakuwa mwaka wangu wa mwisho kuishi mitaani! Maisha ya binadamu inabadilika kila siku baada ya siku. Hakuna binadamu atakaa dhiki maisha yake yote. Kila mtu ni tajiri wa roho. Kwa hiyo usisahau, ukipambana kuhusu maisha utayapata tu!
Tusikate tamaa, hata kama tunakaa na huzuni. Maisha ya mitaani inatuharibu. Hatuna kazi, hatuna uhakika kwa kuishi. Ikiwa wazazi wetu wako mbali. Hawajaweza au hawajataka kutulea, kutufariji au kucheka na sisi. Hiyo ndiyo maana sisi tuna huzuni kubwa sana.
Lakini tunatoa wito kwa mama na baba kwamba kitu fulani wasitenge watoto wao. Kwani kila mtoto anahitaji upendo! Maisha yangu niliyoishi mimi sitaki mtu mwingine aje kuyaishi.

Juma, 24. September 2005, Dar es Salaam

Prolog

Heute ist der Abend vor meiner Hochzeit.
Es liegt ein langer Weg hinter Juma und mir. Juma, dem Straßenjungen, der nichts besaß, außer seiner Hoffnung auf ein besseres Leben, die ihn in den kalten Nächten unter dem tansanischen Sternenhimmel jedoch nicht zu wärmen vermochte. Und mir, der Deutschen, die ausgezogen ist, um ihrem Leben eine Bestimmung zu geben.
Morgen wird Juma mein Mann werden. Miteinander haben wir die Abgründe der bittersten Armut überwunden und so manchen Kampf gegen die Schatten der Vergangenheit gewonnen. Doch eines ist uns noch nicht gelungen: den Segen meiner Eltern zu bekommen.
Bis kurz vor der Hochzeit habe ich mich bemüht, meine Familie von der Richtigkeit unseres Entschlusses zu überzeugen. Sie konnten einfach nicht begreifen, warum ich Juma heiraten möchte, denn ihr Vorstellungsvermögen will nicht über das Gewohnte hinausreichen – aber wie soll es auch? Bis vor ein paar Jahren lebte ich ebenso wie sie in der deutschen Provinz und traute mich nicht, die eng gesetzten Grenzen zu überschreiten. Ich passte mich der Gesellschaft an. Doch dann begann ich eines Tages in die Welt hinauszuziehen und sehe nun so manches mit anderen Augen. In Indien, zum Beispiel, traf ich auf arrangierte Eheschließungen, bei denen sich die Partner nicht einmal kennen – und sich mit der Zeit lieben lernen. Das Leben ist immer eine Frage der Perspektive. Und Juma hat mir nun eine völlig neue Perspektive eröffnet, eine, die andere Lebensstile zulässt. Ich spüre, dass er die Liebe meines Lebens ist, und mehr brauche ich nicht zu wissen. Wenn ich nur auf den positiven Verlauf der Dinge vertraue und fest an unser Ziel glaube, wird alles gut werden.

Doch in letzter Zeit merke ich, wie sehr mich ihre anhaltenden Bedenken verunsichern, mir meine Kraft rauben, die ich im Moment doch so dringend brauche.
Enttäuscht über ihre anhaltende Skepsis, schrieb ich ihnen deshalb vor ein paar Tagen, dass eine Hochzeit doch eigentlich ein erfreulicher Anlass sein sollte. Und tatsächlich, bald darauf antworteten sie mir. Wenn Juma nun wirklich derjenige sei, der mich glücklich mache, dann wünschten sie uns, dass sich all unsere Pläne erfüllen würden.
Sie akzeptieren meine Entscheidung also notgedrungen.
Wie dringend ich meine ganze Kraft noch brauchen werde, begriff ich vor wenigen Stunden. Juma drehte plötzlich durch. Der nahende Hochzeitstermin scheint ihn psychisch völlig fertigzumachen. Er kam bereits schlechtgelaunt nach Hause, dann ist die Situation mit einem Male eskaliert.
»Juma, was hast du denn? Warum sagst du denn nichts?«, fragte ich ihn unentwegt, doch er rührte sich nicht. Stattdessen blickte er mich nur finster an, als ob ich ihm etwas getan hätte. Es war bereits dunkel draußen und eigentlich Zeit für uns, in unserem kleinen Lieblingslokal einen Happen essen zu gehen, aber die Stimmung war bereits gekippt.
»Lass mich in Ruhe, oder soll ich dir zeigen, wie man jemanden mit einem Stock verprügelt?«, fragte er mich völlig aufgebracht. Erschrocken über seine ungewohnte Aggressivität, schwieg ich. Ich spürte die gefährliche Spannung, die auf einmal von ihm ausging – wie ein Raubtier in Verteidigungshaltung –, und traute mich kaum zu atmen. Dann sprang er plötzlich auf und lief zur Tür hinaus.
Im schwachen Lampenlicht erkannte ich, wie er kurz darauf mit einem länglichen Holzstück bewaffnet zurückkam. »Und, sag schon, soll ich dich mit dem Stock verhauen?«, drohte er mir, während ich immer noch an die Wand gelehnt auf meiner Matratze saß.
»Mach es doch!«, forderte ich ihn in einer Mischung aus Wut und

Enttäuschung regelrecht heraus. »Ich habe keine Angst vor dir!« Und wirklich, mir war in diesem Moment alles egal. Sein grundloser Zorn und seine plötzliche Verwandlung verletzten mich so sehr, dass ich zu allem bereit war. Es war das erste Mal, dass mir Juma Gewalt androhte, und im selben Moment erinnerte ich mich an die Worte eines Streetworkers: Eine einzige Minute reicht aus, um einen Straßenjungen durchdrehen zu lassen.

»Ich weiß nicht, was dein Problem ist. Aber nach allem, was wir schon miteinander durchgestanden haben, wüsste ich nicht, was du mir noch Schlimmeres antun könntest, als dich so danebenzubenehmen wie jetzt gerade«, warf ich ihm an den Kopf. Noch während ich das sagte, spürte ich, wie sich ein Kloß aus Wut und Trauer in mir aufstaute, ich wandte mich von ihm ab und verbarg mein Gesicht hinter meinen Händen. Juma spürte wohl, dass ich gleich weinen würde. Schon beim ersten Schluchzer war er bei mir und nahm mich in den Arm. Während er meine Tränen wegtupfte und sich immer wieder erschrocken entschuldigte, spürte ich, wie leid es ihm tat, und ließ mich von ihm trösten. Mein Gefühl hatte mich also doch nicht getäuscht, er würde mir niemals etwas antun.

»Nicky, weißt du, ich habe noch nie in meinem Leben geheiratet«, erklärte er etwas unbeholfen seinen Wutausbruch. Beruhigte es ihn vielleicht zu wissen, dass es auch für mich das erste Mal sein würde? Ich glaubte, kaum. Die vielen Hilfsversprechen, die er schon von anderen bekommen hatte, ließen ihn misstrauisch werden, und nun hatte er Angst, dass dieser große Schritt ebenfalls umsonst sein könnte. Und so schwenkte seine Stimmung nur wenig später abermals um.

»Wir werden als Mann und Frau alles miteinander teilen – wer garantiert dir denn, dass ich, der Straßendieb, nicht eines Tages mit all deinen Sachen auf und davon sein werde?«, fragte er mich, um meine Reaktion erneut zu testen.

»Es ist mir völlig egal, ob ich meine wenigen Wertsachen verliere«, entgegnete ich leise. »Hast du denn immer noch nicht verstanden, dass es für mich wichtigere Dinge im Leben gibt als den ganzen materiellen Mist? Ich brauche nicht viel zum Leben, aber das, was ich habe, will ich mit dir teilen.«

»Und was machst du, wenn ich dich einfach hier sitzenlasse und weggehe? So weit, dass wir uns nie wiedersehen?«

»Hör zu, egal wie du dich auch verhältst, ich werde mein Versprechen halten und ziehe das durch. Aber sag du es doch einfach, wenn du nicht mehr heiraten willst. Ich zwinge dich bestimmt zu nichts.«

Da verstummte er plötzlich und drehte sich von mir weg. Schweigend und nachdenklich verließ ich unser Zimmer und ging nach draußen.

Und hier sitze ich nun, allein unter den leuchtenden Sternen des tansanischen Nachthimmels, und denke über all das Gute und all das Schlechte im Leben und in der Liebe nach. Als mich schließlich die Müdigkeit übermannt, lege ich mich leise auf meine Matratze neben Juma. Sein schwerer Atem dringt warm und regelmäßig an meinen Nacken, während ich vergeblich versuche, Schlaf zu finden.

~

Am nächsten Morgen um sechs Uhr bin ich bereits wach, aber aufstehen möchte ich noch nicht. Irgendwie graut mir nun vor diesem Tag, der bereits mit verquollenen Augen beginnt. Beinahe die ganze Nacht konnte ich keine Ruhe finden, weil Jumas Worte immer wieder in mir nachklangen. Ich kann es mir selbst nicht erklären, warum ich unter diesen Umständen nicht einfach einen Rückzieher mache. Aber ich bleibe dabei, ich will nur eins: mein Versprechen einhalten, das ich unserer besonderen Liebe gegeben habe.

Kurz darauf wacht auch Juma auf. Nachdem er eine Weile geschwiegen hat, fasst er mich zögernd an der Schulter: »Nicky, was ist, gehen wir heute zum Standesamt?«

»Willst du denn überhaupt noch? Ich habe dir doch schon gesagt, dass ich meine Entscheidung nicht ändern werde. Also liegt es nur an dir«, antworte ich ihm dumpf.

Eine Stunde später sitzen wir schweigend im *Daladala*, einem typisch tansanischen Kleinbus, der uns nach Ilala Bomani bringt.

Nach der letzten Nacht fühle ich mich so kraftlos, dass ich beim besten Willen nicht weiß, wie ich diesen Tag, der eigentlich als der schönste Tag im Leben gilt, überstehen soll. Zu wissen, dass wohl kaum jemand hinter mir steht oder meine Entscheidung nachvollziehen kann, bedeutet eine immense Belastung für mich. Ich allein trage die Verantwortung für diesen großen Schritt, der Juma und mich in ein neues Leben führen soll.

Als wir am Standesamt ankommen, erwartet uns bereits die nächste Hürde, die es zu überwinden gilt, denn wir haben keine Trauzeugen!

Ich hatte gehofft, wir könnten uns beim Standesamt welche »ausleihen«. Doch die nette Angestellte Maria, die in ein traditionelles *Kitenge*-Kostüm gekleidet hinter ihrem Schreibtisch im Landeshauptamt von Dar es Salaam sitzt, erklärt uns, dass wir nur heiraten können, wenn wir eine weibliche Zeugin für mich und einem männlichen Zeugen für Juma mitbringen. Außerdem müssten wir sie innerhalb der nächsten Stunde herbeizaubern, denn wir sind nicht die Einzigen, die sich heute das Jawort geben wollen.

Ratlos stehen wir im Innenhof des Landeshauptamts. Schließlich zieht Juma los und versucht mit Hilfe einer Belohnung von fünf Euro jemanden zu finden, denn direkt neben dem Standesamt gibt es eine belebte Straße mit Geschäften und Cafés. Wie verrückt ist doch diese Welt, dass man sich anscheinend selbst Trauzeugen auf der Straße kaufen kann!

Eine halbe Stunde vergeht, ohne dass ich etwas von Juma höre. Meine Nervosität steigt langsam bis ins Unerträgliche. Was, wenn er es sich mit der Hochzeit nun doch noch anders überlegt hat und abgehauen ist? Sollte alles, was wir bisher gemeinsam gemeistert haben, vergebens gewesen sein?

Als die Stunde, die Maria uns gegeben hat, schon fast vorüber ist, kommt Juma endlich mit einem jungen Mann und einer etwa fünfzigjährigen Frau um die Ecke gebogen. Stolz präsentiert er mir Josefu, einen sympathischen Typen, etwa in meinem Alter, mit gelbschwarzer Baseballmütze und beigefarbenem Poloshirt.

Gerade als Juma den Mund aufmachen will, um mir noch meine zukünftige Trauzeugin vorzustellen, kommt ein dicker Mann mit Bierbauch auf uns zu und drängt sich zwischen uns. Seine unverkennbare Alkoholfahne steigt mir in die Nase.

»Das ist meine Frau!«, grinst er mich mit trüben Augen an. »Margrethi!«, brüllt er beinahe schon ihren Namen. Entsetzt wandert mein fragender Blick zu Juma. Was um Himmels willen hat er da bloß angeschleppt?

Während Margrethi und ihr Mann eine lautstarke Diskussion beginnen, nimmt mich Juma beiseite, um mir die Lage zu erklären. Josefu hatte er vorne an der Kreuzung auf einer Mauer sitzen sehen. Nachdem ihm Juma unsere Situation erklärte, war er für umgerechnet zwei Euro sofort bereit, unser Trauzeuge zu sein. Das ist viel Geld für einen Tag und dazu noch leicht verdient. Auch Margrethi, eine Verwandte von Josefu, war kurzerhand einverstanden, uns für denselben Betrag zur Seite zu stehen. Aber dann begegneten sie unterwegs an einer Straßenbar ausgerechnet Margrethis Mann, der unbedingt wissen wollte, wo seine Frau ohne seine Erlaubnis hinwollte. Die Geschichte fand er gut, eine Trauung mit einer weißen Braut, das roch nach Geld für ihn. Es konnte schließlich nicht angehen, dass seine Frau sich so einfach etwas dazuverdiente und er dabei leer ausging. Seiner Rechnung nach waren das ja bereits vier Flaschen Freibier!

Juma schaffte es noch, ihn abzuhängen, aber jetzt steht er doch wieder da. Vielleicht hat er in seinem benebelten Zustand gedacht: je mehr Zeugen, desto mehr Geld?
Nun dürfen wir aber keine Zeit mehr verlieren. Schnell tauschen wir noch die wichtigsten Informationen aus. Meine Trauzeugin Margrethi kennt schließlich noch nicht einmal meinen Namen. Hoffentlich stellt der Standesbeamte uns und unseren Trauzeugen keine weiteren Fragen. Ich darf gar nicht darüber nachdenken, was dann passieren würde, und als dann Margrethis betrunkener Mann auch noch Anstalten macht, mit zur Trauung in den ersten Stock zu kommen, kommt mir alles wie ein schlimmer Alptraum vor.
Josefu hält den Besoffenen zurück, während ich mit Juma und Margrethi nach oben in den ersten Stock gehe. In letzter Minute können wir Maria informieren, dass wir nun vollständig sind, und ich übergebe ihr meinen Reisepass. Dann verschwindet sie auch schon mit dem nächsten Paar in einem Raum, vor dem mit uns noch mindestens fünf weitere Brautpaare in feierlicher Kleidung warten.
Durch die Vorhänge an der Tür kann ich zwei lange Tische erkennen, an deren Kopfende ein gedrungener Mann im dunkelgrauen Anzug Platz nimmt. Das muss der Standesbeamte sein. Zwei große Bilder zieren die weißen Wände neben ihm. Eines davon zeigt den Präsidenten Benjamin Mkapa, auf dem anderen ist Julius Nyerere zu sehen, der »Vater des Staates«, der Tansania in den sechziger Jahren in die Unabhängigkeit führte.
Die Förmlichkeit des Raums macht mich noch nervöser, als ich ohnehin schon bin, und ich frage mich, wie Juma das Eheversprechen vorlesen soll, wo er doch gar nicht lesen kann.
Auch durch unsere einfache Kleidung heben wir uns stark von den anderen Wartenden ab. Während sie nur so vor Festlichkeit sprühen, fühle ich mich auf einmal richtig primitiv. Zwar bin ich fast in Weiß gekleidet, aber mein einfaches Top, in dem ich mir im Vergleich zu den anderen fast schon nackt vorkomme, meine weißen

Jeans und meine roten Flipflops, die ich wie alle einfachen Leute hier im Lande immer und überall trage, halten wohl kaum mit den schicken afrikanischen Gewändern der anderen Bräute mit.

»Vielleicht hätte ich mir doch einen Anzug besorgen sollen«, flüstert auch Juma und zupft dabei nervös an seinem hellgrauen T-Shirt herum, das farblich immerhin zu Margrethis schickem Kopftuch passt. Sie sieht einfach toll aus in ihrer hübschen dunkelrosa Bluse, die ihr warmes mütterliches Gesicht betont.

Ach, was ist mir Margrethi für ein großer Trost! Obwohl wir uns kaum kennen, schafft sie es mit beruhigenden Gesten und ihrer unkomplizierten Art, dass ich mich in ihrer Nähe sofort wohl fühle. Ich wette, dieser Tag, an dem sie spontan zur Trauzeugin einer weißen *Mzungu* ernannt wurde, ist für sie fast so aufregend wie für uns selbst. Aber wo bleibt eigentlich Josefu? Von ihm fehlt jede Spur, und das, wo wir nach einer Stunde Wartezeit gleich dran sein müssten. Und dann ist es tatsächlich so weit: Wir werden aufgerufen, und unser Trauzeuge Josefu ist nicht da. Wenn ich das alles nicht selbst erleben würde, müsste ich wahrscheinlich spätestens jetzt darüber lachen, doch so ist mir einfach nur zum Heulen zumute.

Geistesgegenwärtig schaltet sich nun ein Mann ein, der mich schon eine ganze Weile mit neugierigen Fragen über Juma und mich gelöchert hat. Er durchschaut die Situation im Nu und schleust sich als unser neuer Trauzeuge ein. Ich will noch protestieren, aber was bleibt mir anderes übrig, als ihn gewähren zu lassen? Josefu ist und bleibt verschwunden, auch dann noch, als wir alle vor dem Standesbeamten Platz genommen haben.

Frag mich bloß nicht, wie unser Trauzeuge heißt, beschwöre ich in Gedanken den Standesbeamten, als dieser mit der Begrüßung loslegt und uns die Formalitäten erklärt.

Und dann fällt er, der Satz, bei dem ich mich noch heute wundere, dass ich nicht schreiend davongelaufen bin.

»Welche Ehe möchten Sie eingehen, liebe Eheleute?«

»Ich verstehe nicht«, entgegne ich stirnrunzelnd und schaue zu Juma hinüber, der auch nur mit den Achseln zuckt.
Zur näheren Erläuterung reicht mir der Standesbeamte mit einem freundlichen Lächeln die tansanische Hochzeitsurkunde herüber. In der Mitte des Blattes befinden sich drei anzukreuzende Felder: *Polygamie, Potenzielle Polygamie, Monogamie* …
Wo bin ich da nur hineingeraten?

1

Truth ist die reine Wahrheit
Ignorance ist Unwissenheit
Intuition ist das innere Gefühl

Es geschah im Frühjahr 2005. Dies war bereits meine zweite Afrikareise. Vor drei Jahren hatte ich schon einmal ein halbes Jahr in der tansanischen Großstadt Dar es Salaam verbracht, und dieses Mal war ich zurückgekommen, um meine Diplomarbeit über die hiesige Textilindustrie zu schreiben.

Ich war gerade auf dem Weg zu Mr. Mahenge, meinem Prüfer, um mit ihm die letzten Abschnitte meiner Arbeit zu besprechen.

»Hallo, Sister«, grüßte mich da ganz unvermittelt dieser nett lächelnde Kerl, der an eine Hauswand gelehnt die Sonne zu genießen schien. »Hallo«, entgegnete ich freundlich. Ich hatte mich bereits daran gewöhnt, von wildfremden Menschen angesprochen zu werden. Europäer, die schon allein aufgrund ihrer Hautfarbe auffallen, werden von den Einheimischen häufig im Vorbeigehen begrüßt. Ein *Hallo, Jambo* hier und ein *Rafiki, my friend* dort. Da die Zurufe so zahlreich sind, hatte ich mir angewöhnt, nicht stehen zu bleiben, sondern einfach zurückzugrüßen.

Von dieser ersten Begegnung an nickten wir uns immer freundlich zu, wenn wir uns auf der Straße begegneten, bis ich irgendwann das Gefühl hatte, wir würden uns schon lange kennen, auch wenn es immer nur eine flüchtige Begrüßung war. Beim nächsten *»Hey! Hallo, Sister!«,* streckte er mir dann seine Hand entgegen, der erste richtige Kontakt – und ich blieb stehen.

»Wie geht es dir heute? Ich habe dich schon öfter gesehen, aber du bist immer so schnell an mir vorbeigegangen, dass wir uns nie unterhalten konnten«, sagte er und ließ meine Hand dabei nicht los.

»Na, heute hast du es ja geschafft, mich anzuhalten. Wie heißt du denn?«, fragte ich ihn und konnte mir dabei ein Schmunzeln nicht verkneifen. Seine ganze Art, wie er mich so direkt und ohne Scheu angesprochen hatte, erheiterte mich.

»Juma«, antwortete er lächelnd und ließ nun auch meine Hand los. Er sah gut aus in seiner Jeans und dem luftigen, strahlend weißen Hemd. Bestimmt ist er so ein wohlbehütetes Muttersöhnchen, das in den Tag hineinlebt, dachte ich bei mir. Wie weit meine Einschätzung von der Realität entfernt war, konnte ich nicht im Geringsten erahnen.

Wir wechselten ein paar Worte am Straßenrand, neben uns die vorbeibrausenden und drängelnden Autos des Mittagsverkehrs. Dann gab ich Juma zu verstehen, dass ich es nun aber wirklich eilig hätte und weitermüsse. Das war eine meiner Techniken, um nicht in allzu lange Gespräche mit Fremden auf der Straße verwickelt zu werden. Als Weiße ist man hier eben doch eine Attraktion, und manche Gesprächspartner wird man so schnell nicht wieder los, so sympathisch sie auch sein mögen.

Ein paar Häuserblocks weiter besuchte ich anschließend meine tansanischen Freunde, die auf einem einfachen Holztisch neben dem Gehweg selbstgemachte bunte Perlenketten und afrikanischen Schmuck verkauften. Hier in der Samora Avenue, im Geschäftsviertel von Dar es Salaam, hockt man gerne zusammen, näht, flechtet, bindet, knotet, und redet über Gott und die Welt. Eile ist gemäß dem Sprichwort *There is no hurry in Africa* ein Fremdwort.

Die Samora Avenue ist besonders für die wenigen Touristen attraktiv, die es nach Dar es Salaam verschlägt. Sie zieht sich durch die ganze Innenstadt, und viele Straßenhändler bieten dort Holzschnitzfiguren, afrikanische Ledersandalen und die verschiedensten Andenken an. Mehr hat Dar es Salaam für einen Touristen aber auch kaum zu bieten, denn trotz der vier Millionen Einwohner wirkt die Stadt recht dörflich. Von westlicher Infrastruktur und Modernität ist kaum etwas zu sehen. Wegen ihrer Lage direkt am Indischen Ozean zieht es viele Touristen meist schon am nächsten Tag mit einem Express-Schiff zu den traumhaften Palmenstränden der Insel Sansibar weiter, oder sie suchen das Abenteuer einer Wildtier-Safari in einem der vielen Nationalparks, wie zum Beispiel der Serengeti, wo man den wilden Löwen direkt in die Augen blicken kann.

Ich setzte mich auf die Decke neben Muba, einem tüchtigen Tansanier, der mit seinen sechsundzwanzig Jahren gleich alt war wie ich, und knüpfte ein farbenfrohes Armband aus Kunststoffkügelchen, so wie er es mir gezeigt hatte. Muba war alles andere als ein Faulenzer und hatte es geschafft, sich Schritt für Schritt hochzuarbeiten. War er als kleiner Junge noch im Stadtverkehr den Autos hinterhergerannt, um mühsam ein paar Zeitungen zu verkaufen, so hatte er inzwischen ein gutgehendes Geschäft mit Ledersandalen, die er von Hand mit bunten Perlen bestickte.

Muba lernte ich schon im Jahr 2002 kennen. Ich war Studentin und betrat zum ersten Mal dieses bezaubernde Land, um mein afrikanisches Patenkind von World Vision in seinem Dorf in der Nähe von Dar es Salaam zu besuchen. Und da ich weder ein Handy noch eine feste Adresse in Tansania besaß, wurde Muba zu meinem persönlichen »Straßenbüro« für alle, die mich aufsuchen oder mir eine Nachricht hinterlassen wollten. Es kam recht häufig vor, dass jemand um meine Unterstützung oder einen Rat bat, denn schon damals bedeutete es mir sehr viel, den Menschen, die mir mit ihren Problemen über den Weg liefen, zu helfen. Es war so erfüllend, zu erfahren, dass selbst in scheinbar aussichtslosen Fällen, bei denen es um Leben oder Tod ging, kleine Wunder geschehen konnten.

Dass man hier auch mit bescheidenen Mitteln viel bewirken kann, merkte ich zum ersten Mal bei Teddy, einem Mädchen aus der Nachbarschaft. Wegen Sauerstoffmangels bei der Geburt hatte sie als Kleinkind nicht einmal die Kraft, ihren Kopf zu heben. Durch die Physiotherapie, zu der ich ihren Eltern geraten und sie darin finanziell unterstützt hatte, ist sie mittlerweile zu einem kräftigen zehnjährigen Mädchen herangewachsen, das fleißig die Schulbank drückt.

~

Wenige Tage später traf ich Juma erneut. Er stand lässig an eine Straßenlaterne gelehnt, einige Meter weiter oben in der Samora Avenue. Juma schien mich noch nicht bemerkt zu haben, denn er schaute angestrengt dem Straßenverkehr entgegen. Einen netten Eindruck hatte er bei mir ja schon hinterlassen, also stupste ich ihn kurzentschlossen an der Schulter an. Doch als er sich umdrehte, merkte ich sofort, dass etwas nicht stimmte. Irgendetwas war anders als beim letzten Mal, denn ich konnte keine Spur von Freude in seinem Gesicht entdecken.
Nach einer matten Begrüßung begann er unvermittelt zu klagen: »*Sister nisaidie!* Schwester, hilf mir! *Sina Baba sina Mama!* Ich habe weder Vater noch Mutter!«
Für einen Moment schaute ich ihn verblüfft an. Nicht, weil er mich schon wieder Schwester nannte, denn das ist einfach eine schöne afrikanische Art, um zu sagen, dass wir alle Schwestern und Brüder sind. Aber wieso rief er wie ein kleines Kind nach Mama und Papa? Dann fielen mir seine Augen auf. Sein flehender, hilfloser Blick ging mir dermaßen nahe, dass ich die Situation etwas aufzulockern versuchte: »*Una matatizo gani?* Was für Probleme hast du denn?«, wollte ich mit übertrieben mütterlicher Geste von ihm wissen.
Müde winkte er daraufhin ab und antwortete: »Zu viele Probleme, das kannst du mir glauben!«
»Ach, komm schon, viele Tansanier haben Probleme!«
Das war zwar das denkbar Unsensibelste, was mir als Antwort hätte einfallen können, aber ich war vorsichtig geworden. Bei vielen war es doch nur eine Masche: über das schwierige Leben jammern, um

etwas Geld von einer *Mzungu*, einer Weißen, zu bekommen. Juma jedenfalls hatte es wohl die Sprache verschlagen, und er blickte schweigend zu Boden. Meine taktlose Reaktion war nun auch mir unangenehm, ich wusste plötzlich nichts mehr zu sagen. »Entschuldigung, ich muss jetzt los!«, verabschiedete ich mich kurzerhand.

Auch mein abrupter Aufbruch brachte ihn nicht dazu, mich zurückzuhalten. Von anderen Leuten war ich es gewohnt, dass sie einen an der Hand festhielten und weiterredeten, wenn sie schon mal einen Europäer ins Gespräch verwickelt hatten. Juma aber tat genau das Gegenteil. Schon wieder halb abgewandt, murmelte er: »Ist schon in Ordnung, das nächste Mal vielleicht. Mach's gut, tschüss … «, und ließ dabei niedergeschlagen den Kopf hängen.

Ich drehte mich um und ging davon. Doch mein schlechtes Gewissen ließ nicht lange auf sich warten. Juma hatte so traurig ausgesehen. Wie konnte ich ihn einfach so stehenlassen, wo er mich doch nur darum gebeten hatte, mir ein bisschen aus seinem Leben erzählen zu dürfen? Der Blick, mit dem er mich dabei angesehen hatte, ließ mich nicht mehr los. Hätte ich mir nicht wenigstens ein paar Minuten Zeit nehmen können?

Meine Reaktion ließ mich an mir selbst zweifeln. Wollte ich nicht immer auf Menschen zugehen, offen für ihre Probleme sein? Mein Leben war so erfüllt, seit ich beschlossen hatte, mit den einfachen Menschen zusammenzuwohnen und in ihren Alltag einzutauchen, um ihre Sprache und ihre Kultur kennenzulernen. Daraus hatten sich in den letzten Jahren unschätzbare Begegnungen ergeben, die mich unglaublich bereichert haben, und mein Adressbuch ist seitdem voll mit Namen, hinter denen sich die unglaublichsten Lebensgeschichten verbergen.

Und jetzt hörte ich nicht einmal richtig zu, wenn es jemandem ganz offensichtlich schlechtging?

Um in Ruhe darüber nachdenken zu können, änderte ich meine

Pläne für heute und fuhr mit dem nächsten Kleinbus direkt nach Hause.

~

Mein Zimmer war nicht allzu weit von der Innenstadt entfernt, es befand sich in einem Stadtteil von Dar es Salaam namens Kinondoni. Hier hatte ich mir ein kleines Zimmer für nur fünf Euro monatlich inklusive Strom gemietet. *Inklusive* bedeutete jedoch keinesfalls, dass der Strom auch wirklich vorhanden war. Die Stromversorgung im ganzen Land war und ist absolut unzuverlässig. Tägliche Störungen und komplette Ausfälle sind daher nicht die Ausnahme, sondern die Regel.

Die Wohnhäuser in Dar es Salaam sind meist rechteckige Gebäude mit billigen Wellblechdächern. Ein Flur teilt das unverputzte Suaheli-Haus in zwei Hälften mit jeweils drei Zimmern zu jeder Seite. Meist werden die kleinen Zimmer an verschiedene Personen oder ganze Familien einzeln vermietet. Eine fünfköpfige Familie auf zehn Quadratmetern ist dabei keine Seltenheit. In meinem Wohnhaus gab es nur ein einziges »Badezimmer« für alle Mieter, das aus einem einfachen Plumpsklo und einem Abflussrohr bestand – untergebracht zwischen vier Steinwänden unter freiem Himmel. Aber der Blick auf die sich im Wind wiegenden Palmen entschädigte mich jeden Morgen von neuem für jegliche Schlichtheit.

Als ich damals mein Zimmer in einem *Uswahilini*, einem Armenviertel Dar es Salaams, beziehen konnte, war ein langgehegter Wunsch von mir in Erfüllung gegangen. Ich wollte lernen, so zu leben wie die Menschen dort. Denn nicht nur reich zu werden mag schwierig erscheinen, auch wer wie die Armen leben will, aber in einer wohlhabenden Welt aufgewachsen ist, muss einiges dazulernen. Trotz der überwältigenden Gastfreundlichkeit der Tansanier war es anfangs eine große Umstellung für mich. Wie um alles in der Welt sollte ich ohne fließendes Wasser duschen? Wie zündet man eine Petroleumlampe an? Und wie sollte ich ohne Klopapier zurechtkommen? So lauteten meine Fragen damals.

Mama Samson, die rundliche Frau des Hausbesitzers mit dem immer lächelnden Gesicht, zeigte mir den nahe gelegenen Brunnen, aus dem ich mit einem Kunststoffeimer Wasser holen konnte, und erklärte mir, dass ich es mir beim Duschen mit Hilfe eines Bechers über den Kopf gießen sollte. Und irgendwann war es mir auch zu dumm, teures Klopapier zu kaufen, wenn doch augenscheinlich alle Afrikaner um mich herum von einer günstigeren Variante Gebrauch machten. Nach einer gewissen Umgewöhnungszeit fand ich die klopapierfreie Variante »Wasche dich mit Wasser und der linken Hand« sogar hygienischer. In Deutschland reibt man sich beim Duschen schließlich den Körperschmutz auch nicht mit einer trockenen Serviette ab.

Gemäß meiner Einstellung hatte ich mir ein englisches Sprichwort zum Motto gemacht. *Freedom is another word for nothing left to lose,* je weniger ich besitze, umso freier kann ich mich fühlen. Eine Matratze, eine Petroleumlampe oder Kerze, ein Eimer und ein Becher für Wasser, ein paar Kleider und eventuell ein kleines Radio waren alles, was ich zum eigenen Komfort in Tansania brauchte.

Einen elektrischen Herd oder fließendes Wasser zum Geschirrspülen gab es in unserem Haus nicht. Die Frauen kochten mit einem kleinen Holzkohlekocher im Flur oder im Innenhof auf dem Boden sitzend. Oft saßen wir zusammen auf einer geflochtenen Strohmatte, tratschten und gackerten, während das Essen nebenbei zubereitet wurde. Nachts war es besonders schön, unter freiem, sternenklarem Himmel beisammen zu sein. Die große Lebensfreude und die heiteren Gesichter wirkten regelrecht ansteckend auf mich. Als Weiße nahm ich natürlich auch eine Sonderstellung unter den Afrikanern ein, und so gab es viele kulturelle oder sprachliche Absonderlichkeiten, über die wir uns amüsieren konnten.

Anfangs setzte ich mich zum Beispiel total in die Nesseln, als ich meine Unterwäsche zum Trocknen im Innenhof über die Leine hängte. Monatelang tat ich das so und hatte die ganze Zeit über nicht bemerkt, dass ich von über zwanzig Hausbewohnern die Einzige war, die das normal fand. Bis mich eines Tages Aisha, eine aufgeweckte Mitbewohnerin, vorsichtig darauf aufmerksam machte, dass die tansanischen Männer meine Unterhosen sicherlich hochinteressant fänden. Sie klärte mich auf, dass hier jede Frau ihre Unterwäsche heimlich wusch und sie anschließend versteckt in ihrem Zimmer aufhängte, schließlich lebten wir hier in einer teils islamisch geprägten Gesellschaft.

Um nicht in weitere Fettnäppchen zu treten, musste ich also schnell die Kultur verstehen lernen, und dabei würde ich ohne Suaheli-Kenntnisse nicht weit kommen. Englisch sprachen in Tansania nur die wenigen, die das Glück oder das Geld hatten, eine weiterführende Schule zu besuchen. Also nahm ich mir mein in Deutschland erstandenes Suaheli-Lehrbuch zur Hand und paukte die theoretischen Grundlagen der Sprache. Zum Üben boten sich mir viele Gelegenheiten, denn Tansanier sind sehr neugierig auf Geschichten aus fernen Ländern, die sie wohl selbst nie bereisen werden. Durch ihre offene Art kommt man schnell miteinander ins Gespräch, sei es in einem der völlig überfüllten Busse, mit den Nachbarn oder auch auf offener Straße, wie es mir mit Juma erging. Außerdem ist Suaheli eine sehr gefühlvolle und unkomplizierte Sprache. Wenn ich hingegen nach langer Zeit wieder einmal deutsch spreche, habe ich oft das Gefühl, meine Zunge wird von Satz zu Satz schwerer.

~

Schließlich hatte ich genug über die Sache mit Juma nachgegrübelt und beschloss, den Spieß einfach umzudrehen. Nun würde ich Juma selbst aufsuchen und ihn dazu auffordern, mir zu erzählen, warum er so traurig aussah und wie ich ihm vielleicht helfen konnte. Zuversichtlich machte ich mich am nächsten Morgen auf den Weg in die Innenstadt, um meinen Fehler wiedergutzumachen. Doch ich konnte Juma nirgendwo finden. Es sollte noch eine ganze Woche dauern, bis ich ihn endlich wieder in der Samora Avenue traf.

Er sah wieder ganz munter aus, und so ging ich freudig auf ihn zu. »Da bist du ja wieder. Ich habe dich schon gesucht. Es tut mir wirklich leid, dass ich dich letztes Mal so stehengelassen habe. Kann ich dich mal zum Essen einladen? Als Wiedergutmachung sozusagen? Dann können wir ein bisschen reden.«

Das ließ sich Juma nicht zweimal sagen. »Ja, gerne. Wie wär's denn mit jetzt gleich? Ich habe nämlich einen Bärenhunger«, schlug er vor und nahm mich kurzerhand am Arm. Wie weggeblasen war die Trauer aus seinem Gesicht, und er führte mich gutgelaunt ein paar Straßen weiter in ein kleines *Hoteli*, wie man die einfachen, meist nur aus rohen Brettern zusammengezimmerten Imbissbuden nennt. Wir nahmen auf Plastikstühlen unter einem Coca-Cola-Sonnenschirm Platz und bestellten *Chipsi na Mayai*. Dies ist ein tansanisches Nationalgericht, bei dem Pommes frites mit Rührei vermischt werden, was in dieser Kombination ausgesprochen gut schmeckt.

»Welcome Sister, hier können wir kräftig reinhauen. Cool, oder nicht? Mach's dir bequem, relaxe einfach! Ich freu mich megamäßig, mit dir zusammen zu essen ... *Umenipata?* Hast du mich verstanden?«, hieß er mich ausgelassen zu unserem ersten gemeinsamen Essen willkommen.

War es der Lärm der Straße nebenan oder der Andrang der hungrigen Menschen um uns herum? Jedenfalls konnte ich Jumas Sätzen tatsächlich nur schwer folgen – dabei war mein Suaheli doch mittlerweile sehr gut. Sprach er überhaupt Suaheli? Allmählich kam ich mir richtig blöd vor, so oft musste ich nachfragen. Juma benutzte tatsächlich einen eigenen Slang, den ich noch nie zuvor gehört hatte.

Dennoch hörte ich aus seinem Kauderwelsch heraus, dass er einen Schuhstand eröffnen wollte, aber nicht das Startkapital dafür hatte. Die Polizei hatte bei einer ihrer Stadtsäuberungsaktionen seinen Holzstand mit Secondhandschuhen zerstört, und deshalb konnte er derzeit kein Geld verdienen.

»Wenn du Pech hast, wirst du mitsamt deinen Waren von den *Wanamgambo,* der Spezialpolizei, mit ihren dunkelgrünen Militäranzügen und den schwarzen Springerstiefeln, eingesammelt und mit Schlagstöcken auf ihre Lastwagen gezwängt. Sie brüllen dich an, dass du die Stadt verschmutzt, und stecken dich ins Gefängnis, wenn du dich nicht freikaufen kannst. Deine Waren behalten sie einfach, und die siehst du dann auch nie wieder«, erklärte mir Juma, und ich zweifelte keine Sekunde an dem, was er mir da erzählte. Solche Säuberungsaktionen kamen in Dar es Salaam in letzter Zeit immer häufiger vor. Es ist ein trauriges System. Junge Straßenverkäufer werden eingesperrt, weil sie keine Verkaufslizenz besitzen. Diese wiederum ist aufgrund der hohen Gebühren für die meisten unerschwinglich. Sie haben kein Geld, um sich legal einen Verkaufsplatz zu mieten, und so wird die Straße zum eigentlichen Markt. Sie versuchen, sich durch eigene Arbeit eine Existenz aufzubauen – ohne stehlen oder betteln zu müssen – und werden dann trotzdem kriminalisiert. Bei der hohen Analphabetenquote in Tansania steht vielen kaum eine andere Einkommensquelle zur Verfügung, und zudem ist die Arbeitslosigkeit im ganzen Land enorm hoch.

»Ich glaube, gerade deshalb gibt es hier so viele Diebe. Dieses Jahr sind mir schon achtmal Taschendiebe auf den Leib gerückt. Vor drei Jahren, als ich das erste Mal im Land war, kam das so gut wie nie vor«, begann ich ihm von meinen eigenen Erlebnissen zu erzählen. »Einmal hat mir jemand unerwartet ans Schienbein gefasst und so getan, als ob er mich von einem Insekt befreien wollte, während sein Kumpan nur auf diese vereinbarte Ablenkung lauerte, um sich von hinten Zugang zu meiner Tasche zu verschaffen.

Und bei einem anderen Vorfall versuchte ein Dieb im dichten Gedränge vor dem Postamt die Druckknöpfe meiner Hosentasche zu öffnen. Ich konnte den Dieb gerade noch an der Schulter packen. »Hey, lass das!«, habe ich gerufen. »Wir sind doch Freunde, oder nicht?« Der Junge machte sich schleunigst davon, weißt du, er konnte ja nicht ahnen, dass ich ihn gerne auf eine Cola eingeladen hätte. Bestimmt hätte er mehr daraus gelernt, wenn ihm ausnahmsweise einmal nicht Verachtung entegegengebracht worden wäre, sondern Interesse. Vielleicht wäre so der versuchte Überfall sogar noch mit etwas Gutem verbunden gewesen. Weißt du, ich glaube nicht, dass Diebe schlechte Menschen sind«, schloss ich meine Geschichten. »Viele haben einfach keine andere Alternative, wenn sie von der Polizei im Auftrag des Staates durch die Straßen gejagt und ihnen ihre Marktstände weggenommen werden.«

Dies waren die alles entscheidenden Worte. Erst sah mich Juma eine Weile lang nachdenklich an, dann schien er beschlossen zu haben, dass er mir vertrauen konnte. Er gestand mir, dass auch er gezwungen war zu stehlen. »Ehrlich, Sister, manchmal weiß ich einfach nicht, wie ich sonst mein Essen bezahlen oder woher ich das Geld für Kleidung nehmen soll.«

Nun war ich doch ziemlich überrascht. Mit allem hatte ich gerechnet, nur nicht damit. Es war das erste Mal in meinem Leben, dass mir jemand gestand, ein Dieb zu sein. Seine Ehrlichkeit beeindruckte mich zutiefst. Allem Anschein nach führte er ein völlig anderes Leben, als ich bisher vermutet hatte. Dass er nicht das verwöhnte Muttersöhnchen war, für das ich ihn anfangs gehalten hatte, ahnte ich schon früher – aber das?

»Aha«, bemerkte ich überrascht. »Na, aber das trifft sich doch eigentlich ganz gut. Weißt du, seit ich in der Welt herumreise, habe ich beschlossen, das Leben zu studieren. Die Welt ist meine Universität, ich möchte von Leuten wie dir mehr über das Leben erfahren. Ja, ich freue mich richtig, dass du so ehrlich zu mir bist!«

Meine Offenheit veranlasste ihn, mir noch mehr anzuvertrauen, »*Unajua Dada,* weißt du, Schwester, Europäer sind die Besten. Wenn wir sie überfallen, machen sie uns keine Schwierigkeiten, denn sie können sich unsere afrikanischen Gesichter nicht merken. Aber mit Tansaniern ist das anders, die kommen mit der Polizei zurück und stecken uns in den Knast!« Wir mussten beide darüber lachen, und ich ermunterte ihn, mir noch mehr aus seinem Leben zu berichten.

Er begann, von einem recht abenteuerlichen Job zu erzählen, bei dem er mitten in der Nacht auf einem Fischerboot mit kleinen Sprengsätzen auf Fang gehen sollte. Und das für ein mickriges Gehalt von zwanzig Euro im Monat. Die Fische wurden dabei vom Licht einer Lampe angelockt, dann wurde das Dynamit gezündet, und kurze Zeit später trieben die Fische tot an der Wasseroberfläche, wo sie anschließend problemlos abgefischt werden konnten. Das war aber nicht nur für die Fische eine riskante Angelegenheit, auch Juma begab sich dabei in große Gefahr.

»An manchen Tagen brachen hohe Wellen über mein kleines Boot herein, und einmal explodierte der Sprengsatz fast in meiner Hand«, beschrieb er mir seine nächtlichen Ausflüge draußen auf dem dunklen Meer.

»Nachdem ich fischen war, konnte ich mir sogar eine Freundin leisten«, fuhr Juma fort. »Ich war mir sicher, wenn du Geld hast, dann hast du die freie Auswahl. Alle Mädchen wollen einen Freund, der ihnen schöne Sachen kauft. Wir lebten richtig zusammen, wie Mann und Frau. Ich hatte sie wirklich gern. Jeden Tag empfing sie mich zu Hause, kochte für mich und tröstete mich. Für ein paar Monate vergaß ich meine ganzen Sorgen. Aber dann trieb sie mein Baby ab.« Die Erinnerung daran schien ihn noch immer zu quälen. »Hast du gehört? Sie hat unser Baby umgebracht, und ich hätte doch so gerne ein Kind gehabt.«

»Und wie alt warst du da?«, fragte ich, erstaunt über seine damalige

Sehnsucht nach einer eigenen Familie. Juma musste kurz überlegen, bevor er antwortete.

»Vielleicht achtzehn. So genau kann ich das nicht sagen. Aber ich hätte mein Kind schon irgendwie großgezogen, wir hätten eine richtige kleine Familie sein können. Sie hat mich sehr verletzt. Dann habe ich ihr das Fahrgeld gegeben und sie zurück zu ihren Eltern geschickt. Ich habe sie nie wiedergesehen.«

Die Geschichte zeigte mir wieder einmal, wie hart das Leben hier sein konnte. Der Gedanke daran stimmte mich traurig. Traurig, weil Juma sein Kind nicht haben durfte und weil seine damalige Freundin vielleicht auch gar keine andere Wahl gehabt hatte, als abzutreiben.

»Wieso habt ihr denn nicht verhütet, wenn sie noch nicht bereit für ein Kind war?«, fragte ich ihn nun doch ein wenig vorwurfsvoll und ziemlich direkt.

»Sie wollte keine Kondome, und so ist es eben passiert«, antwortete er mir schlicht. Diese Antwort verdeutlichte mir, dass ich immer noch viel zu wenig über die afrikanische Denkweise wusste. Leider ist es eine weitverbreitete Auffassung, dass es eine Sünde sei, Kondome zu verwenden. Zu viele Afrikaner überlassen Gott die Entscheidung, wann und wie viele Kinder sie bekommen.

Heute kann ich mich nur wundern, warum mir nicht schon an jenem Tag ein Licht aufging. Trotz seines Suaheli-Slangs und seines Geständnisses, ein Dieb zu sein, ahnte ich noch nicht, wie sehr er bereits die Kontrolle über sein Leben verloren hatte. Dass er, wie all seine Freunde auf der Straße, Drogen nahm, um die langen Tage erträglicher zu machen.

Und so versprach ich Juma ahnungslos, ihm am darauffolgenden Montag das Startkapital für einen Stand mit Secondhandschuhen zu leihen.

Ein lustiger Zufall, dass jener Montag ausgerechnet Valentinstag war – ich konnte ja noch nicht ahnen, was das Leben und die Liebe mit Juma und mir noch vorhaben würde.

Wie vereinbart, bog ich Punkt zwölf in die Samora Avenue ein, um ihm seinen Briefumschlag mit Geldscheinen im Wert von siebzig Euro zu überreichen. Ein hoher Betrag für tansanische Verhältnisse, den ich normalerweise nicht so leicht aus der Hand gegeben hätte. Wusste ich doch aus eigener Erfahrung, dass man Menschen in Entwicklungsländern mit Bargeld kaum helfen konnte. Dass es hilfreich ist, sie zusätzlich beim Einkauf der geplanten Waren zu begleiten und sie in der Anfangszeit noch eine Weile zu betreuen, lernte ich durch mein Erlebnis mit Faristi.
Damals wollte ich mit ein paar Shilling den *Tingatinga*-Bestand von Faristi aufstocken, einem netten Typen mit wilden Rastas. Seinem Handel mit den Touristen, die diese afrikanischen Batik-Bilder gerne als Souvenir mit nach Hause nahmen, hätte diese Investition gutgetan. Aber kaum waren zwei Tage vergangen, meldete mir Faristi, dass sein Vermieter ihn vor die Tür setzen wollte. Er war mit der Miete schon lange in Verzug, und so war ihm mein Geld gerade recht gekommen.
Bei Mama Hawa, einer mageren Witwe Mitte dreißig, ging es dagegen aus ganz anderen Gründen schief. Mama Hawa hatte vier Kleinkinder zu versorgen, aber kein Geld, keine Arbeit und kaum etwas zu essen. Nachdem wir gemeinsam einen gut durchdachten Plan aufgestellt hatten, kauften wir große Säcke mit Kohle, deren Inhalt sie auf einem Markt in haushaltsüblichen Mengen gewinnbringend verkaufen wollte. Unglücklicherweise erkrankte Mama Hawa aber wenige Wochen später an Typhus, und nachdem die Krankheit sie zwei Monate ans Bett gefesselt hatte, war auch der letzte Shilling aufgebraucht.
Daher hätte ich Juma gerne beim Einkauf der Schuhe begleitet, doch kümmerte ich mich derzeit um Dora, eine kranke Frau, die zu schwach war, um sich allein zu versorgen, und so fehlte mir die Zeit. Außerdem hatte er eine so vertrauenswürdige Art und wusste doch genau, was er wollte. Um ihm trotzdem etwas ins Gewissen zu re-

den, hinterließ ich ihm ein paar mahnende Worte auf einem kleinen Zettel, den ich ebenfalls in den Umschlag steckte:

Hallo, Juma, du hast wirklich Glück! Ich möchte dir gerne 100 000 Shilling geben für dein neues Geschäft. Leider habe ich gerade viel zu tun und kann dich beim Einkauf nicht begleiten. Deshalb denk daran: Eine solche Chance kommt nicht so oft! Lege also am besten gleich mit der Arbeit los, denn ein zweites Mal kann ich dir leider nicht helfen.
Ich wünsche dir einen schönen Valentinstag,
deine Dada Nicky

Natürlich konnte ich nicht wissen, dass Juma Analphabet war und somit meine Nachricht mit Sicherheit im nächsten Papierkorb verschwand, ohne, dass er sie gelesen hatte. Doch vorerst gab es ohnehin keinen Grund für mich, misstrauisch zu sein. Ganz im Gegenteil. Als ich auf dem Weg zu unserem Treffpunkt war und ihn in der Samora Avenue lässig auf einem geparkten, gelbblauen Suzuki-Motorrad sitzen sah, war ich regelrecht gebannt von seiner Erscheinung.
Er trug ein blütenreines Hemd, dessen Ärmel bis zu den Ellbogen hochgekrempelt war, eine weiße Leinenhose und nagelneue Turnschuhe. Der Kontrast der hellen Kleidung zu seiner schimmernden dunklen Hautfarbe bewirkte, dass er regelrecht vor Sauberkeit und Schönheit zu strahlen schien. Um sein linkes Handgelenk hatte er sich ein rotes Halstuch geknotet und winkte mir schon von weitem fröhlich zu. Richtig süß ist der, ging mir durch den Kopf, und ich lächelte zurück.
Kurz bevor ich bei Juma ankam, gab er mir ein Zeichen, die Samora Avenue weiter hinunterzugehen. Er wollte wohl nicht, dass andere Passanten auf dieser belebten Straße sahen, wie ich ihm den Briefumschlag zusteckte. Während ich also auf dem Bürgersteig parallel

zu ihm weiterlief, schlenderte er heiter singend an den hupenden Autos des Mittagsverkehrs vorbei und schwenkte dabei sein rotes Halstuch durch die Luft.
Bereits an der nächsten Ecke in der Jamhuri Street kam er vor einem Buchladen zum Stehen und streckte mir die Hand zur Begrüßung entgegen. Es folgte das unter jungen Leuten übliche Begrüßungsritual. Ich klatschte mit der flachen Hand in Jumas dargebotene Handinnenfläche, unsere Finger verhakten sich beim Zurückziehen ineinander, und beendet wurde das Ganze mit einem gegenseitigen Wegschieben der Daumen. Juma schien es eilig zu haben, also übergab ich ihm gleich den Umschlag. »In ein paar Tagen komme ich dann zu dir und kaufe mir ein paar Schuhe, in Ordnung?«
»Aber klar, Sister«, strahlte er mich an, verbeugte sich leicht und war dann auch schon im Getümmel verschwunden.
Ob ich ihn wohl wiedersehen werde?, dachte ich bei mir. Ich wusste nur, dass er seinen Schuhstand in der Nähe des Imalaseko Supermarkts in der Innenstadt von Dar es Salaam eröffnen wollte.
Aber leider schien mein Vertrauen erneut enttäuscht worden zu sein, denn in den nächsten Wochen war rings um den Supermarkt weit und breit nichts von Juma zu sehen. Dann lief mein Touristenvisum ab, und ich musste ausreisen. Das Prozedere kannte ich schon. Ich machte mich auf den Weg nach Kenia, um wenige Tage später bei der Rückreise nach Tansania ein neues Visum für weitere drei Monate ausgestellt zu bekommen. Es sollte mein letztes Visum sein, denn danach würde ich wieder nach Deutschland zurückfliegen. Die Diplomarbeit hatte ich bereits abgegeben, und so wollte ich mir mit meinen restlichen Ersparnissen noch eine schöne Zeit in Tansania ermöglichen.
Auch nach meiner Rückkehr aus Kenia kehrten meine Gedanken immer wieder zu Juma zurück. Seine fröhliche, lockere Art fehlte mir.

Wie es ihm wohl ergangen sein mochte? Dass ihm das Geld wirklich geholfen hatte, bezweifelte ich mittlerweile stark.

~

Es war bereits Mitte April, als ich Juma erneut in der Samora Avenue traf. Dieses Mal stand er in der Nähe einer Holzbude, an der Musikkassetten verkauft wurden. Ich war ziemlich überrascht und freute mich, ihn nach so langer Zeit wiederzusehen. Doch als ich näher kam, sah ich, dass er in einer miserablen Verfassung war. Es grenzte an ein Wunder, dass ich ihn überhaupt wiedererkannte.

»Hey, Juma, da bist du ja wieder«. Ungläubig musterte ich ihn. »Du hast ja total abgenommen!«, stellte ich entsetzt fest. »Ist etwas passiert?«

Mit müden Gesichtszügen stand er in verlumpten Kleidern vor mir und wirkte wie ein Schatten seiner selbst. Er hatte sich stark verändert, seit ich ihn vor acht Wochen das letzte Mal gesehen hatte. Seine Augen lagen in tiefen Höhlen und waren stark gerötet, dürre Schultern zeichneten sich spitz unter seinem T-Shirt ab, und ein müdes Lächeln erinnerte nur vage an das Strahlen, das mir so sehr gefehlt hatte.

Seine Antwort war ein großer Schock für mich. »Ach, Sister. Wie gut, dass du da bist. Ich bin sehr krank. Ich hab mich mit Tuberkulose angesteckt«, klagte er mit matter Stimme.

Erst wenige Monate zuvor hatte ich erlebt, was Tuberkulose für eine gefährliche Krankheit war. Damals war mir Dora begegnet, die auf der Straße bettelte. Sie war knapp dreißig Jahre alt, heroinsüchtig und wog nur noch siebenundzwanzig Kilo. Selbst für den Arzt, zu dem ich sie brachte, war ihr geringes Gewicht kaum vorstellbar. Er bat sie gleich dreimal, auf die Waage zu steigen. Dementsprechend schlimm sah sie auch aus, abgemagert, nur noch Haut und Knochen. Während ich sie pflegte, erfuhr ich, dass Tuberkulose, auch Schwindsucht genannt, häufig eine Folge von Aids ist. Auch Dora war HIV-positiv und verstarb kurze Zeit später an den Folgen ihrer Krankheit. Zwar kannten wir uns erst wenige Wochen, doch ihr Tod bedrückte mich zutiefst. Es war das erste Mal, dass ich ein Bild davon bekam, wie viele junge Menschen in Afrika täglich an den Folgen von Aids leiden und sterben müssen.

Sollte Juma etwa das gleiche Schicksal wie Dora drohen? Die Vorstellung machte mich schier wahnsinnig, ich musste den Gedanken schnell beiseiteschieben. Vielleicht hatte er ja *nur* Tuberkulose und war nicht mit HIV infiziert worden, versuchte ich mich zu beruhigen.

»Und, bist du denn schon in Behandlung?«, fragte ich ihn besorgt.

»Ja, sicher!«, bestätigte er mir schnell, und ich sah keinen Grund, daran zu zweifeln.

Ich wollte wissen, was passiert war, und so begann Juma zu erzählen: »Einen Tag nachdem du mir das Geld für die Schuhe gegeben hast, erhielt ich einen Brief von meiner Schwester. Sie schrieb, dass mein Vater in Mwanza sehr krank sei, also musste ich zu ihm fahren. Das ganze Geld ging für die Reise drauf.«

»Ach ja?« Ich glaubte, mich verhört zu haben. Das konnte doch wohl nicht wahr sein! Hatte er mir nicht selbst erzählt, er habe keinen Vater und keine Mutter mehr? Seine unglaubwürdige Geschichte enttäuschte mich, und ich begann, misstrauische Fragen zu stellen. Welche Krankheit sein Vater denn habe und wie er an den Brief seiner Schwester gekommen sei – aber wie erwartet, konnte er mir keine zufriedenstellenden Antworten geben. Wie konnte ich auch so naiv gewesen sein? Von wegen Schuhe verkaufen!

Am meisten aber ärgerte ich mich über mich selbst. Obwohl ich die Tricks und Ausreden kannte und mich meine Erfahrung mittlerweile meist davor schützte, ausgenutzt zu werden, hatte Juma es anscheinend geschafft.

»Tut mir leid, ich kann dir kein zweites Mal mit Startkapital aushelfen. Habe ich dir nicht extra noch eine Nachricht in dem Briefumschlag hinterlassen, dass dies die einzige Chance sein wird, die ich dir geben kann?« Für einen Moment dachte ich, er wollte mir widersprechen. Doch als er nur müde zu Boden blickte, wollte ich einfach nur noch weg. »Na dann, mach's mal gut, und such dir das nächste Mal jemand anders, dem du deine Geschichten auftischen kannst!«, verabschiedete ich mich zornig.

Juma ließ mich gehen und versuchte auch gar nicht, mich zurückzuhalten. Der leere Blick, mit dem er mich zum Abschied angesehen hatte, verfolgte mich auf dem Nachhauseweg. Eigentlich war mir gar nicht wohl bei dem Gedanken, dass es das mit Juma gewesen sein sollte. Nicht gerade ein nettes Ende. Nein, so hart wie ich mich beim Abschied gegeben hatte, war ich doch gar nicht. Warum sonst sah ich ihn immer noch vor mir stehen: dürr, krank und offensichtlich mit einer ganzen Menge Probleme.

Dieses Bild ließ mich nicht mehr los. Auch in den folgenden Nächten konnte ich auf einmal keinen Schlaf mehr finden. Alles Drehen, Wälzen, Ärgern und Warten half nichts. Ich lag einfach nur stundenlang auf meiner Matratze wach und dachte über Juma, das Leben und den Tod nach. Ausgerechnet zur gleichen Zeit gab es einen tansanischen Hit, der mich regelrecht verrückt machte:

»Hier liege ich kraftlos in meinem Bett. Die vielen Versuchungen haben mich besiegt. Ich kann nie wieder gesund werden. Jetzt bereue ich es. Die vielen Frauen, an die ich mich nicht einmal mehr erinnern kann, der Alkohol, die Drogen … Doktor, schau mich doch an! Alle Anzeichen sprechen für Aids! *Ich bin nur noch Haut und Knochen und habe auf dem ganzen Körper Geschwüre. Ich habe Tuberkulose, und ich muss mich ständig übergeben. Auch meine Haare haben ihren Glanz verloren. Macht's gut, all meine Freunde! Ich habe keinen Wert mehr auf dieser Welt – Ich habe* Aids … «

Mein Zimmer grenzte an eine belebte Musik-Bar, und ausgerechnet dieser bedrückende Song lief gleich mehrmals in voller Lautstärke die ganze Nacht hindurch. Und wenn die Leute in der Bar morgens um zwei genug hatten und ich mir endlich Stille erhoffen konnte, surrten Hunderte Stechmücken um mein Moskitonetz, während sich irgendein nervendes Insekt mit laut nagenden Geräuschen an meinem Holzschemel zu schaffen machte. Als es fertig genagt hatte, war es vier Uhr früh, und der Muezzin kündigte über Lautsprecher in ganz Dar es Salaam den neuen Tag an. Der Gebetsruf wiederholte sich dann nochmals um fünf, damit auch wirklich niemand verschlafen konnte. Und so blieben mir nur noch zwei Stunden, bis alle Menschen auf den Beinen waren und an Schlaf nicht mehr im Geringsten zu denken war.

Doch das eigentliche Problem waren meine Grübeleien, die mich vom Schlafen abhielten, denn im Laufe der Zeit hatte ich mich an den Geräuschpegel einer afrikanischen Großstadt gewöhnt. Als ich Tansania zum ersten Mal wieder in Richtung Deutschland verließ, fühlte ich mich in meinem stillen Zimmer im Haus meiner Eltern wie in einer Gummizelle – abgeschirmt von der Außenwelt. Diese Stille fand ich fast noch unerträglicher als den Lärm in Dar es Salaam. Mir fehlte auf einmal die fröhliche Lebendigkeit. Seit ich in Afrika lebe, wirkt Deutschland auf mich wie ausgestorben. Die Straßen in den Wohngebieten sind so menschenleer, als hätten alle Bewohner ihre Häuser verlassen. Diese selbstgeschaffene Einsamkeit scheint ähnlich schwer auf der Seele der Menschen zu lasten, wie die Menschen in Entwicklungsländern an der materiellen Armut leiden.

Dieses Mal hatten meine schlaflosen Nächte also einen tieferen Grund. Es war die Sorge um Juma, die mich mehrere Nächte kaum ein Auge zumachen ließ. Ich brachte es einfach nicht übers Herz, ihn einfach so stehenzulassen, und vergessen konnte ich ihn schon gar nicht. Mittlerweile war mir klargeworden, dass Juma nicht nur durch Zufall immer in der Samora Avenue anzutreffen war, sondern dass es anscheinend zu seinem täglichen Ablauf gehörte, dort herumzulungern. Um seine Lebensweise besser verstehen zu können, beschloss ich, Juma in der Stadt ein wenig zu beobachten.

~

Am nächsten Tag bezog ich also mein »Straßenbüro« bei Muba, der wegen seiner hellen Hautfarbe auch *Whity* genannt wurde. Die Hauswand machte dort an einer Stelle einen Knick nach vorne. Wenn ich mich also dicht zur Wand hinter den Mauervorsprung auf den Boden setzte, verdeckte mich Mubas Holztisch ausreichend. Dort hatte ich eine gute Sicht auf Jumas »Revier«, das links von mir die Straße hinab begann, den Laternenmast an der Kreuzung einschloss und bis zur Parkuhr auf dem gegenüberliegenden Gehweg reichte.

Muba wunderte sich wohl kaum, dass ich mich nun jeden Tag ein bisschen zu ihm setzte, da ich ihn auch vorher schon öfter besucht hatte. Aber ob er bemerkt hatte, dass ich hin und wieder geistig abwesend war, immer in dieselbe Richtung starrte und ihm gar nicht richtig zuhörte? Meistens funktionierten das Kopfnicken und die automatischen Zustimmlaute ganz gut, auch wenn ich den Inhalt seiner Worte gar nicht richtig mitbekam. Beinahe eine ganze Woche ging das so, und immer sah ich die gleiche Szene: Juma, der etwa fünfzig Meter von mir entfernt auf einem Mauervorsprung herumlümmelte, die Straße auf und ab ging und den heranfahrenden Autos zuwinkte.

Ihn so planlos im Getümmel der Stadt zu sehen irritierte mich ohnehin schon, aber besonders sein Aufzug war mir ein Rätsel. Wieso trug er jeden Tag die gleiche verlumpte türkisgrüne Trainingshose, wo ich ihn doch durchaus gepflegt und mit schicken sauberen Kleidern kennengelernt hatte? Dazu trug er orangefarbene Badeschlappen und ein gelbes verwaschenes T-Shirt. Der Kontrast war besonders extrem, da in dieser Straße sogar Geschäftsleute in Anzügen den Gehweg passieren. Auch der Juma, der in den Kleidern steckte, war ein anderer Mensch als der, den ich in Erinnerung hatte. Sein Gang war schleppend. Kraftlos schlurfte er auf der Straße hin und her ohne irgendein Anzeichen von Lebensfreude. Seine Erscheinung glich der eines Herumtreibers, nicht der des lebensklugen jungen Mannes, den ich kennengelernt hatte. Zwar hatte er mir offenbart, dass er oft knapp bei Kasse war, doch begriff ich erst jetzt die brutale Tragweite dieser Aussage.

Der nächste Schock ließ nicht lange auf sich warten. Am nächsten Tag beobachtete ich eine Menge, die wild schreiend auf einen Jugendlichen losging. Ich stand genau auf der gegenüberliegenden Straßenseite und fragte Arafat, einen Bekannten, der dort entlang einer Hauswand selbstgeschnitzte Holzfiguren verkaufte, was denn in die aufgebrachten Menschen gefahren sei.

»Der arme Kerl dort, der da am Boden liegt, wurde beim Klauen erwischt. Jetzt kann er nur noch beten, dass sie ihn am Leben lassen.«

Es war mir schon öfters zu Ohren gekommen, dass Stehlen in Afrika besonders von den eigenen Mitbürgern hart bestraft wird. Aber eine Erklärung dafür, in welche Unmenschen sich harmlose Passanten plötzlich verwandeln können, wenn es einem Dieb nicht gelungen ist, schnell genug davonzurennen, konnte mir bisher noch niemand geben. Alle, auch gänzlich Unbeteiligte, stürzen sich dann auf den Dieb und reißen ihn zu Boden. Mit herumliegenden Steinen, Betonbruchstücken oder Holzbrettern wird dann ohne jede Gnade auf ihn eingeprügelt. Mitten auf der Straße, am helllichten Tag. Und wenn die Polizei nicht rechtzeitig dazwischengeht, wird der Dieb von dieser Meute zuvor noch friedlicher Menschen zu Tode gesteinigt oder mit Benzin übergossen und angezündet.

Aber das ist doch Juma!, begriff ich blitzartig. Ungläubig sah ich genauer hin, um mich zu vergewissern, ob ich mich auch wirklich nicht getäuscht hatte. Jetzt, da sich der Menschenauflauf langsam auflöste, sah ich ihn mittendrin neben dem Opfer stehen. Das Hemd zerrissen und eine Stahlkette um die Faust gewickelt. Während sich der angegriffene Junge langsam wieder aufrappelte, entfernte sich Juma vom Ort des Geschehens, stark schnaufend und mit wütendem Gesicht, die Stahlkette dabei fest umschlossen in der rechten Hand. Im Gehen versuchte er, sein aufgeknöpftes Hemd zurechtzuzupfen.

Ich war verwirrt, hatte Juma nun dem Jungen geholfen, oder war auch er einer der Angreifer gewesen? Kurzerhand folgte ich ihm. Ich musste wissen, was er mit der Sache zu tun hatte. Nie zuvor hatte ich ihn mit einer Stahlkette gesehen, und ich hätte auch nicht gedacht, dass er überhaupt zu Gewalt fähig war. Was mochte sonst noch hinter diesem jungen Mann stecken, der einmal das brave Muttersöhnchen gab und dann wieder auf der Straße herumlungerte? Meine Neugier wurde größer und größer.

Als ich Juma einholte, nahm er mich – immer noch in Gedanken versunken – gar nicht gleich wahr. Erst als ich ihn am Arm berührte, wandte er sich mir zu um und sah meinen fragenden Blick.

»Ach Sister, diese brutalen Leute wollten meinen Freund lynchen, gemeine Bastarde! Hätten wir ihm nicht geholfen, hätten die ihn bestimmt umgebracht!«, antwortete er mir bruchstückhaft. Immer noch rang er nach Atem, und die Wut in seinen Augen signalisierte mir, weitere Fragen zu unterlassen. Mit einem Nicken drehte er sich wieder um und ging seines Weges. Gedankenverloren machte auch ich mich auf den Heimweg. Ob Juma öfter in solche Gewaltaktionen verwickelt war?

~

Der Vorfall stellte mich vor weitere Rätsel, auf die ich mir einfach keinen Reim machen konnte, denn Jumas Leben war mir einfach zu fremd. Jetzt wollte ich meine Zeit endgültig nicht mehr mit falschen Annahmen verschwenden! Niemand außer Juma selbst konnte mir die Antworten auf meine Fragen geben, und daher ging ich gleich am nächsten Tag wieder zu ihm und rückte ganz direkt mit meiner Bitte heraus.

»Juma, ich möchte dich verstehen lernen. Warum hängst du den ganzen Tag hier herum, warum trägst du immer dieselben Kleider, wovon lebst du?«, sprudelte es nur so aus mir heraus. Etwas überrumpelt von meinem Wortschwall, aber doch erfreut über mein Interesse, gab er mir bereitwillig Antwort.

»Ach, weißt du, Nicky, ich wohne mit einer Art Gangsterboss zusammen in einem Zimmer. Er tut alles, um mich loszubekommen, da ihn meine bloße Anwesenheit stört. Als ich einmal weg war, hat er einfach meine ganzen Kleider und meine Turnschuhe verkauft. *Umenipata?* Hast du mich verstanden? Nun besitze ich gar nichts mehr, außer dem, was ich am Leib trage, und mein Dach über dem Kopf habe ich auch verloren.« Hatte er die Worte anfangs noch voller Wut hervorgebracht, war der letzte Satz nur noch ein niedergeschlagener Seufzer. »Ach, ich weiß einfach nicht mehr, wohin ich gehen soll.«

Da hatte ich eine spontane Idee. »Wie wäre es, wenn du mich erst einmal zum großen Secondhandmarkt in Karume begleitest? Ich wollte dort sowieso schon lange mal wieder hin, um mir ein paar neue Kleider auszusuchen.« Juma freute sich sichtlich über meinen Vorschlag, aber dann wurden wir auf einmal unterbrochen.

Zwei Jungs in tiefsitzenden Hosen kamen schlurfend auf uns zu und fingen an, sich mir in gebrochenem Englisch aufzudrängen. Ihr distanzloses Verhalten war Indiz genug, dass sie irgendetwas im Schilde führten. Der Größere von beiden hielt sich verdächtig hinter meinem Rücken auf, während der andere pausenlos weiterredete. Ich versuchte, beide mit meinen Blicken im Visier zu behalten, und vergaß Juma dabei völlig. Zum Schutz drückte ich meinen kleinen Rucksack mit beiden Händen fest an den Körper.

»Hört zu, ich habe keine Lust zu so etwas. Ich weiß, was ihr vorhabt!«, zischte ich ihnen auf Suaheli zu, damit sie mich ja nicht für eine frisch gelandete Touristin hielten. »Macht, dass ihr fortkommt! Habt ihr mich verstanden?«

Doch sie lachten nur blöde und ließen nicht von mir ab. Schließlich wechselte ich wütend die Straßenseite. Juma folgte mir augenblicklich, aber ich lief einfach weiter. Schon wieder war ich misstrauisch geworden – hatte er am Ende diesen Überfall mit seinen Freunden selbst inszeniert?

»Sister Nicky, so warte doch! Hey, das tut mir leid!«, hörte ich ihn atemlos hinter mir herrufen. »Das sind Idioten, die zwei. Ich habe mit den beiden nichts zu schaffen. Bitte, bleib doch einen Moment stehen! Wir müssen in der Samora Avenue einfach vorsichtiger sein, damit dich Leute wie die nicht noch einmal belästigen!«

Ich verlangsamte meine Schritte.

Juma fasste nach meiner Hand. »Gerade hier in dieser Straße gibt es viele Diebe, weil es eben so viele Deals gibt«, fuhr er mit seiner Erklärung fort. »Sie rotten sich hier zusammen, weil es von potenziellen Opfern nur so wimmelt. Die ahnungslosen Touristen in den Wechselstuben zum Beispiel, oder die reichen Geschäftsmänner, denen man die Taschen aus den Händen reißen kann. Außerdem ist hier der größte Umschlagplatz für den Handel mit Marihuana. Nicky, ich verspreche dir, ich werde in Zukunft besser auf dich achtgeben.«

Einen Moment lang zweifelte ich noch, ob Juma mich wirklich beschützen wollte, aber dann glaubte ich ihm.

»Das ging ja gerade noch einmal gut … Vergessen wir's einfach. Komm, lass uns jetzt trotzdem nach Karume fahren!«, forderte ich ihn auf.

Gemeinsam gingen wir zur Bushaltestelle und stiegen in einen völlig überfüllten orangen Kleinbus. Die *Daladalas*, wie sie in Tansania genannt werden, sorgen für ein kunterbuntes Stadtbild. Je nach Route, die sie befahren, sind sie zur besseren Kennzeichnung in knalligem Rot, Blau, Grün oder einer anderen Farbe lackiert.
Während ich gerade noch den letzten Sitzplatz ergattern konnte, musste sich Juma auf einem kleinen Absatz Platz verschaffen. Die Fahrt dauerte nur eine Viertelstunde, aber die Mittagshitze und die sehr beengten Verhältnisse in dem alten klapprigen *Daladala* trieben uns den Schweiß aus allen Poren. Immer mehr Menschen wurden an jeder weiteren Bushaltestelle unaufhörlich hineingestopft, wie Ölsardinen in eine zu enge Dose. Auch Juma schien die Hitze zu schaffen zu machen. Auf seiner Stirn bildeten sich kleine Schweißperlen, und er blickte angestrengt und verlegen zu Boden. Es war eine komische Situation. Wir waren uns noch zu fremd, um die unfreiwillige körperliche Nähe entspannt hinnehmen zu können, und dennoch blickte ich immer wieder verstohlen zu ihm hinüber. Seine afrikanischen Züge gefielen mir gut, besonders seine Wimpern waren auffallend stark nach oben gebogen. Ich verglich sie mit denen anderer Fahrgäste, da ich auf diese Details bei Tansaniern noch nie so genau geachtet hatte. Aber anscheinend waren sie nur bei Juma so hübsch geschwungen.
Beim Aussteigen drängten wir uns durch die dicht aneinandergepressten Fahrgäste hindurch, und dann war es nur noch ein Sprung über die Straße, bis wir in den Wirbel von Menschen, Holzständen und Waren eintauchten. Wie immer war sehr viel los auf dem Secondhandmarkt. Während die meisten Frauen in Tansania noch den traditionellen *Khanga* tragen, ein mit bunten Mustern bedrucktes Wickeltuch, kleiden sich die Männer meist in gebrauchte Kleidung aus Europa und Amerika. Für die wenigen modernen Geschäfte in der Innenstadt, die neue und teure Mode verkaufen, hat kaum jemand das Geld.

Wir schlenderten von Stand zu Stand, während von allen Seiten aus kleinen Lautsprechern Angebote ertönten. Schuhe für umgerechnet zwei Euro, Hosen für einen Euro, T-Shirts, Blusen, Bettlaken, Taschen, Unterwäsche, Puppen und und und ... Von der Lautstärke und dem Gedränge zwischen den Ständen einmal abgesehen, ist Karume das reinste Einkaufsparadies, denn die Gebrauchtwaren sind meist noch sehr gut erhalten.
Ein Nachteil meiner weißen Hautfarbe ist hier allerdings, dass die Preise in meiner Gegenwart plötzlich in die Höhe schnellen. Die Verkäufer sind sich sicher, dass jeder Weiße viel Geld besitzt. Auch die vielen Zurufe »*Mzungu*, *Mzungu*, komm her!«, machten mich dieses Mal, mit Juma an meiner Seite, besonders nervös. Ich konnte nicht einschätzen, wie Juma sich fühlte. War es ihm peinlich, mit mir zusammen Kleider kaufen zu gehen? Vielleicht wollte er lieber allein auf die Suche gehen?
Juma musste auf meinen Vorschlag hin nicht lange überlegen und zog mit etwas Geld auf eigene Faust los. Keine fünfzehn Minuten später präsentierte er mir stolz eine Jogginghose, zwei T-Shirts und ein Paar Schuhe. »Sister, jetzt fühle ich mich wieder wie ein Mensch, wie neugeboren!«, strahlte er von einem Ohr zum anderen. Er freute sich also doch über meine Idee und fand es auch nicht komisch, dass ich dabei war.
Bevor sich unsere Wege trennten, versprach ich Juma, ihn morgen wieder in der Stadt zu besuchen.

~

Von nun an wurde es zu einer schönen Gewohnheit, dass ich Juma jeden Mittag in der Samora Avenue abholte und wir gemeinsam bei *Mama Lishe* essen gingen. In einer großen länglichen Kantine direkt am Ufer der Hafenbucht bekamen wir für umgerechnet nur dreißig Cent einen vollen Teller mit Reis, braunen Kidney-Bohnen in Kokosnusssoße und Spinat. In kleinen Buden wurden frische Mango- und Papayasäfte ausgeschenkt, und eine Frau verkaufte auf einem Tablett Melonenscheiben, Bananen und Orangen.

Oft fühle ich mich in Tansania wie im Schlaraffenland. Nicht nur wegen der immensen Auswahl an frischen tropischen Früchten, auch wegen der niedrigen Lebenshaltungskosten. Der gesetzliche monatliche Mindestlohn in Tansania entsprach zu der Zeit etwa dreißig Euro und reichte den Menschen dort nur mit Müh und Not zum Überleben. Wenn man vergleichsweise deutsche Preise für Essen, Trinken und alltägliche Bedarfsartikel durch zehn teilte, bekam man eine ungefähre Vorstellung von den Preisen in einem Land wie Tansania. Und da ich mich, was Wohnen und Essen anbelangte, den Einheimischen anpasste, ermöglichten mir meine Ersparnisse aus Deutschland immer wieder längere Reisen und interessante Einblicke in fremde Welten. Ich teilte mein Geld stets so ein, dass immer noch etwas übrig blieb, um andere damit unterstützen zu können.

Tagsüber herrschte in der Kantine immer Hochbetrieb. Mindestens vierzig Frauen, gekleidet in weiße Blusen und schwarze Röcke, die Haare aus Hygienegründen mit einem weißen Kopftuch streng nach hinten gebunden, bedienten die hungrigen Stadtmenschen in ihrer Mittagspause. Gekocht wurde in riesigen Kesseln auf Holzkohlekochern, die bestimmt viermal so groß waren wie die in einem normalen tansanischen Haushalt. Bei unseren täglichen Treffen erfuhr ich schnell mehr von Juma.

»Dada Nicky, ich hab mich in der Samora Avenue selbst angestellt. Ich bin mein eigener Boss«, erklärte er mir mit unverkennbarem Stolz.

»Aber wie verdienst du dir denn dein Geld?«, wollte ich nun doch genauer wissen.

»Das läuft so: Wenn ich einem Auto einen Parkplatz zuweise, dann bekomme ich vom Fahrer normalerweise etwas Trinkgeld. Wegen der hohen Diebstahlrate kann es auch sein, dass er sein Auto von mir bewachen lässt, bis er seine Einkäufe erledigt hat. Damit erhöht sich natürlich auch mein Trinkgeld«, erklärte Juma, gestand mir aber auch, dass geizige Autofahrer sich nicht zu wundern brauchten, wenn er – der vermeintliche Autobeschützer – plötzlich selbst zum Täter wurde und sie ihr Auto später ohne Scheibenwischer oder Außenspiegel vorfanden.

»Und wenn ich total pleite bin, dann schiebe ich einen dünnen gebogenen Draht zwischen Autotür und Fensterscheibe, und schon bin ich im Wagen drin. Wir brechen die Autos lautlos auf. So etwas machen wir selbst am helllichten Tag. Manchmal kannst du dort Aktentaschen mit Handys oder pralle Handtäschchen von reichen Damen finden«, erzählte er mir wie selbstverständlich.

»Und wenn du eines Tages dabei erwischt wirst? Gibt es denn wirklich keinen Weg, wie du auf ehrliche Art und Weise Geld verdienen kannst?«

»Früher wollte ich unbedingt eine Ausbildung machen. Aber da ich nie das Geld für eine Lehrstelle zusammenbekommen habe, musste ich den Plan wieder verwerfen.«

Spontan musste ich an VETA denken, eine staatliche Berufsschule, die jedes Jahr viele verschiedene Ausbildungsplätze anbot. Ich beschloss, für Juma einen Katalog mit dem Ausbildungsprogramm zu besorgen, und dann würden wir sehen, ob da nicht etwas für ihn dabei wäre.

~

Eines Mittags saß ich bei einem Freund namens Dewi auf einer kleinen Betonmauer in der Samora Avenue, da ich Juma nirgendwo erblicken konnte. Dewi verdiente sich seinen Lebensunterhalt, indem er in der Samora Avenue den Touristen hinterherlief und seine Dienste anbot. Immer wieder ergaben sich dabei die verschiedensten Aufträge für ihn. Mit ein wenig Glück wurde er zu deren Stadtführer oder konnte ihnen bei der Beschaffung von Souvenirs behilflich sein. Doch vor allem träumte Dewi davon, durch einen dieser Kontakte eines Tages eine Einladung nach Europa oder Amerika zu bekommen.

Während wir redeten, unterbrach mich Dewi plötzlich und zeigte auf Juma, der gerade die Straße überquerte und auf uns zukam. »Hey, da kommt ja Fuvu, *mtoto wa mitaani!*« *Fuvu* war ein Spitzname von Juma und bedeutete übersetzt Schädel, da sein Kopf immer kahlgeschoren war. Aber was mir nun endgültig die Augen öffnen sollte, war die Bedeutung von *mtoto wa mitaani.* Dewi nannte ihn »Straßenkind«.

Juma war zwar schon lange kein Kind mehr, aber das Etikett haftete anscheinend immer noch an ihm. Durch Dewi erfuhr ich, dass Juma schon seit etlichen Jahren in der Samora Avenue bekannt war, genau genommen, seit er sich als kleiner Junge seinen Weg zum Überleben auf den feindseligen Straßen von Dar es Salaam gesucht hatte.

Juma war also ein richtiger Straßenjunge. Natürlich, nun wurde mir einiges klar. Doch obwohl ich bereits darüber gelesen hatte, wusste ich nur wenig über den Alltag auf den Straßen Afrikas. Schlief Juma wirklich Nacht für Nacht unter freiem Himmel, oder gab es die provisorische Bleibe tatsächlich, von der er sprach? Ich fühlte Neugier und Mitgefühl zugleich in mir hochsteigen. Wie musste es wohl in einem Menschen aussehen, der von Kindesbeinen an niemand anderen hatte als seine Schicksalsgenossen auf der Straße? Einerseits wollte ich nun unbedingt noch mehr von seiner Welt erfahren, andererseits war mir aber auch klar, dass ich mit Jumas Schmerz vorsichtig umgehen musste.

Dunkel erinnerte ich mich an eine Geschichte, die mir vor vielen Jahren zu Ohren gekommen war. Eine Deutsche soll sich in einen Straßenjungen in Lateinamerika verliebt und ihn schließlich geheiratet haben. Damals schon faszinierte mich dieses Aufeinandertreffen fremder Welten unheimlich. Es kam mir schier unmöglich vor, zu den Gefühlen dieser harten Jungs vorzudringen und ihr Vertrauen zu gewinnen, um den Weg für eine respektvolle Beziehung zu ebnen.

Welche Rolle ich einmal in Jumas Herz spielen sollte, wagte ich mir damals noch gar nicht vorzustellen. Was ich aber sicher wusste, war, dass ich ihn von nun an begleiten wollte, um ihm dabei zu helfen, sein Leben zu verändern.

2

Intention ist die Absicht
Decision ist die freie Wahl
Change ist Veränderung

Die beste Gelegenheit, um unser gegenseitiges Vertrauen wachsen zu lassen und mehr voneinander zu erfahren, fand sich ohne Frage in *unserer* Kantine. Obwohl es draußen ebenfalls Tische und Stühle gab, saßen wir trotz der Hitze grundsätzlich drinnen an einer langen Tafel im Halbdunkel. Dort fühlte sich Juma einfach wohler, auch wenn die Luft vom Dampf der Kessel hinter uns stickig war. Er wollte nicht gesehen oder von anderen Leuten beobachtet werden.

Das Essen wurde schnell zur Nebensache. Juma konnte reden und reden. Meist saßen wir über drei Stunden beisammen, und ich bemühte mich, alles, was er mir in seinem Straßenslang erzählte, auch zu verstehen. Oft machte ihm die Tuberkulose schwer zu schaffen. Dann hing er schlaff, beinahe in Liegehaltung, auf seinem Stuhl. Bei jedem Satzende ließ er die Stimme vor Anstrengung mit einem kurzen Stöhnen sinken. Trotzdem wollte er mir so vieles sagen und hörte gar nicht mehr auf zu reden.

»Sister, manchmal lässt mich der Gangsterboss, mit dem ich zusammenwohne, nachts nicht herein, oder er hat eine Frau bei sich. Weißt du, das macht mich echt fertig. Ich kann mich nirgends ausruhen und fühle mich verdammt schwach, seit ich Tuberkulose habe«, presste er mühsam hervor.

»Kannst du mir nicht vielleicht dabei helfen, ein Zimmer zu finden?«, fragte er mich und blickte mich dabei hoffnungsvoll an.

Juma brauchte wirklich unbedingt einen ruhigen Ort, an den er sich zurückziehen konnte. Schließlich sah ich mit eigenen Augen, wie wenig Appetit er hatte und wie langsam er sich bewegte. Nach jedem Bissen legte er den Löffel aus der Hand, zurück auf den Teller, um nach minutenlanger Pause mühevoll noch einen weiteren Happen in sich hineinzuzwängen.

»In Ordnung, Juma, lass es uns versuchen. Wenn du in Kigamboni ein Zimmer für etwa siebentausend Shilling findest, werde ich die ersten Raten der Miete übernehmen. Und dann richten wir dein Zimmer gemeinsam ein«, schlug ich ihm vor. Ich wusste aus eigener Erfahrung, dass Vermieter beim Einzug eine Vorauszahlung von sechs Monatsmieten verlangen. Erst danach ist es möglich, die Miete monatlich zu bezahlen. Bei einem umgerechneten Mietpreis von fünf Euro pro Monat war dies aber eine kalkulierbare Ausgabe für mich, die Juma wirklich weiterhalf.

Kigamboni liegt auf einer Halbinsel und ist ein zwar armer, aber ruhiger Stadtteil Dar es Salaams. Von der Innenstadt aus ist Kigamboni in nur zehn Minuten mit einer Fähre erreichbar. Dort gab es haufenweise günstige Zimmer, und ich war mir sicher, Juma würde schon bald fündig werden. Doch Tag um Tag verging, und er machte keinerlei Anstalten, aktiv zu werden.

»Hast du denn immer noch kein Zimmer gefunden?«, fragte ich eine Woche später nach.

»Ich hab schon einen Kumpel beauftragt. Er wird für mich ein Zimmer suchen«, sagte er nur. Nach zwei Wochen gab ich auf und beschloss, mit ihm zu gehen, um ihm bei der Suche unter die Arme zu greifen. Ich hatte nicht wissen können, dass selbst so eine leichte Aufgabe im Moment zu viel von ihm verlangt war.

Zu Fuß liefen wir zehn Minuten vom Stadtzentrum am Ufer entlang in Richtung Fischmarkt zur Anlegestelle der Fähre, die uns nach Kigamboni bringen würde. Laut der afrikanischen Denkweise passt meist alles überall hinein, wenn man nur fest genug drückt und schiebt, und so wird auch die Fähre in den Stoßzeiten beladen. Verschmutze Lastwagen, Landrover, weiße Taxis, Fahrräder, die mit Kokosnüssen oder Mangos beladen sind, und zig Menschen, die durch ihre verschiedene Kleidung ein kunterbuntes Bild abgeben,

drängen sich allesamt auf dem bereits stark gealterten und verrosteten Vehikel. Während der Fahrt sorgen Lautsprecher, aus denen in voller Lautstärke Musik dröhnt, für Unterhaltung. Manche Dinge, für Deutschland unvorstellbar, sind in Afrika hingegen nicht wegzudenken. Mit heiterer Musik in den Ohren ließ sich auch der größte Trubel leichter ertragen. Wir atmeten genüsslich die leichte Brise des Meeres ein, nach der man sich im Stadtzentrum vergebens sehnt.
Nur wenige Minuten nach der Fahrt über die Meeresbucht kamen wir wieder ins Schwitzen. Die Sonne knallte wie immer in voller Stärke vom Himmel herab, kein erfrischendes Lüftchen weit und breit. Der Weg führte uns vorbei an Holztischen, auf denen saftige Ananas, Mangos und Melonen einem das Wasser im Munde zusammenlaufen ließen, aber in dem großen Gedränge fanden wir keine Gelegenheit, um stehen zu bleiben.
Ich sah, wie erschöpft Juma bereits nach dieser kurzen Reise war. Damit er auf der Suche nach einem Zimmer nicht stundenlang umherirren musste, vereinbarten wir, dass er sich derweil an einem nahe gelegenen Markt im Schatten ausruhen sollte und ich mich für ihn auf die Suche machte. Zum Glück brauchte ich gar nicht so weit gehen. Ich klopfte geradewegs am nächstbesten Haus an und schilderte mein Anliegen. Dort verwies man mich zum Nachbarhaus, in dem angeblich ein kleines Zimmer frei sein sollte.
Eine Frau namens Mama Maryam stellte sich mir als die Tochter des betagten Hausbesitzers vor, der still auf einer Couch seine Pfeife rauchte, und zeigte mir das Zimmer. Mit nur vier Quadratmetern war der Raum zwar winzig, aber erst einmal eingerichtet, stellte ich es mir recht gemütlich vor. Ob es Juma auch gefallen würde? Immerhin war die Miete mit umgerechnet nur drei Euro monatlich so gut wie geschenkt, und Mama Maryam strahlte dazu noch so viel Wärme und Herzlichkeit aus.
Frauen werden in Tansania üblicherweise nach dem Vornamen des

erstgeborenen Kindes benannt, und da sah ich auch schon die kleine Maryam, die mit ihren braunen Händchen fest den Rockzipfel ihrer fülligen Mama umschloss und mit großen Augen neugierig den weißen Menschen vor ihr betrachtete. Auch siezt man sich in Tansania nicht, und so entstand gleich eine freundschaftliche Atmosphäre zwischen uns.

Ich ging sofort los, um Juma zu holen, damit er sich selbst einen Eindruck vom Zimmer machen konnte. Doch als er einen Blick hineinwarf, blieb ihm vor Schreck der Mund weit offen stehen. Zugegeben, in dem Zimmerchen sah es etwas chaotisch, wenn nicht sogar katastrophal aus. Im Moment diente es nämlich noch als Hühnerstall, und zwischen Federn, zerbrochenen Eierschalen, Staub und Schmutz lagen kaputte Radios, alte Kabel und zerrissene Poster. Nur zu gerne hätte ich ein Foto geschossen, um diesen Anblick zu verewigen.

Juma war immer noch sprachlos. »Und, was sagst du nun, nimmst du es?«, fragte ich ihn mit einem aufmunternden Lächeln.

Es blieb still im Raum, während Mama Maryam und ich Juma erwartungsvoll anschauten. Dann gab er sich geschlagen. »Es ist okay …«, antwortete er nach langem Schweigen.

»Bist du dir auch wirklich ganz sicher?«, zweifelte ich seine Antwort nicht unbegründet an.

»Ja, es ist schon okay …«, wiederholte er. Trotz des grotesken Bildes, das uns der »Hühnerstall« bot, war ihm eindeutig nicht nach Lachen zumute. »Hauptsache, das Bett passt rein …«, fügte er leise hinzu. Das hoffte ich allerdings auch.

Juma hatte nun zwar zugestimmt, aber war Mama Maryam denn auch mit Juma einverstanden? Die Krankheit und sein Leben auf der Straße hatten sein Äußeres in letzter Zeit stark verändert. Seine Augen waren stark gerötet, sein Kopf kahlgeschorenen und sein Körper vollkommen abgemagert. Zudem kamen seine schlampigen Kleider, die ihn in der Sprache der Tansanier zu einem *Mhuni* machten, was im Wörterbuch mit Dieb, Verbrecher, Heimatloser und den Eigenschaften aufmüpfig und gewalttätig übersetzt wird. Es wäre nur verständlich gewesen, wenn Hausbesitzer beim Anblick eines solchen *Mhuni* um ihr Hab und Gut und ihre Sicherheit fürchteten. Und Mama Maryam? Würde sie ihm eine Chance geben?

Wir verließen das Zimmer, und ich fragte sie nach ihrer Entscheidung. Glücklicherweise war Mama Maryam einverstanden. Ich sollte ihr nur am nächsten Tag eine Kopie meines Ausweises und meine Kontaktdaten vorbeibringen, damit sie im Notfall wüsste, an wen sie sich wenden könnte. Ich hatte das Gefühl, dass sie dabei eher an Jumas kränkliche Erscheinung dachte als daran, von ihm ausgeraubt zu werden. Voller Wärme wandte sie sich beim Abschied Juma zu. *»Karibu mdogo wangu!«,* sagte sie und nahm dabei seine Hände in die ihren. »Herzlich willkommen, mein kleiner Bruder!«

Was für eine liebe Frau. Fasziniert schaute ich in ihr hübsches, sanftes Gesicht. Auch Jumas Augen leuchteten bei ihren Worten kurz auf. Ausgrenzung war für ihn schon alltäglich geworden, und nun erfuhr er auf einmal bei einer ihm völlig fremden Frau so viel Zuflucht und Wärme.

Ein paar Tage darauf zeigten sich jedoch Anfangsschwierigkeiten, mit denen wir nicht gerechnet hatten. Ich musste kurzfristig in den Norden Tansanias reisen, um ein Mädchen zu seinen Verwandten zu begleiten, stellte Juma aber zuvor noch nach aufwendiger Suche und anstrengendem Feilschen ein Bett mit Matratze in sein Zimmer. Als ich von meiner Reise zurückkam, hatte er sein sauber geschrubbtes und für ihn bereitstehendes Zimmer aber immer noch nicht bezogen. Auf meinen fragenden Blick hin gab er kleinlaut zu, dass er sich einfach nicht getraut hatte, einzuziehen. »Bitte, Sister, lass uns zusammen hingehen«, bat er mich.

Völlig erstaunt, was aus dem Jungen geworden war, der sich selbstsicher durch alle Straßen und Winkel der Stadt bewegt hatte, konnte ich ihm diese Bitte dennoch nicht abschlagen. Wir nahmen wieder die Fähre und erreichten kurz darauf Jumas neue Bleibe, über deren Fenster auf der abgeblätterten Außenwand in fetten Buchstaben JUA KALI stand. Wie treffend diese Worte doch waren. Sie bedeuten DIE SONNE IST HEISS, und genauso fühlten wir uns auch. Mama Maryam erklärte uns, dass dies der Name des kleinen Straßenladens war, bevor sie das Zimmer zum Hühnerstall umfunktioniert hatten. Das Zimmerchen besaß breite, nach außen hin aufklappbare Fensterläden aus dunklem Holz, und somit hatte es sich ideal für einen Straßenverkauf von Mehl, Bohnen, Öl, Seifen und anderen alltäglichen Dingen angeboten.

»Sister, wow! Das Bett füllt ja mein komplettes Ghetto aus! *Bomba kabisa!* Super! Hier werde ich mich endlich ausruhen können«, rief Juma begeistert, als er sein fertig eingerichtetes Zimmer betrat. Seine Feststellung bezüglich der Größe war treffend, doch zum Glück war ja noch seitlich an der Wand etwas Platz für seine zwei Wassereimer und die wenigen Kleider, die er besaß. Auch die schief in der Angel hängende Tür ließ sich mit knarrenden Geräuschen passgenau öffnen, ohne an die Bettkante zu stoßen.

Mir persönlich gefallen solche kleinen Zimmer, denn so kann ich mit dem wenigen, was ich habe, in Harmonie leben. Aber ein Tansanier würde normalerweise schnell das Weite suchen. Keiner von ihnen möchte den Anschein erwecken, arm zu sein. In Tansania muss man seinen Verwandten und Gästen etwas bieten und vorzeigen können, um respektiert zu werden. Juma hingegen machte sich nichts aus diesen gesellschaftlichen Zwängen. Für ihn zählte nur sein weiches Bett, in dem er von nun an schlafen durfte, ohne jemanden um Erlaubnis bitten zu müssen oder in der Nacht aufgeschreckt zu werden.

Da sein neues Heim ohne Strom war, besorgten wir noch am selben Tag eine Petroleumlampe und zum Schutz gegen Malaria ein Moskitonetz. Materiell war Juma nun gut versorgt, doch schon bald befürchtete ich, dass er nicht lange in dem Haus bleiben würde. Mehrmals gab er mir im Laufe der Woche zu verstehen, dass er sich unter den Hausbewohnern nicht wohl fühlte. Wenn er morgens in Boxershorts, einem Handtuch um die Schultern und einem Eimer voll Wasser in der Hand zum Duschen ging, kam es ihm so vor, als würde ihn jeder anstarren. Er fühlte sich wie ein Eindringling, der nicht zu dieser Familie gehörte und über den womöglich getuschelt wurde. Jeden Morgen verließ er deshalb exakt bei Sonnenaufgang fluchtartig das Haus und traute sich erst wieder heim, wenn die schwarze Nacht bereits alles in tiefe Dunkelheit gehüllt hatte. Sein Selbstbewusstsein sank in diesem neuen Umfeld auf den Nullpunkt. Juma wusste einfach nicht, wie er sich in einer solchen Umgebung am besten ausdrücken sollte. »Sister Nicky, ich bin es nicht gewohnt, mit normalen Bürgern zusammenzuleben ... Selbst ihr Suaheli ist anders als meines«, klagte er eines Tages.

»Aber wieso? Was ist denn so anders an diesen Leuten?«, fragte ich ihn erstaunt.

»Ich bin es gewohnt, bei meinen Kumpels Unterschlupf zu finden, die ähnliche Probleme wie ich haben. Wenn ich nicht auf offener Straße übernachtet habe, dann habe ich mit mehreren Straßenjungs zusammen in einem kleinen *Ghetto* gehaust, einem einzigen schäbigen Raum in einer verruchten Gegend, zum Beispiel am Stadtrand in Mbagala. In solchen Vierteln Dar es Salaams geht niemand freiwillig nachts auf die Straße, weil die drogenabhängigen Jungs im Schatten der Nacht ihr Unwesen treiben, um auf schnellem Weg an Geld zu kommen. Sie verstecken sich mit Macheten, scharfen Küchenmessern oder schweren Steinen hinter einem Busch oder einer dunklen Ecke, um die Leute zu überfallen«, erzählte er mir. Ob Juma etwa auch mit Waffen durch die Gegend zog? Ich traute mich nicht, ihn darauf anzusprechen. Irgendwann würde er mir

schon von selbst erzählen, was er mit all diesen Typen zu tun hatte, aber im Moment gab es Wichtigeres. »Wenn du meinst, dass es gar nicht geht, dann werden wir eben eine andere Bleibe für dich suchen müssen«, stellte ich mutlos fest.
Zum Glück musste es nicht so weit kommen. Nach den ersten schwierigen zwei Wochen fing Juma überraschend an, sich langsam an seine neuen vier Wände zu gewöhnen.
»Ach Sister, eigentlich sind die Leute ja doch in Ordnung, vor allem die Kinder mag ich«, räumte er mit einer Spur Freude ein. Trotz des spärlichen Platzes holte er sogar noch seinen schlaksigen Freund Samuel, einen Autowäscher und Parkplatzeinweiser aus der Samora Avenue, von der Straße. Brüderlich teilten sie künftig Kopf an Fuß und Fuß an Kopf das nicht gerade breite Bett.

~

Den Kopf nun frei von Zimmerproblemen, bekam ich allmählich Zweifel daran, ob Juma seine Tuberkulose wirklich behandeln ließ, wie er mir gegenüber immer beteuert hatte. Die Therapie war nämlich mit einem regelmäßig notwendigen Krankenhausbesuch verbunden und erforderte einen geregelten Tagesablauf. Den hatte Juma, der doch kürzlich noch auf der Straße lebte, natürlich noch nicht. Was wäre, wenn ich versuchen würde, ihn eines Morgens im Krankenhaus zu überraschen? Würde ich ihn dort wirklich antreffen? Ich nahm mir vor, Juma zu seinen Ärzten zu begleiten. So konnte ich herausfinden, ob er sich an unsere Vereinbarung hielt, und gegebenenfalls noch ein paar Fragen an die Ärzte richten.
Mit dem Argument, ein Röntgenbild von seiner kranken Lunge machen zu lassen, damit wir mehr über seinen Gesundheitszustand erfahren konnten, überredete ich Juma dazu, am nächsten Tag gemeinsam mit mir ins Krankenhaus zu gehen. Begeistert sah er dabei nicht gerade aus, aber wir würden schon sehen.

Bereits auf dem Weg dorthin schleppte sich Juma müde wie ein alter Mann vorwärts. Immer wieder musste ich den Schritt verlangsamen, um mich seinen schwerfälligen Schritten anzupassen. Alle Kräfte schienen seinen jungen Körper verlassen zu haben. Ständig musste er unterwegs Schleim ausspucken, der sich in seiner Lunge angesammelt hatte. Die Tuberkulosebakterien schienen dieses lebenswichtige Organ bereits stark befallen zu haben. Ich machte mir die größten Sorgen und war froh über meinen Vorstoß.

Während wir so nebeneinander hergingen, fiel mir plötzlich auf, dass Juma auf der linken Seite stark hinkte, und sprach ihn darauf an. »Warum hinkst du denn, hast du dir weh getan?«

»Ich hatte mal einen Unfall beim Fußballspielen, bei dem sich die Kniescheibe verdreht haben muss. Das habe ich wohl nie richtig auskuriert. Seither ist mein rechtes Bein nur noch halb so stark wie das linke, guck mal, es ist auch nur noch halb so dick. Die Muskeln haben sich nie wieder richtig aufgebaut«, erklärte er mir und zog sein Hosenbein hoch.

Ich war geschockt. Hatte er solche Angst vor den Ärzten, dass er lieber hinkte, als sich in ihre Hände zu begeben? Wie musste es dann erst mit seiner Tuberkulosetherapie laufen! Ansonsten war er heute ungewohnt schweigsam. Ob das vielleicht ein Zeichen war, dass er sich unsicher fühlte?

Kaum im Krankenhaus angekommen, bekam ich meine Befürchtungen bestätigt. »Ach, wen haben wir denn da? Den Jungen kennen wir doch!«, sprach ihn ein kräftiger Krankenpfleger im orangefarbenen Kittel an, als wir die Tuberkulose-Station betraten. »Sag mal, du hast doch letztes Jahr mittendrin die Behandlung abgebrochen! Spurlos verschwunden war der plötzlich«, fuhr er an mich gerichtet fort. »Von solchen Jungs hatten wir hier schon jede Menge. Die kann man allesamt vergessen! Die ganze Behandlung ist dann umsonst. Was in deren Köpfen bloß vorgeht … Gib schon

zu, du bist doch voller Drogen, oder?«, griff er Juma mit seinen Worten direkt an.
Juma stand mit hängendem Kopf neben mir und hatte anscheinend für sich selbst entschieden, den Mund lieber erst gar nicht aufzumachen. Auch mir verschlug es die Sprache bei dem eben Gehörten, und ich wusste nicht, was ich davon zu halten hatte. Warum bloß log Juma mich in Bezug auf die Behandlung an, wo die Krankheit ihn doch ganz offensichtlich ans Ende seiner Kräfte trieb? Traute er den Ärzten nicht, oder war ihm am Ende einfach nur alles egal?
Als der Krankenpfleger kurz in den Nebenraum ging, platzte mir der Kragen. »Was ist nur los mit dir? Ich sorge mich Tag und Nacht um dich und erkläre dir, wie gefährlich deine Krankheit ist, und du nimmst es nicht ernst! Kapierst du denn nicht, dass die Tuberkulose dich so umbringen wird? – Du hast wirklich keine Angst zu sterben, stimmt's?«
Bei diesen Worten sah er mir plötzlich direkt in die Augen – den Blick irgendwo zwischen Hoffnungslosigkeit und purer Angst. »Weißt du, auch meine Freunde haben mich immer wieder dazu gedrängt, ins Krankenhaus zu gehen. Wir alle haben schon einmal jemanden an diese Krankheit verloren. Junge Leute, wie du und ich …«, drang es aus ihm hervor. »Aber wenn du in deinem Leben sowieso niemand hast, dem du wichtig bist, dann ist dir das irgendwann auch egal. Ich meine, ob du lebst oder stirbst, das ist dir egal. Die Behandlung ist nicht einfach. Du musst dich zusammenreißen und wirklich jeden Tag ins Krankenhaus gehen. Nebenher hast du den Kopf noch voll mit Sorgen und Problemen, weil du nicht einmal genug Geld für Essen in der Tasche hast, um dich stark für die vielen Tabletten zu machen«, sagte er. »Und ich hab es doch schon vorher gewusst. Wenn ich dort auftauche, dann machen mich die Krankenpfleger fertig! Sie stellen mir bohrende Fragen, wieso ich so dumm war und damals abgebrochen habe. Sie lachen mich aus oder unterstellen mir alles Mögliche. Das vertrag' ich nicht mehr.

Deshalb!«, fügte er in einem Anflug aus Wut und Trotz noch hinzu.

Auch wenn es mir schwerfiel, ihn zu verstehen, wollte ich ihn nicht verlieren und nahm seine Hand. »Ich gebe ja zu, dass es in tansanischen Krankenhäusern meist alles andere als menschlich zugeht und die Krankenpfleger nicht immer die Feinfühligsten sind. Aber trotzdem ist es doch eine Frage von Leben und Tod und nicht eine von Stolz und Verachtung«, versuchte ich noch einmal an seinen Überlebensdrang zu appellieren.

»Ich hab damals die Behandlung nach wenigen Monaten abgebrochen, weil ich mich eben wieder total fit fühlte. Sister, ich hatte doch keine Ahnung, dass diese gemeinen Viecher immer noch meine Lunge auffressen und die Tuberkulose noch viel stärker wiederkommen sollte als beim ersten Mal!«, verteidigte er sich weiter.

Da musste ich ihm wirklich recht geben. Woher sollte er es auch wissen? In Tansania hielten die Ärzte es oft nicht einmal für nötig, dem Patienten den Namen seiner Krankheit zu nennen. Es gibt so viele Schwache und Kranke, dass sie selten als fühlende Menschen behandelt werden. Sie sind in den Augen mancher arroganter Ärzte gar wertlos und ungebildet und sind so einer manchmal tödlichen Diskriminierung im eigenen Land ausgesetzt. Wie am Fließband bekommen sie ein Rezept über Dutzende, oft sehr starke oder auch überflüssige Medikamente in die Hand gedrückt, und schon betritt der Nächste das Behandlungszimmer.

Ich versprach ihm, mehr über die Krankheit in Erfahrung zu bringen. »Damit du in Zukunft besser über Tuberkulose Bescheid weißt, werde ich Informationen darüber aus dem Internet besorgen.«

Dann hörten wir auch schon die Schritte des Krankenpflegers näher kommen.

»Bevor der Junge die Behandlung wiederaufnehmen kann, muss er sich einem Aids-Test unterziehen«, teilte er uns überraschend mit. »Wir müssen erst die wahre Ursache für seine Tuberkulose klären.

Bei einem HIV-Infizierten ist das Immunsystem sehr anfällig für Tuberkulose. Manche Menschen stecken sich aber auch mit Tuberkulose an, wenn ihr Immunsystem aufgrund der ärmlichen Verhältnisse, in denen sie leben, geschwächt ist.«
Als ich das hörte, drängte sich mir unweigerlich die Frage auf, ob Juma vielleicht schon viele Freundinnen gehabt hatte, mit denen er das schöne Leben zu intensiv genossen hatte. Ihn direkt darauf anzusprechen schien mir doch ein wenig zu persönlich. Trotz allem war er Afrikaner und ich eine weiße Frau, und wir waren uns einfach noch viel zu fremd, um über solche Dinge zu sprechen. Aber wenn er wirklich Aids haben sollte – so nahm ich mir vor –, dann würde ich trotzdem zu ihm halten und im Notfall auch dann für ihn sorgen und ihn pflegen, wenn er selbst dazu nicht mehr in der Lage sein würde. Ich spürte deutlich, dass er mir trotz der vielen unausgesprochenen Dinge zwischen uns bereits sehr ans Herz gewachsen war. Ja, er bedeutete mir viel; mehr als ich mir zu dem Zeitpunkt eingestehen wollte.
Juma war, ohne zu zögern, mit dem Test einverstanden. Er wollte es nun selbst wissen, wie es um ihn stand. Der Krankenpfleger nahm Juma ein paar Tropfen Blut ab, und im Anschluss daran wurde seine Lunge geröntgt. Um die Testergebnisse zu erfahren, müsse er allerdings morgen wiederkommen, wies der Krankenpfleger Juma an und händigte ihm ein Kärtchen mit einer Abholnummer aus. Danach könne er dann gleich mit der neunmonatigen Behandlung gegen die Tuberkulose anfangen: täglich dreizehn Tabletten und insgesamt sechzig Spritzen in seinen Allerwertesten!

~

Am nächsten Tag, wir hatten uns um zwei in unserer Kantine verabredet, wartete ich bereits ungeduldig auf Juma, der seine Testergebnisse mitbringen wollte. Als er um die Ecke bog, strahlte mir sein Gesicht bereits von weitem entgegen. Mit einem frohen Lachen streckte er mir das Ergebnis seines Aids-Tests entgegen: Negativ! Ich empfand große Erleichterung. Die Diagnose Aids wäre einem Todesurteil gleichgekommen. Aber so konnte Juma wieder gesund werden, wenn er der Tuberkulose endgültig den Kampf ansagte. Doch als ich mir das mitgebrachte Röntgenbild ansah, erschrak ich beim Anblick seiner stark angegriffenen Lunge zutiefst. Die weißen Schwaden, die den gesamten Brustbereich bedeckten, sahen eindeutig schlimmer aus als Doras Lunge, kurz bevor sie starb.

Juma bemerkte meine neu aufkeimenden Sorgen allerdings nicht. Nach der frohen Botschaft, nicht infiziert zu sein, war er nicht mehr zu bremsen. »Endlich weiß ich, woran ich bin. Einige draußen auf der Straße haben mich einen *Mwathirika*, einen Aids-Infizierten genannt, als ich so elend aussah! Andere haben das Weite gesucht, wenn sie mich sahen, aus Angst, dass ich sie anstecken könnte. Mit ihren Worten und ihrem Verhalten haben sie mir sehr weh getan. Und irgendwann habe ich sogar selbst Angst bekommen, dass es vielleicht stimmt, was sie sagen. Aber siehst du, es ist eben doch nur eine ganz normale Krankheit. Man kann Tuberkulose heilen. Ich muss nur den Anweisungen der Ärzte folgen, dann werde ich wieder ganz der Alte. So wie früher! Ich freue mich ja so! Endlich macht mein Leben wieder Sinn. Ich schwöre dir, wenn die Ärzte mir gesagt hätten, dass ich HIV-positiv bin, dann hätte ich mich umgebracht.«

Seine Bemerkung ließ mich unweigerlich zusammenzucken. Schon wieder ging es dabei um den Tod, um das Sterben als letzte Konsequenz für ein Leben ohne Hoffnung. Dabei schossen mir die Worte des Krankenpflegers vom Vortag wieder durch den Kopf: »Du bist doch voller Drogen.« War es wirklich so? Nahm Juma harte Drogen, um vor dem alltäglichen Elend zu entfliehen? Er selbst hatte immer wieder Anspielungen auf seinen angeblichen Drogenkonsum gemacht. Mal behauptete er, nur Marihuana zu rauchen, ein

andermal gestand er, früher harte Drogen genommen zu haben, damit sei es aber vorbei. Hin und wieder hatte ich den Eindruck, dass er sich bei diesem Thema absichtlich widerspricht, um mir damit einen Hinweis zu geben – eine Art stiller Hilferuf. Ein offenes Gespräch über das Thema Drogen kam jedoch nie zustande. Immer wieder hatte er Ausreden parat.
Zudem hatte ich auch keine Ahnung, woran man einen Drogenabhängigen überhaupt erkennen konnte. Waren vielleicht seine roten Augen, die oft auch tränten, ein Anzeichen für seinen Drogenkonsum? Einmal hatte seine Stimme ganz anders geklungen, irgendwie rauher als sonst. Ich wusste kaum etwas über die verschiedenen Auswirkungen von Marihuana, Haschisch, Crack, Kokain oder Heroin. Sicher war nur, dass ein Drogenabhängiger nur schwer zugeben würde, ein großes Problem damit zu haben und damit alleine nicht mehr fertig zu werden. Dennoch blieb mir nichts anderes übrig, als geduldig zu warten, bis er selbst mit der Wahrheit herausrücken würde, das hatte ich mittlerweile über Juma gelernt.
Als wir nach dem Essen noch ein wenig durch die Innenstadt schlenderten, erfuhr ich von Juma seine eigene Theorie, wie er sich überhaupt mit Tuberkulose anstecken konnte.
»Dada, im Februar, als wir uns zwei Monate lang nicht gesehen haben, da saß ich im Gefängnis. Dort braucht nur einer der Insassen Tuberkulose zu haben, und schon steckt er alle anderen Zellengenossen durch sein Husten an. Die Luft dort drinnen ist zum Schneiden dick, gelüftet wird nie. Die Bullen hatten mich dabei erwischt, wie ich einem Touristen das Handy aus der Hand gerissen habe. Ich hatte mich eben einfach zu dumm angestellt.«
Ich war überrascht und ergriff die Gelegenheit, mehr über diese Schattenseite Tansanias zu erfahren, und damit auch mehr über Juma. »Wie ist es denn in einem afrikanischen Gefängnis? Erzähl doch!«, forderte ich ihn auf.
»In manchen Gefängnissen muss man auf dem nackten Zement-

boden schlafen. Es ist eisig kalt. Solange du noch auf deinen Gerichtstermin wartest, schmeißen sie dich mit über zehn anderen Insassen in einen winzigen Raum, aus dem nur eine Eisentür und ein kleines Gitterfenster herausführen. Die Sonnenstrahlen kommen kaum durch das Gitter hindurch, es ist dunkel. Keiner redet, es ist still. Wir saßen auf dem Boden, jeder in seine eigenen Sorgen versunken. Essen kriegst du nur einmal am Tag. In der Nähe des Plumpsklos stellen sie dir einen Eimer mit gekochten Bohnen und pappigem Maisbrei hin, aus dem dann alle gleichzeitig mit den Händen herausessen. Waschen kann man sich vor dem Essen nicht, und auch danach streifst du deine Hände einfach an deinen Kleidern ab. Die halbe Tasse Wasser, die du bekommst, trinkst du besser aus, denn sonst verdurstest du vielleicht noch. Sister, oder hast du vielleicht gedacht, dass wir dort genügend Wasser gehabt hätten, um vielleicht sogar noch zu duschen?«, packte er mich an meiner Unwissenheit.

»Jedenfalls wundere ich mich nicht, dass solche unhygienischen Bedingungen in einem vollgestopften Gefängnisraum und eine einzige und dazu noch schlechte Mahlzeit pro Tag selbst den Stärksten umhauen«, gab ich ihm zur Antwort. »Aber wenn ich mir das recht überlege, zwischen den beiden Alternativen – Aids oder Gefängnisandenken – ist mir Letzteres auf jeden Fall lieber!«, sagte ich und zwinkerte ihm dabei zu.

~

Wieder waren einige Tage vergangen seit unserem letzten Gespräch, und Juma ging es langsam, aber stetig besser. Er schien in seiner neuen Behausung zur Ruhe zu kommen, und auch die Tuberkulosetherapie schien anzuschlagen. Ich beschloss, nun einen Blick in die Zukunft wagen zu können, und sprach Juma bei unserem nächsten Mittagessen auf seine Berufsvorstellungen an. »Juma, sieh mal. Ich habe dir einen Katalog der Ausbildungsstätten mitgebracht, wo du Schreiner, Metaller oder sogar Automechaniker werden kannst. Was von alldem kannst du dir denn vorstellen, wenn du wieder zu Kräften gekommen bist?«, fragte ich ihn, während ich ihm gleichzeitig das Ausbildungsprogramm der VETA-Berufschule vor die Nase hielt.

Juma selbst hatte schließlich erzählt, dass er früher gerne eine Ausbildung gemacht hätte, und so versuchte ich nun, ihn mit verschiedenen Ideen zu begeistern. Meine anfängliche Begeisterung schwenkte jedoch schnell ins Gegenteil um, als er plötzlich ausweichend antwortete: »Ach Sister, eine Lehre würde doch so lange dauern. Ich glaube kaum, dass ich sie jetzt noch zu Ende bringen könnte, dafür bin ich doch schon viel zu alt. Aber weißt du was? Ich wünsche mir, dass jemand ein Buch über mein Leben schreibt«, sagte er bestimmt.

»Was?« Ich glaubte, mich verhört zu haben. »Ein bisschen größenwahnsinnig ist das ja schon, hast du vielleicht zu viele Drogen genommen? Wer, um alles in der Welt, soll denn die Zeit dazu finden? Und außerdem müsste derjenige Suaheli können und auch noch zufällig Schriftsteller sein. Ich glaube, da klappt das mit der Ausbildung schneller.«

Am liebsten hätte ich mir auf die Zunge gebissen. Das mit den Drogen bereute ich sofort, da ich Juma nicht so direkt angreifen wollte. Dennoch konnte ich kaum glauben, dass das die Antwort auf meinen durchaus ernstgemeinten Vorschlag sein sollte, wie er sich, seine Zukunft und sein Leben in den Griff bekommen könnte. Lebte er in einer Traumwelt oder in der Wirklichkeit? Aber dann wurden wir plötzlich unterbrochen, und das Thema war vorläufig vergessen.

Juma und ich saßen an unserem Stammplatz, als ein Mann zu uns an den Tisch trat und mich freudig begrüßte.

»Hey, Nicky, schön dich hier zu sehen, wie geht es dir?« Es war

Mr. Kakwamba, den ich vor drei Jahren bei einem Praktikum, das ich für mein Studium in Deutschland absolvierte, in einer Textilfabrik hier in Dar es Salaam kennengelernt hatte. Was für eine Überraschung, ihn nach so langer Zeit wiederzusehen! Er bestellte sich *Wali na Marahagwe,* Reis mit Bohnen, und setzte sich zu uns an den Tisch.

Mir entgingen nicht die missbilligenden Blicke, die er Juma zuwarf, als er hastig sein Essen hinunterschlang. Er schien nervös zu sein und hatte es auf einmal verdammt eilig. Schon nach fünf Minuten sprang er wieder auf, beugte sich zuvor aber noch ungeschickt über den Tisch zu mir herüber und flüsterte: »Nicky, du musst aufpassen! Der Junge ist bestimmt darauf aus, dich auszurauben! Ich kenne Typen wie den. Gib dich nicht mit solchen Leuten ab!«

Ich war baff, was sollte das? Nur zu gerne hätte ich Mr. Kakwamba zur Rede gestellt, aber in der nächsten Sekunde war er auch schon auf und davon. Ich sah zu Juma hinüber, der vor Wut kochte. Natürlich hatte er alles mitbekommen.

»Ich habe es so satt! Für solche Typen bleiben wir immer Gangster und Betrüger, egal was wir anstellen, um wieder auf die Beine zu kommen«, brummte er grimmig.

»Ach Juma, vergiss es einfach, der hat doch keine Ahnung. Und überhaupt, mir können solch voreingenommene Urteile gestohlen bleiben. Du warst mir gegenüber offen, was deine Vergangenheit angeht. Also kann dich mir auch kein Mensch mehr schlecht reden«, versuchte ich Juma zu beschwichtigen.

»Na gut, dir kann ich vertrauen. Dann will ich dir mal noch mehr aus meinem Leben erzählen. You understand what I say?«, sagte er nun plötzlich auf Englisch.

»Du bist vielleicht einer! Ich wusste gar nicht, dass du auch Englisch sprichst. Wo hast du das denn gelernt?«, fragte ich ihn erstaunt.

»Sister, ich verrate dir was. Vor ein paar Jahren war ich in Südafrika und habe mich dort eines Tages zusammen mit einem anderen Stra-

ßenjungen auf ein Schiff geschlichen«, flüsterte er und rückte mit seinem Plastikstuhl ein wenig näher an mich heran.
»Du warst schon einmal in Südafrika?« Jetzt war ich erst recht verblüfft.
»Klar, wenn ich es dir doch sage! Und es war kein kleines Schiff, nein, ein riesiges Frachtschiff, voll beladen mit großen Containern, die mit Kies gefüllt waren!«, erzählte er und demonstrierte dabei mit seinen Armen die Größe des Schiffes. »Obendrauf stand PANAMA geschrieben. Wir hatten keine Ahnung, was das bedeuten sollte. Wir hielten es für den Namen der Schiffsgesellschaft. Aber eigentlich war uns das alles egal. Hauptsache wir kamen raus aus Afrika. Was spielte es schon für eine Rolle, ob wir in Europa, Amerika oder in Asien landeten? Nichts konnte schlimmer sein als unser Leben auf der Straße, für das sogar unsere eigenen Landsleute nur Spott und Verachtung übrig haben.«
In den buntesten Farben malte mir Juma seinen Traum vom Leben in Europa aus. Seinen Erzählungen lauschend, schweiften meine Gedanken für einen Augenblick ab. Zu Sofia, meiner ersten afrikanischen Freundin. Ursprünglich kam sie aus einem armen Dorf am Fuße des Kilimandscharo. Sofia, sehr dürr und nur wenige Jahre jünger als ich, war als Hausmädchen bei einer wohlhabenden Familie angestellt. Während meiner ersten Zeit in Afrika teilten wir uns in Dar es Salaam ein halbes Jahr lang das Stockbett in unserem kleinen Zimmer. Einmal erzählte ich Sofia von Amerika und New York, woraufhin sie mich verwundert fragte, was denn New York sei.
Ihre Ahnungslosigkeit machte mich nachdenklich. Warum sollte es auch so wichtig sein, New York zu kennen? Zwar würde man in Deutschland als der letzte Dummkopf dastehen, wenn man so etwas nicht wüsste, aber in Sofias Welt, in der Luxusgeschäfte, Limousinen und anderer Überfluss keine Rolle spielten, zählten eben andere Werte, die mir für ein erfüllendes Leben sinnvoller erscheinen.
Sofia fand immer die Zeit, mir neben dem Kochen geduldig Suahe-

li beizubringen und mich mit ihrer witzigen Art zum Lachen zu bringen. Auf Englisch konnten wir uns nicht verständigen, deshalb schnappte sie sich bei unserer ersten Begegnung einfach die Hauskatze und zeigte auf deren Ohr. *»Sikio! Sema sikio!«*, forderte sie mich mit ihrer hellen Stimme auf, meine ersten Suaheli-Worte auszusprechen. Mit *»mdomo«* ging es dann auch gleich weiter, indem sie mir die Katzenschnauze entgegenstreckte.

Jumas wildes Gestikulieren holte mich wieder zu unserem Gespräch zurück. »Habe ich dich also richtig verstanden, ihr seid auf einem Schiff gelandet, das auf dem Weg nach Amerika war? Und wie habt ihr es geschafft, auf das Schiff zu kommen?«

»Ja, dazu musst du eben verdammt schlau sein. Es war in Port Elizabeth, nachts um vier. Die Wächter am Hafeneingang waren um diese Zeit bereits müde, und so konnten wir uns unbemerkt auf das Gelände schleichen. Beim nächstbesten Schiff, das dort an der Kaimauer lag, zogen wir uns am Anker hinauf. Für uns Afrikaner ist das nicht weiter schwer, wir klettern ja selbst an Kokosnusspalmen hoch.

Auf dem Schiff herrschte Totenstille. Die Seeleute schliefen entweder schon alle oder waren noch gar nicht an Bord. Im Mondschein orientierte sich mein Kumpel an den Türbeschriftungen, und dann entdeckten wir den großen Maschinenraum. Die Tür war nicht verschlossen, wir mussten nur den Griff herumdrehen. Als Versteck dienten uns zwei volle Ölfässer. Und, na ja, da stiegen wir dann hinein. *Umenipata?* Hast du gehört? Die Fässer waren voll bis obenhin mit schmierigem Öl. Selbst im Stehen reichte es uns bis zum Hals.«

»Aber lange hält man so etwas doch nicht aus. Ihr musstet doch auch mal etwas essen«, zweifelte ich etwas an seiner Geschichte. Er konnte mir schließlich viel erzählen, wenn er mir einfach nur imponieren wollte.

Juma aber musste nicht überlegen. »Wir hatten fünf Liter Wasser, etwas Brot, Äpfel und Glukose zum Lutschen in einem Rucksack dabei. Den Rucksack hatten wir hinter einem der großen Generatoren versteckt. Was denkst du, wie laut es dort unten war, als erst die riesigen Maschinen auf Hochtouren liefen? Das konnte einem mächtig Angst einjagen. Ich hatte schon nicht mehr daran geglaubt, dort jemals lebend wieder herauszukommen! – Aber das war mir damals eigentlich auch egal. Ich war ohnehin völlig fertig mit dem Leben.«

Geschirr klirrte in der Küche beim Abwasch, Teller mit Essen wurden über die Tische geschoben, Gäste kamen, Gäste gingen – doch wir befanden uns in einem anderen Land. Vor meinem inneren Auge sah ich Juma als Teenager, wie er damals alles versuchte, um aus Afrika herauszukommen. Das Bild – er als blinder Passagier auf einem unbekannten Containerfrachtschiff – gefiel mir. Juma war so ganz anders als die anderen Tansanier. Einfach mutiger, kompromissloser.

Juma nahm einen Schluck Cola, um dann sofort weiterzuerzählen. Er bemühte sich heute besonders, seine Mattheit zu überwinden, und schien wie befreit von den Strapazen seiner Tuberkulosetherapie.

»Ich wusste nicht, ob Tag oder Nacht war, als plötzlich die Stahltür aufging. Herein kam ein Schiffsmechaniker mit einer Taschenlampe, der nach dem Rechten sehen wollte. Aber er entdeckte uns zum Glück nicht. Weißt du, es war stockfinster. Uns selbst dienten nur ein kleines Gasfeuerzeug und eine Armbanduhr mit Leuchtfunktion als Lichtquelle, und zum Schlafen versteckten wir uns hinter der aufgerollten Ankerkette. Aber das trauten wir uns immer nur für einige Stunden, es war einfach zu riskant. Die meiste Zeit standen wir still in den großen dunklen Fässern. Das Öl schien jede Pore meines Körpers zu durchdringen, alles klebte, und dann noch diese elende Dunkelheit ... nach drei Tagen ging es einfach nicht mehr. Wir mussten aufgeben. Zwar waren wir schon auf hoher See, weit weg vom afrikanischen Festland, aber die Fahrt nahm einfach kein Ende. Uns blieb nichts anderes übrig, als aus unserem Versteck herauszukommen. Außerdem hatten wir mittlerweile einen Bärenhunger und hofften einfach, dass der Kapitän ein Auge zudrücken und uns nicht im nächsten Hafen der Polizei übergeben würde.«

»Und dann, was geschah dann?«, fragte ich ihn gespannt.

»Halb verhungert und klebrig schwarz vom Öl, fand uns ein Matrose und schlug Alarm. Wir wurden zum Kapitän gebracht. Der war natürlich alles andere als erfreut über uns blinde Passagiere. Was wir junge Kerle denn für Mist im Kopf hätten, uns einfach auf sein Schiff zu schleichen, wollte er brüllend von uns wissen. Danach ging eine heftige Diskussion unter der Besatzung los. Jeder schob dem anderen die Schuld zu, wie wir so lange unentdeckt bleiben konnten. Da war es ganz nützlich, dass mein Begleiter und ich uns zuvor ein paar Brocken Englisch beigebracht hatten. Ich glaube, das waren Amerikaner. Wir befürchteten schon, sie würden uns einfach über Bord schmeißen. Von solchen Schauergeschichten hatten wir nämlich schon gehört. Du wirst dann entweder von einem Hai gefressen oder ertrinkst. Niemand würde dich vermissen, und keiner würde Verdacht schöpfen. Und die Schiffsgesellschaft könnte sich so den Ärger mit der Einwanderungsbehörde sparen. Doch unser Kapitän hatte andere Pläne.

Er befahl uns, alle Kleider auszuziehen. Splitternackt mussten wir uns vor den Bleichgesichtern aufstellen. Wir wussten gar nicht, wie uns geschah, so peinlich war uns das. Und dann spritzten sie uns mit dem harten Strahl eines Wasserschlauchs von oben bis unten ab, weil wir ja bis ins Gesicht voll mit dem klebrigen Maschinenöl waren.«

Als ich mir diese groteske Szene vorzustellen versuchte, musste ich unweigerlich lachen. Unglaublich, welch außergewöhnliche Abenteuer Juma auf der Suche nach einer besseren Zukunft schon erlebt hatte. Ohne ihn zu unterbrechen, hörte ich seiner aufregenden Geschichte, die er mit lebendigen Gesten vortrug, weiterhin gespannt zu.

»Danach sperrte uns der Kapitän wie Gefangene in eine Kajüte, bis das Schiff in Senegal Zwischenstopp machen würde, um noch mehr Container aufzuladen. In jenen Tagen kamen immer wieder Matrosen zu uns ans Fenster und brachten uns etwas Englisch bei. Die waren schwer in Ordnung. Einer wollte von mir wissen, warum ich mich auf das Schiff geschlichen hatte.«

»Und, was hast du zu ihm gesagt?«

»Dasselbe, was ich ihm auch heute noch antworten würde. Egal wie sehr ich mir den Kopf zerbreche, ich finde keinen Ausweg aus meinem kaputten Leben in Afrika. Ich bin ein Straßenjunge ohne Rechte. Wenn ich darüber nachdenke, mit wie wenig ich schon zurechtkommen musste, dann könnte ich weinen. Ich habe schon oft bereut, dass ich überhaupt geboren wurde.«

Das sagte er so traurig, dass ich ihn am liebsten an Ort und Stelle in den Arm genommen hätte. Der trostlose Ausdruck in seinen Augen traf mich mitten ins Herz. Doch mit seinem nächsten Satz schockte er mich.

»Einmal habe ich sogar schon eine Flasche auf dem Boden zerschlagen und die Glasscherben geschluckt, um mich umzubringen. Aber es hat nicht funktioniert«, sagte er leise und mit unverwandtem Blick.

»Juma, bitte mach so etwas nie wieder! Hörst du?« Wieder einmal wurde mir vor Augen geführt, wie wenig ihn bereits so viele Male nur noch vom Tod getrennt hatte.

Juma überging meine Fassungslosigkeit einfach, indem er weitererzählte.

»Für kurze Zeit lebte ich mal bei Verwandten. Ich wusste einfach nicht, wohin, als mich mein Vater damals als kleiner Junge auf die Straße gejagt hatte. Aber auch dort, bei meinem Onkel, wurde ich ständig drangsaliert. Wenn ich abends nicht Punkt sechs Uhr zu Hause war, verprügelte er mich. Er war sehr streng und verstand einfach nicht, dass ich mich bereits an die Freiheit der Straße gewöhnt hatte.

Meine Verwandten waren ziemlich wohlhabend und hatten daher Angst, ich könnte sie beklauen. Voller Verachtung prophezeiten sie mir bereits damals, dass ich als ungebildeter Dieb enden würde. Vielleicht freuen sie sich jetzt, dass sie recht hatten, wenn sie mich nun so auf der Straße sehen. Aber die sind mir egal, denn als ich sie am dringendsten gebraucht hätte, haben sie mich im Stich gelassen. Auf der Straße kennt mich keiner. Keiner kann mir etwas vorschreiben, und das ist gut so. Aber trotz dieser Freiheit fühle ich mich oft einsam und verloren. Weißt du, Nicky, einfach alle, meine Familie und meine Freunde, sind so verdammt weit weg. Auch wenn wir uns untereinander helfen, so wie Samuel und ich das tun, bin ich doch eigentlich völlig allein auf der Straße. Viele Jungs wie ich haben keine Arbeit. Ist es da verwunderlich, dass manch einer aufgibt und keine Hoffnung mehr hat, dass sich jemals etwas ändern wird. Verstehst du mich?«

Verstanden hatte ich ihn schon, nur gab es da etwas, was mich unheimlich irritierte. Ich konnte Juma gar nicht mehr richtig folgen, und das, obwohl ich seiner schönen Stimme gerne zuhörte. Denn ihm schienen Berührungsängste fremd zu sein. Die ganze Zeit über nahm er meine Finger in seine warme Hand und streichelte sie wie selbstverständlich. Keine blöde Anmache, nein. Nur so nebenbei, ganz in seinen Lebensbericht vertieft, ohne sich auch nur das Geringste dabei zu denken. In mir dagegen begann alles zu kribbeln. Meine Güte! War ich denn jetzt vollends übergeschnappt? In mir setzte sich alles zur Wehr. Ich durfte diese Gefühle nicht zulassen. Nur weil ich schon lange keinen Freund mehr hatte, war das doch kein Grund, bei den sanften Berührungen dieses geschwächten, verzweifelten Straßenjungen Schmetterlinge im Bauch zu bekommen. Oder waren wir mit unseren langen, einfühlsamen Gesprächen vielleicht schon längst auf dem Weg dazu, uns zu verlieben? Ich verstand mich selbst nicht mehr und beschloss, eine solche Spinnerei auf gar keinen Fall ernst zu nehmen.

Dennoch entzog ich mich seinen sanften Berührungen nicht, als er fortfuhr, mir aus seinem Leben zu erzählen.
»Wenn du eine eigene Familie willst, brauchst du Geld, nicht wahr? Aber woher soll einer wie ich das nehmen? Deshalb träumte ich von reichen Ländern, wo es Arbeit und ein gutes Leben gibt. Doch ich kam nie in einem solchen Land an. In Senegal wurden wir den Behörden übergeben, und die Schiffsgesellschaft musste für unser Rückflugticket nach Südafrika aufkommen. Wie Schwerverbrecher haben sie uns in Handschellen gelegt. Selbst auf dem Flug begleitete uns ein Polizist. Vielleicht hatten sie ja Angst, dass wir unterwegs aussteigen könnten. Danach verbrachten wir einen ganzen Monat in Johannesburg im Gefängnis, bis genug tansanische Flüchtlinge ohne Aufenthaltsgenehmigung zusammengekommen waren, die allesamt mit uns nach Tansania abgeschoben wurden.«
»Warst du denn nicht auch ein bisschen froh, nach so langer Zeit wieder zurück nach Hause zu kommen?«, fragte ich ihn, um meine Gedanken vom Zauber seiner Berührungen zu befreien. Seinem leicht verächtlichen Gesichtsausdruck zufolge war das aber genau die falsche Frage.
»Oh Mann, Dada, du hast wirklich keine Ahnung! Weißt du, was für eine große Schande das ist, mit leeren Händen nach Hause zu kommen? Die Leute, die sich meine Freunde nannten, haben mich alle ausgelacht. Sie sagten, ich hätte meine Chance verspielt. Andere nannten mich einen Dummkopf, dabei haben sie selbst noch nie einen Fuß ins Ausland gesetzt. Ach, was wissen die schon. Die Leute hier meinen, jeder, der in Südafrika war, muss mit viel Geld zurückkommen. Weißt du, in Tansania bist du einfach nichts wert, wenn du nichts besitzt. Hier wirst du erst als Mensch geachtet, wenn du Geld hast«, erklärte er mir.
Wieder hatte ich einen Dämpfer erhalten und zu verstehen bekommen, dass in seiner mir so fremden Welt eben andere Werte und Ansichten herrschten.

Aber genau das war es, was unsere stundenlangen Gespräche, neben der prickelnden Aufregung, für mich recht anstrengend machten. Um ihm einen Weg aus diesem Leben heraus aufzeigen zu können, brauchte ich seinen Respekt und musste aufpassen, dass er keine Gelegenheit dazu bekam, mir Lügen aufzutischen oder meine Unwissenheit auszunutzen. Je näher wir uns kamen, desto schwerer fiel es mir, die nötige Distanz zu seinen Erzählungen zu wahren und dabei gleichzeitig seine vertrauensvolle und unverkrampfte Art zu erwidern.

»Und deshalb habe ich auch so viel Hass auf dieses verdammte Leben!«, seufzte er. »Manchmal glaube ich, gar kein Herz mehr in mir zu haben. Mir fehlt die Kraft dazu, immer einen neuen Weg zu suchen, wie ich erreichen kann, was ich mir schon seit jeher erträume: eine Arbeit zu haben, ein Haus zu kaufen und eine Familie zu gründen. Nur ganz wenige schaffen es, aus dem Elend herauszukommen. Auch meine Hoffnung wurde abermals zerstört, als ich nach der Ankunft in Dar es Salaam erst einmal im Knast landete. Ich sei ein »Gesetzeswidriger Ausreißer«, hieß es. Ich saß in Keko ein, das ist eines der größten Gefängnisse der Stadt. Die vielen Insassen, das schreckliche Essen und die dreckigen Matratzen dort sind grauenvoll. Aber mit den fünfzig Dollar, die mir die amerikanischen Matrosen zum Abschied zugesteckt hatten, konnte ich mich nach zwei Wochen freikaufen«, beendete Juma seine Abenteuerreise.

»Danach lebte ich wieder auf der Straße«, fuhr er fort. Dort war es schlimmer als zuvor, denn die Polizei hatte die Jagd auf uns eröffnet. Wir konnten kein Lager aufschlagen, aßen aus alten Dosen, und nachts war es bitterkalt. Du deckst dich mit einem alten Mehlsack zu, den die Leute normalerweise für Abfälle benutzen, oder du rauchst so viel Marihuana, bis du nicht mehr frieren musst. Dauernd springen Ratten um dich herum, und ständig bist du auf der Suche nach einem sicheren Schlafplatz, wo dich kein Polizist ausfindig machen kann, der dich dann nachts gnadenlos mit seinem Schlagstock aus dem Schlaf prügelt. Ja, das Leben ist knallhart, und ich habe Angst, selbst irgendwann so zu werden. Denn mein Vater hat mich damals verstoßen und mich verflucht – das ist der Grund für mein Scheitern und mein miserables Leben. Solange ich den Bann nicht brechen kann, werde ich immer vom Unglück verfolgt sein.«

Noch einmal berührte er meine Hände und streichelte sie sanft. Doch bevor er mir mehr über seinen Vater erzählen konnte, fiel mir auf, wie heiß sich Jumas Handflächen anfühlten, ja sie glühten regelrecht.

»Sag mal, hast du Fieber?«, fragte ich ihn voller Sorge.

»Kann schon sein. Wahrscheinlich habe ich ständig Fieber, so schwach, wie ich mich fühle«, erwiderte Juma matt.

»Es wird wahrscheinlich noch eine Weile dauern, bis die Behandlung anschlägt. Aber dann wird es dir sicher bessergehen!«, versuchte ich ihm Mut zu machen und hoffte inständig, dass ich damit recht behalten würde.

~

Wieder hatten wir Stunden mit Reden verbracht.

Erst als das Kantinenpersonal begann, die Stühle wegzuräumen und zu fegen, brachen wir auf. Wir streiften noch ein wenig durch die Innenstadt, aber als es anfing, dunkel zu werden, wollte ich mich von Juma verabschieden. Wir standen an der Ecke Samora Avenue und Mkwepu Street, wo die Taxifahrer ihre weißen Wagen parkten und auf Kunden warten. An diesem Abend wollte mich Juma ausnahmsweise nicht überreden, noch länger zu bleiben. Dieses Mal hatte er eine andere Bitte an mich: »*Niachie buku tu,* Sister!«, sagte er im Straßenslang, ich solle ihm umgerechnet etwa einen Euro dalassen.

Ich zögerte. *Buku* würde rein theoretisch für Drogen reichen, so viel hatte ich immerhin schon in Erfahrung gebracht. Dass er mich auch immer dann verunsichern musste, wo ich auf dem besten Wege war, ihm zu vertrauen. Verbrachten wir doch täglich bis zu acht Stunden miteinander, ohne dass er Gelegenheit hätte, Drogen zu nehmen. War das nicht ein Beweis dafür, dass er keine mehr brauchte?
»Für was brauchst du denn *buku?* Du hast doch noch genug Kleingeld für ein Frühstück morgen, und dann hole ich dich sowieso schon wieder zum Mittagessen ab«, hakte ich misstrauisch nach.
»Ach bitte, Sister! … Ich brauch es eben!«, wich er meiner Frage aus und blickte mich dabei eindringlich an. Obwohl mir nicht ganz wohl dabei war, ließ ich mich überreden – schließlich wollte ich nicht als geizige Europäerin dastehen. Unauffällig holte ich einen Tausender heraus und drückte ihn Juma beim Abschied in die Hand.
Trotz aller Heimlichkeit hatte uns wohl jemand dabei beobachtet. »Hey, gib dem Jungen nichts! Der schmeißt das doch nur für Drogen raus!«, rief mir auf einmal einer der jungen Taxifahrer zu.
»Ach, du bist ja nur neidisch!«, erwiderte ich schnell, um mich in Jumas Beisein zu verteidigen. »Du kannst doch gar nicht wissen, welchen Deal wir miteinander haben!« Um der unangenehmen Situation zu entfliehen, verabschiedete ich mich schnell von Juma und lief geradewegs zur Bushaltestelle los.
Auf der Heimfahrt ging mir der Kommentar des Taxifahrers jedoch nicht mehr aus dem Kopf. Auch wenn viele Indizien gegen Juma sprachen, wollte ich einfach nicht glauben, dass er mich hintergangen hatte. Ich wollte Juma doch helfen und nicht seine Drogensucht als permanenten Unsicherheitsfaktor wie eine unsichtbare Wand zwischen uns haben. Wenn er aber tatsächlich drogensüchtig war, hielt er mich jetzt bestimmt für eine dumme *Mzungu*, durch die er ganz bequem an seinen Stoff herankommen konnte. Eine, der man alles erzählen kann und die keine Ahnung hat.

Die ganze Sache schien mir langsam aber sicher über den Kopf zu wachsen. Mein komplettes Denken drehte sich rund um die Uhr nur noch um Juma – und dann war da auch noch dieses Kribbeln, wenn er mich berührte, das ich einfach nicht vergessen konnte.

Am nächsten Tag kam mir eine fabelhafte Idee: Ein Picknick mit Freunden am Strand, das wäre es! Als ich Juma davon erzählte, war er sofort Feuer und Flamme.

»Wir laden Samuel ein und Sofia, mit ihrem süßen Baby Baraka, und gehen zu Mikadi Beach.«

Auch Sofia war sofort begeistert und plante sogleich ihre jüngere Schwester Neema mit deren zwei Kleinkindern für unseren Ausflug am nächsten Freitag mit ein.

Und so machten wir uns also gemeinsam auf den Weg. Wir sahen aus wie eine richtige Familie. Juma und ich hatten Neemas fünfjährige Tochter Lucy bei der Hand genommen, Samuel, Neema und Sofia folgten uns gutgelaunt mit ihren Kleinen. Neema war bildhübsch. Sie trug ihr dunkles Haar in feinen Zöpfchen am Kopf entlanggeflochten, und wenn sie lächelte, bildeten sich kleine Grübchen in ihren Wangen. Doch bei der Überfahrt mit der großen Fähre, vom Stadtzentrum nach Kigamboni, hielt sie Sofias Hand fest umklammert. Sie war schrecklich aufgeregt. Erst vor kurzem war sie vom Kilimandscharo in die Großstadt gekommen und sah heute mit ihren zwanzig Jahren zum ersten Mal das Meer. Trotz ihrer jungen Jahre hat sie bereits eine fünfjährige Tochter und ein wenige Monate altes Baby. Für tansanische Verhältnisse war das aber nicht ungewöhnlich. Auch nicht, dass dieses zierliche Mädchen die Kinder nun alleine aufziehen musste, da der Vater der Kinder sie ständig verprügelt hatte.

Doch für heute waren alle Sorgen und Probleme in weite Ferne gerückt. Nach wenigen Minuten Fahrtzeit erreichten wir bereits wieder Festland und deckten uns an einem Stand mit saftigen Mangos, zuckersüßen Bananen, Kuchen und Säften ein. Es war ein großer Tag für sie alle, denn Menschen, die täglich ums Überleben kämpfen, kommt es kaum in den Sinn, sich mit Freunden für ein Picknick am Strand zu verabreden.

Bereits nach einer Viertelstunde Fußmarsch über Lehmstraßen und Trampelpfade erreichten wir den traumhaften, mit Palmen gesäumten Strand von Mikadi Beach und breiteten unsere bunten *Khanga*-Tücher im weichen Sand aus. Juma war eine Wasserratte und knöpfte sofort sein weißes Hemd auf, um sich für das Meer bereit zu machen. Doch als ich nun zum ersten Mal seinen nackten Oberkörper sah, drohte meine Fröhlichkeit schlagartig in blankes Entsetzen umzuschlagen. Ich wusste zwar, dass er dünn, ja sogar untergewichtig war, aber solch einen Bauch, der schon gar kein Bauch mehr war, hatte ich dennoch nicht erwartet. Die tiefe Kuhle unter seinem Brustkorb sah fast wie ein Loch aus. Man konnte jede Rippe einzeln zählen. Nach dem ersten Schock fühlte ich mich wider Erwarten noch mehr mit ihm verbunden. Ich nahm mir fest vor, auch weiterhin für ihn da zu sein, bis es ihm wieder besserging.

Schließlich stand er in Boxershorts vor mir und hieß mich, auch schwimmen zu kommen. Lächelnd nickte ich, obwohl auch seine restliche Erscheinung ziemlich erschreckend war. Seine Beine waren furchtbar dünn, und einen Hintern hatte er schon gleich gar nicht. Während sich auf seiner linken Schulter eine etwa zehn Zentimeter lange Narbe entlangzog, blickte mir von seinem rechten Oberarm ein Totenkopf entgegen. Obendrein war der Schädel auf der Tätowierung von einem langen Messer durchbohrt.

Aber dann sprang Juma auch schon fröhlich singend zum Meer, und ich ließ mich von seiner Freude anstecken. Es war ein wunderschöner Tag, den wir in vollen Zügen genossen. Mit den Babys gab es viel zu lachen. Der neun Monate alte Baraka spielte quiekend im Sand und lachte uns aus einem total verschmierten Gesicht glücklich an. Baby Grace war noch jünger und schaute neugierig in den blauen Himmel und in die Palmen über ihr. Zum Spaß verschleierte Juma seinen Kopf mit einem *Khanga* und wiegte Grace sachte in seinen Armen. Er liebte Kinder, und sie liebten ihn, das spürte man sofort. Ihn so mit der kleinen Grace zu sehen gab mir neue Hoffnung und Zuversicht. Juma war nicht nur das, was die Straße aus ihm gemacht hatte. Er war noch so viel mehr: ein geselliger, sensibler Mensch mit einem großen Herzen für Kinder.

Am Abend, als wir Mädels uns von Juma und Samuel verabschiedet hatten, konnte ich es auf dem gemeinsamen Heimweg kaum erwarten, von Sofia herauszubekommen, was sie von Juma hielt. Spontan ahmte sie Juma mit seinen typischen Bewegungen nach. Sie stellte sich dabei vor mich hin und kickte mit einem ihrer Füße gegen die meinen, immer abwechselnd, einmal rechts und einmal links, während sie, den Blick zu Boden gesenkt, im Straßenslang vor sich hin nuschelte. Ich konnte mich kaum mehr halten vor Lachen.

»Du musst uns ja am Strand wirklich ganz genau beobachtet haben!«

»Oh ja, das habe ich. Und weißt du was? Ich glaube, ihr seid bis über beide Ohren ineinander verliebt!«, sagte sie und grinste mich dabei an.

»Du spinnst ja«, murmelte ich nur.

~

Die Zeit verging viel zu schnell. Es war bereits Ende Juni, und der Abschied war unausweichlich. Mein Rückflug nach Deutschland war schon seit langem gebucht, mein Visum lief bald aus, und mein Geld ging auch zu Ende.

Mit meinen wenigen Habseligkeiten im Rucksack und einem flauen Gefühl im Bauch stand ich am Straßenrand. Juma, Muba und noch zwei weitere Freunde wollten mich zum Flughafen begleiten und stoppten ein Taxi für mich. Beim Einsteigen achtete ich darauf,

neben Juma zu sitzen, während wir uns zu viert auf den Rücksitz quetschten.
Plötzlich legte Juma seinen Arm um meine Schultern und drückte mich fest an sich, bis ich seinen Herzschlag spüren konnte. »Nicky, *nakuskukuru sana,* ich danke dir«, flüsterte er mir leise ins Ohr. »Ich danke dir für die schönen gemeinsamen Stunden. Und dafür, dass du mich ins Krankenhaus begleitet hast. Ich wäre alleine niemals hingegangen.«
Er verlieh seinen Abschiedsworten eine solche Ernsthaftigkeit, dass ich alles um mich herum vergaß. Mir war, als säßen nur wir zwei in diesem Auto – die Zeit blieb stehen. Seine Stimme, seine Körperwärme und seine Nähe zauberten erneut Schmetterlinge in meinen Bauch.
In den letzten gemeinsamen Minuten wirkte Juma so melancholisch. So, als ob ich ihn für immer verlassen würde. Ich hatte ihm doch versprochen, in einem halben Jahr wiederzukommen. Dann, so hatten wir vereinbart, würde ich ihm seinen Wunsch erfüllen und ihm eine andere Welt zeigen, jenseits der Straßen von Dar es Salam. Ich dachte dabei an eine Reise nach Australien. Dort könnte er mit Leichtigkeit Arbeit finden, zum Beispiel auf einer Farm oder als Kellner. Es würde sein Leben verändern, so wie damals vor vier Jahren die Freiheit und das Abenteuer in Australien auch mein Leben von Grund auf verändert hatten. Australien hatte mir das Tor zur weiten Welt geöffnet, und auch Juma sollte diese Chance bekommen.
»Ich komme wieder!«, rief ich ihm noch einmal zu, während ich schweren Herzens zur Flughafenhalle hinüberlief.

3

Patience ist Geduld
Sincerity ist Ernsthaftigkeit
Disciplin ist Selbstbeherrschung

Tausend Fragen schwirrten mir im Kopf herum, ich war völlig verwirrt. Alles, was mir Juma erzählt hatte und was wir gemeinsam durchmachen mussten, hatte mich völlig überwältigt. Die Zeit in Deutschland wollte ich nun dazu nutzen, ein tieferes Verständnis für die Hintergründe seines Lebens auf der Straße zu bekommen. Jumas Leben war mir so fremd, wie von einer anderen Welt. Daher würde ich noch sehr viel lernen müssen, wenn ich ihn vom Straßenleben und all dem Bösen, was dieses Leben mit sich brachte, abbringen wollte.

Ich erhoffte mir, in Büchern Antworten auf meine Fragen zu finden, da ich in Bezug auf das Straßenleben und die Gefahren der Drogen noch eine richtige *Mshamba* war, jemand, der absolut keine Ahnung hat.

Kaum in meinem ehemaligen Studienort auf der Schwäbischen Alb angekommen, stöberte ich auch schon wissbegierig in den vollen Regalen der Stadtbibliothek. Drogenmissbrauch und seine Folgen waren auch in Deutschland ein brandaktuelles Thema. Doch über das Leben auf der Straße konnte ich nur zwei Bücher finden – Straßenkinder gab es bei uns schließlich kaum mehr.

Ich staunte nicht schlecht, wie sehr die Beschreibungen mit den bruchstückhaften Geschichten von Juma übereinstimmten. Langsam fügten sich die Puzzleteile zu einem vollständigen Bild.

»Häufig kann beobachtet werden, dass Straßenkinder kein oder nur ein mäßiges Zeitgefühl besitzen. Jahre, Monate oder auch ihr Alter können sie selten richtig einschätzen«, las ich in einem Abschnitt. Und mit einem Mal fiel es mir wie Schuppen von den Augen. Das

musste der Grund sein, warum Jumas Erinnerungen oftmals zeitlich unlogisch waren. Ich hatte ihm deswegen schon misstraut und sogar geglaubt, er würde mich anlügen. Aber nun verstand ich. Welche Rolle sollte es für Juma auch spielen, welcher Tag oder welches Jahr gerade war, wenn sich seine Hauptsorgen nach dem Aufstehen darum drehten, wie er im Laufe des Tages genügend Geld für Essen und die nächste Übernachtungsmöglichkeit auftreiben konnte?
In einem anderen Kapitel erzählten Straßenkinder aus Kolumbien von ihrem großen Wunsch, eines Tages dem eigenen Vater etwas Land kaufen zu können. Auch Juma hatte mir Ähnliches erzählt. Er wollte irgendwann in der Lage sein, seinem Vater ein Haus schenken zu können. Und das, obwohl er ihn seit dem Tag, an dem er als kleiner Junge von zu Hause fliehen musste, nie wiedergesehen hatte. Zwar hatte er anfangs behauptet, mit meinem Geld seinen kranken Vater besucht zu haben, aber das war ja, wie sich später herausstellte, nur eine Ausrede gewesen. Damals wusste er einfach noch nicht, dass er mir all seine Probleme bedingungslos anvertrauen konnte. Erhoffte er sich durch ein derart großzügiges Geschenk an seinen Vater, dass die seelischen Wunden wieder verheilen würden? Oder war es die Sehnsucht nach Frieden und Zugehörigkeit? Warum musste Juma damals überhaupt von zu Hause fortgehen? Es gab so vieles, was ich noch nicht verstand. Wenn sein Vater eine so große Rolle in seinem Leben spielte, wieso besuchte er ihn dann nicht einfach? Hatte er Angst vor seiner Reaktion nach all den Jahren? Ich ärgerte mich, dass ich ihm diese Fragen nicht schon längst gestellt hatte. Nun würde ich Monate warten müssen, bis ich ihn wiedersehen konnte.
Wie ich lernte, befanden sich Straßenkinder in einer unheilvollen Spirale, denn laut Gesetz war es sogar strafbar, wenn sie sich auf öffentlichen Plätzen aufhielten oder heimatlos waren. So waren sie also ständig auf der Flucht vor der Polizei – und landeten doch früher oder später im Gefängnis.

Auch für Jumas ungewöhnliche Ausdrucksweise fand ich eine Erklärung. Straßenkinder auf der ganzen Welt erfinden ihre eigenen Begriffe, benennen Wörter einfach um oder vermischen sie mit den lokalen Dialekten. Sie unterhalten sich in ihrer »Geheimsprache«, um von den Mitbürgern nicht verstanden zu werden. Dadurch werden sie zu einer kleinen, eingeschworenen Gemeinschaft und fühlen sich nicht mehr so allein auf der Welt. Sie schützen und warnen sich gegenseitig vor der Polizei, indem sie ihre eigenen Geheimcodes erfinden. Dazu fielen mir auch gleich zwei Beispiele ein: In Tansania heißt *»Angalia, uji unakuja!«* wörtlich nicht etwa *»Pass auf, die Polizei kommt!«*, sondern *»Pass auf, der Griesbrei kommt!«*. Hat einer einen *stinkenden Fisch* bekommen, ist auch schon allen anderen Jungs klar, dass es sich hierbei um ein wertvolles Diebesgut handelt.
Auch die vielen verschiedenen Spitznamen dienen anscheinend zur Tarnung. Wie ich wusste, besaß auch Juma mindestens acht verschiedene. Einmal verriet er mir: »Wenn ich wieder einmal auf der Polizeistation festgehalten werde, suchen die Polizisten vergeblich nach meiner Strafverfolgungsakte, denn jedes Mal habe ich ihnen einen anderen Namen genannt.«
Mit weiteren Büchern unter dem Arm verließ ich in düsterer Stimmung die Bücherei. Mit den vielen neuen Informationen konnte ich mir nun zwar ein viel besseres Bild vom Straßenleben machen, doch so weit von Juma entfernt zu sein gab mir ein unerträgliches Gefühl der Hilflosigkeit. Die vielen Narben auf seinen Armen, Beinen und im Gesicht, stammten die etwa auch von prügelnden Polizisten oder gar von seinem Vater? Die vielen offenen Fragen ließen mir keine Ruhe und quälten mich fortan Tag und Nacht. Wäre ich doch nur bei Juma und könnte ihm durch meine Umarmung Trost spenden! Aber würde er das überhaupt wollen?
Ich wusste es nicht.

~

Juma hatte ich schweren Herzens in Tansania zurückgelassen, doch seine Erzählungen von einer mir fremden Welt begleiteten mich bis nach Deutschland. Wenn Juma draußen auf der Straße schlafen musste, wieso sollte ich mir dann in Deutschland wieder ein teures Zimmer mieten? Ich wollte mich ihm nahe fühlen, das Leben auf der Straße besser verstehen lernen – und so entwickelte ich einen Plan. Ich wollte selbst spüren, wie es ist, keine Wohnung zu haben und jeden Tag neue Wege finden zu müssen, um an Wasser, Essen und einen Schlafplatz zu kommen.

Und dann war es auch schon beschlossene Sache.

Nur einfach so unter den Sternen konnte ich nicht wohnen, auch wenn gerade Sommer war. Vor den kalten deutschen Nächten fürchtete ich Frostbeule mich dann doch zu sehr. Daher beschloss ich, meinen blauen Rover Mini-Cooper als Wohnwagen zu nutzen. Große Vorbereitungen musste ich nicht treffen. Zum Schlafen kletterte ich einfach über die Vordersitze auf die Rückbank, wo ich es mir mit vielen Wolldecken und einem kleinen Kissen bequem machte.

Bereits nach einer kurzen Eingewöhnungszeit fühlte ich mich so richtig wohl in meinem Auto. Ich dachte immer seltener darüber nach, was die Leute von mir und meiner Lebensart halten mochten, denn für mich fühlte es sich an wie die normalste Sache der Welt.

Nicht jedoch für meine Eltern, die mich eines Tages – im Glauben, dass ich wieder mein ehemaliges WG-Zimmer bezogen hatte – besuchen gekommen waren. Für sie war mein Vorhaben, so einfach wie möglich zu leben, ein Schock. Sie machten sich große Sorgen um mich, und so bat ich meine ziemlich verdatterte Mutter inständig, nicht auch noch meine Oma damit zu beunruhigen.

Dennoch gab es nichts, was mich von dieser neuen Lebenserfahrung abbringen konnte. In völliger Abgeschiedenheit in meinem Auto zu übernachten passte einfach perfekt zu meiner momentanen Stimmung, denn alles was ich tat oder dachte, kreiste um Juma. So schuf ich mir eine Zwischenwelt, denn in Tansania konnte ich im Moment nicht sein, und in Deutschland wollte ich ohne ihn nicht sein. Das Ungewöhnliche an meiner Aktion und die täglichen Herausforderungen taten meiner Seele gut. Immerhin war mein Auto eines der kleinsten auf der Welt. Aus ein paar Stoffresten bastelte ich mir drei weiß-rot-geblümte Vorhänge, die ich mit Klebestreifen und Nylonschnüren an den beiden hinteren Seitenfenstern und an der Heckscheibe befestigte. Tagsüber waren meine kleinen Vorhänge immer aufgezogen und sahen aus wie eine niedliche Verzierung, nachts machten sie mein Auto zu einer gemütlichen Schlafhöhle.

Doch ich war nicht immer ungestört. Bereits in der dritten Nacht schreckte ich verschlafen hoch. Scheinwerferlicht und der laufende Motor eines Autos direkt neben mir hatten mich geweckt. Mit pochendem Herzen versuchte ich durch einen kleinen Spalt zwischen den Vorhängen einen Blick auf den Parkplatz zu erhaschen, unbemerkt und ohne dabei mein Auto ins Wackeln zu bringen. Was für ein Schreck: die Polizei! Neben mir hielt ein grün-weißes Polizeiauto, das seine grellen Scheinwerfer wie zur Beleuchtung eines Tatortes auf mich gerichtet hatte. Was würden sie nun tun? Aussteigen und mich verhören? Ich beruhigte mich damit, dass es immer noch besser war, mit der Polizei ein Problem zu haben, als mit pubertären Jugendlichen oder einem mir auflauernden fremden Mann.

In Deutschland ist bekanntlich vieles verboten, und bestimmt gibt es auch ein Gesetz, das das Übernachten auf öffentlichen Plätzen verbietet. Doch die Polizisten schienen sich nicht weiter für mich zu interessieren, sie stiegen nicht einmal aus, sondern zogen gleich darauf genauso schnell wieder ab, wie sie gekommen waren. Durch die zugezogenen Vorhänge und unter meinen drei Decken hatten sie mich nicht erkennen können. Sicher dachten sie, der Fahrer sei unterwegs auf einer langen Reise bloß müde geworden und hielt auf

diesem Schotterparkplatz ein kleines Nickerchen. Wie hätten sie auch ahnen können, dass der blau-weiße Mini-Cooper meine Wohnung war?
Sicher, verglichen mit Jumas staubigen Schlafplätzen waren meine Nächte im Auto immer noch komfortabel. Er hätte sicher auch gern ein Auto gehabt, in dem er sich einschließen, verstecken oder sogar davonfahren konnte, falls es Probleme gab. Noch vor wenigen Wochen besaß er absolut nichts, was er sein Eigen nennen konnte. Er hatte keine Kleider zum Wechseln, kein Zimmer, keine Decke, kein Geschirr oder ein Radio. Schon allein deshalb fühlte ich mich reich und geborgen in meinem kleinen Auto. Langweile kam ohnehin nie auf. Oft holte ich die Fotos von Juma und mir hervor, auch wenn ich sie mir schon zigmal angesehen hatte. Das Foto, auf dem wir mit dem kleinen Baraka am Sandstrand unter Palmen saßen, oder das, auf dem Juma so fröhlich lachte. Aber auch das, auf dem er krank, müde und total abgemagert aussah, gehörte zu unserer gemeinsamen Geschichte. Hoffentlich hatte er inzwischen schon etwas zugenommen …
Neben den Fotos hatte ich noch etwas anderes bei mir, was ein Teil von Juma war. Vor meiner Abreise hatte er mir seinen rosaroten Schlapphut mitgegeben, den er in Tansania fast jeden Tag getragen hatte. Der Hut war nun mein ständiger Begleiter. Wenn ich im Auto lag, hängte ich ihn über die Kopfstütze, und ansonsten setzte ich ihn mir auf. Selbst so ein kleines Stoffstückchen schaffte es, eine Verbindung zwischen Juma und mir herzustellen. Der Hut spendete mir ein wenig Trost, denn für uns beide war es nicht einfach nur ein Hut, er war ein Symbol für die Freiheit. Denn auf der Vorderseite waren eine grasende Kuh, ein Bernhardiner mit Holzfässchen um den Hals und ein rotes Wappen mit weißem Kreuz aufgedruckt. Damit erzählte uns dieser Hut die Geschichte von seiner weiten Reise von einem Schweizer Touristenladen über die Kleidersammlung bis zum Secondhandmarkt in Tansania. Und schließlich

von seiner Rückreise in ein schwäbisches Dorf. Wenn ich Juma doch auch so einfach mitnehmen könnte!

~

Damit ich schnell wieder genug Geld zusammensparen konnte, um zurück nach Tansania zu fliegen, jobbte ich, wie damals zu Studentenzeiten, für zwei Monate in einer Maschinenfabrik. Ich mochte diese Arbeit, auch wenn sie sehr eintönig war und nicht meiner Studienqualifikation entsprach. Für mich bedeutete sie aber gut und schnell verdientes Geld, das mir aufgrund der niedrigen Lebenshaltungskosten in Tansania fast für ein ganzes Jahr reichen würde.
Meine Schlafplätze, meist Wanderparkplätze auf der schwäbischen Albhochebene, suchte ich mir somit erst um Mitternacht nach der Spätschicht aus. Nicht nur wegen der Polizei, auch zu meiner eigenen Sicherheit wechselte ich immer wieder zwischen vier verschiedenen Plätzen ab. Nach acht Stunden an den Drehmaschinen fiel ich dann wie ein schwerer Stein in mein Bett, oder treffender gesagt: auf meinen Rücksitz. Meist war ich so müde, dass ich sofort einschlief. Angst brauchte ich in der Nacht keine zu haben, denn ich schloss mich ja ein und konnte notfalls immer noch davonfahren. Nur wenn der Regen unaufhörlich auf das Faltdach prasselte, wirkten die schwarzen, im Wind wehenden Baumwipfel unheimlich.
Einer meiner Lieblingsschlafplätze befand sich neben einem etwas abgelegenen Freibad. Dort konnte ich morgens für nur einen Euro heiß duschen. Wenn aber einmal keine Duschmöglichkeit in der Nähe war, reichte auch der Inhalt meiner Wasserflasche für eine Gesichtswäsche inklusive Zähneputzen. Und Juma? Was hatte er mir doch gleich erzählt: »Dada, weißt du denn, wie wir Jungs es schaffen, morgens frisch und sauber auszusehen? Wir drehen unser T-Shirt zum Schlafen auf links um. Und nachdem wir uns morgens

in aller Frühe in der öffentlichen Toilette bei der St.-Josef-Kirche abgeduscht haben, drehen wir es einfach wieder auf rechts!«
Was mir dagegen viel mehr Kopfzerbrechen bereitete, waren die täglichen Mahlzeiten. Ich wollte mir keinen Camping-Gaskocher zulegen, das schien mir zu umständlich. Auch Geschirr fand ich überflüssig. Nach langem Überlegen fiel mir schließlich die Küche in der Kantine meiner Firma ein, und ich beschloss, sie zukünftig als meine Ersatzküche zu benutzen.
Juma hingegen bereitete sein Essen oft selbst zu und benutzte dazu ganz spezielles Geschirr: »Wenn meine Tagesbeute schlecht ausgefallen ist und ich nur wenig Geld in der Tasche habe, dann lege ich mit meinen Freunden zusammen. Damit kaufen wir Reis, Bohnen und Gemüse. Gekocht wird auf einem wackligen Grill, den wir, sobald es dunkel wird, zum Kochen hervorholen. Als Kochtopf dient uns eine alte, verrostete Lackdose, die wir irgendwo auf der Straße gefunden haben«, erklärte er mir einmal. Allabendlich traf er sich dabei an einer bestimmten Ecke in der Mansfield Street mit anderen Straßenjungs, um zu rauchen, zu quatschen und eben auch um zu kochen. Sie nannten es *Maskani*, was *Zuhause* bedeutet. Die Mansfield Street verlief parallel zur Samora Avenue und war somit deren schmutzige Rückseite. Während man in der Samora Avenue die schönen Portale der Geschäfte und Häuser sehen kann, entspricht die Mansfield Street mit ihren Hunderten Klimaanlagen, die in rostigen Gitterkästen an düsteren Hausrückwänden hängen, perfekt dem düsteren Bild einer Gangsterwelt.
Auch geschlafen wurde in unmittelbarer Nähe auf Pappkartons oder aber auch auf dem staubigen Boden. »Jede Nacht schlafen wir unruhig, da die Bullen ständig ihre Streifzüge machen. Bemerken wir sie zu spät, dann nehmen sie uns mit auf die Wache. Davor schlagen sie uns aber noch kräftig mit ihren Knüppeln zusammen«, hatte mir Juma einst das Straßenleben geschildert.
Mit solchen Problemen musste ich mich zum Glück nicht herum-

quälen. Doch die Kälte und der viele Regen verursachten mir dennoch Schwierigkeiten. Der Sommer 2005 hatte es in sich. Unvorstellbar für den Monat August, aber eines Nachts sank das Thermometer hier in Albstadt tatsächlich auf erbärmliche fünf Grad. Da halfen mir auch meine zwei Kapuzenpullover und die warmen Wolldecken nichts. Das morgendliche Aufstehen und Umziehen wurde zu einer richtigen Härteprobe. Und ausgerechnet auf dem Rücksitz sammelte sich auch noch Regenwasser an. Mein Auto war mittlerweile fast zehn Jahre alt und anscheinend nicht mehr ganz dicht. Auch die Breite des Minis von nur einem Meter fünfzig bereitete mir nach knapp zwei Monaten zunehmend Probleme, da ich im Schlaf nie meine Beine ausstrecken konnte. Für meine bereits schmerzenden Kniegelenke konnte das auf Dauer nicht besonders gesund sein.
Aber auch die abschätzigen Bemerkungen meiner Mitmenschen ließen nicht lange auf sich warten. Eines Tages nannte mich ein Mitarbeiter asozial. Aber da ich mich in keiner Weise so fühlte, verbuchte ich seine Bemerkung einfach als weitere Erfahrung. Wie oft hatten die Leute wohl Juma schon schief angessehen oder ihn beleidigt, nur weil er am Rande der Gesellschaft lebte?
Solche Zwischenfälle waren jedoch schnell wieder vergessen, wenn man morgens völlig unerwartet von fremden Menschen ein leckeres Frühstück ans Auto serviert bekommt. Es sind diese außergewöhnlichen Erfahrungen, die ich bei all meinen Abenteuern suche und auch jedes Mal finde.
Es war gerade Wochenende, und ich übernachtete ausnahmsweise neben richtigen Wohnwagen. Ich lag noch in den warmen Federn, als plötzlich jemand an meine Scheibe klopfte. Ein freundliches Gesicht, ein leckeres Käsebrötchen und eine Tasse Tee überraschten mich und sorgten für einen gelungenen Tagesbeginn. Auch für den Abend war ich bei meinen netten Wohnwagennachbarn, Monika und Wolfgang, zum Essen an ihren schön gedeckten Klapptisch eingeladen.

Mein Leben im Auto lehrte mich unheimlich viel. Nach und nach bekam ich die Gewissheit, so gut wie überall auf der Welt leben zu können. Mit einfachen Mitteln, aber fest entschlossen. Und ich fühlte mich Juma sehr nah, auch wenn er sich auf einem anderen Kontinent befand. Wir waren jetzt beide nicht mehr in den geregelten Ablauf der Gesellschaft integriert, mit einem einzigen Unterschied: *er* unfreiwillig und *ich* freiwillig.

Fast jedes Wochenende versuchte ich, Juma über Mama Maryams Anschluss ans Telefon zu bekommen. Meistens verpassten wir uns aber, da Juma der Einsamkeit seines Zimmers entflohen war und erst spätnachts zum Schlafen nach Hause kam. In solchen Situationen verwünschte ich mein Leben im Auto und dachte wehmütig an mein Studentenzimmer mit Festnetzanschluss zurück.
Eines Tages klang Mama Maryam ungewöhnlich besorgt am Telefon. Sie berichtete, dass es Juma gar nicht gutginge. Er habe plötzlich Fieber bekommen und sei sehr schwach. Dennoch schleppte er sich anscheinend jeden Tag in die Stadt, um sich dort als Parkplatzwächter ein paar Shilling zu verdienen. Mama Maryam wusste nicht, wie sie ihm helfen sollte.
Diese Nachricht löste in mir wieder die alten Sorgen um Juma aus. Die Tuberkulosemedikamente waren sehr stark, und wer weiß, ob er sich nicht auch noch Malaria eingefangen hatte. Wenn er nicht genug aß oder vielleicht sogar Drogen nahm, dann setzte er sein Leben aufs Spiel.
Ich konnte an nichts anderes mehr denken. Meine Freunde und Kollegen, die mich sonst als lebensfrohen Menschen kannten, verstanden nicht, wieso ich so abwesend wirkte. Wie ein Roboter machte ich meine Arbeit an den CNC-Maschinen. Es trieb mich an den Rand der Verzweiflung, Juma nicht helfen zu können. Ich drohte, mich immer mehr in meinem Sehnen nach ihm zu verlieren.

Der einzige Lichtblick in dieser Zeit waren Jumas wöchentliche E-Mails, die, wie ich später erfahren sollte, alles andere als eine Selbstverständlichkeit waren. Vor meiner Abreise hatte ich oftmals vergeblich versucht, ihm das E-Mail-Schreiben beizubringen. Aber jedes Mal, wenn wir zusammen in die Mansfield Street einbogen, brachte er kurz vor der Tür des Internetcafés eine gemurmelte Entschuldigung hervor und war plötzlich weg. Als ich ihn einmal zur Rede stellte, gab er kleinlaut zu, dass ihn der bloße Anblick der vielen Computer und der gebildeten Leute so sehr einschüchterte.

Umso mehr freute ich mich nun, dass er mir tatsächlich schrieb und sich selbst im kranken Zustand die Mühe machte, auf diesem Wege mit mir in Kontakt zu bleiben. Immer wieder kratzte er etwas Geld für das Internetcafé zusammen und schnappte sich einen Freund, der ihm mit dem Computer helfen sollte. Sobald ich seinen Namen als Empfänger in meinem Posteingang entdeckte, strahlte ich vor Freude und vergaß alle anderen Nachrichten.

Juma ließ mich nicht mehr los. In seinen Nachrichten schrieb er immer wieder von den Gefahren der Straße, vor denen er mich beschützen wollte – wenn ich denn nur zu ihm zurückkehrte. Ein andermal bat er mich, ich solle ihm seine Traurigkeit nehmen, ihm helfen, dass alles gut wird.

Und da wusste ich auf einmal, dass ich nicht mehr warten konnte. Ich konnte die große Distanz keine Sekunde mehr länger ertragen. Drei Monate in Deutschland waren genug, und mein Geld würde auch wieder eine Weile reichen. Ich buchte einen Flug zurück nach Tansania.

Nicht allein meine Sorgen um Juma trieben mich zu dieser Blitzentscheidung. Nein, es war sein ganzes Wesen, die sanften Worte, die er in seinen Nachrichten an mich fand, seine Sehnsucht nach mir. All das übte so eine starke Anziehung auf mich aus, dass ich mir mittlerweile selbst eingestehen musste, dass meine Gefühle für Juma etwas ganz Besonderes waren. Aber das sollte mein stilles Geheimnis bleiben. Juma gegenüber wollte ich die gute Freundin bleiben, mehr konnte ich im Moment einfach nicht zulassen. Wir brachten eben zusammen sein Leben wieder in Ordnung.

4

Confidence ist Vertrauen
Compassion ist Mitgefühl
Willpower ist innere Stärke

20. September 2005, Dar es Salaam, Tansania. Leicht nervös, aber voller Vorfreude, stieg ich aus dem Flugzeug und hatte endlich wieder afrikanischen Boden unter den Füßen. Wie lange hatte ich diesen Moment herbeigesehnt!

Der Himmel über mir war wolkenlos, und die ungeheure Kraft der Sonne erinnerte mich daran, dass ich mich in unmittelbarer Nähe zum Äquator befand. Ich atmete tief ein, spürte die feuchtwarme Luft in meinen Lungen.

Dieser einzigartige Geruch der Tropen kündete von neuen Abenteuern. Auch nach den zwei Jahren, die ich insgesamt schon in Tansania verbracht hatte, würde ich dieses Mal wieder Neues entdecken und Dinge erfahren, die so anders sein würden als das, was ich von Deutschland her kannte. Ich war bereit dazu, endlich Jumas Welt besser kennenzulernen. Gleichzeitig spürte ich aber auch Angst in mir aufsteigen. Würde ich ihn wirklich in einer Stunde in der Samora Avenue treffen? Wie er wohl inzwischen aussah?

Als ich Tansania verließ, hatte ich ihm das Versprechen abgenommen, ausreichend zu essen und seine Medikamente täglich zu nehmen. Außerdem hatte ich noch vor meiner Abreise Geld in unserer Stammkantine hinterlegt. Somit konnte er dort dreimal täglich essen. Aber dann war der Anruf von Mama Maryam gekommen, ihm ginge es nicht gut. Wenn er sich bloß wirklich an sein Versprechen gehalten hat!

Inzwischen hatte ich den Flughafen verlassen und stand blinzelnd in der Sonne. Hitze und Hektik der Menschenmassen vor dem Flughafen ließen mir nun keine Gelegenheit mehr, mir noch weiter

den Kopf zu zerbrechen. Und so machte ich mich einfach so schnell wie möglich daran, einen lilafarbenen *Daladala* zu besteigen.
Mein leichtes Gepäck gab mir dabei viel Bewegungsfreiheit. Mit meinem kleinen Rucksack konnte ich mich sicher zwischen den drängelnden Fahrgästen bewegen, die sich, in der Hoffnung auf ein bisschen Fahrtwind, einen Fensterplatz erkämpfen wollten.
Auf meinen Reisen hatte ich nach und nach gelernt, mich auf das Nötigste zu beschränken. Waren es damals bei meiner ersten großen Reise nach Australien noch zwanzig Kilo Gepäck, so schaffte ich es inzwischen, all meine Habseligkeiten in einem kleinen Rucksack zu verstauen, der selbst im Flugzeug als Handgepäck durchging.
Das einzig wirklich Wertvolle darin waren die Fotos von Ganesh, Raju und Jalia, drei notleidende Kinder, die ich bei meinen Reisen in Indien und Tansania kennenlernen durfte. Durch ihre Tapferkeit, mit der sie den schwierigen Lebensumständen getrotzt hatten, waren sie mir besonders ans Herz gewachsen. Ihr unerschütterlicher Glaube an das Gute im Menschen war mir zum Lebensmotto geworden, weshalb ich ihre Fotos immer bei mir trug.
Bevor ich Juma in der Stadt suchen ging, verstaute ich meinen Rucksack in Kinondoni, in meinem ehemaligen Zuhause bei Mama Samson, die mich auch dieses Mal beherbergen wollte. Ich fand kaum die Zeit, sie ausgiebig zu begrüßen, und das, obwohl mir Mama Samson liebevoll ein Bett in ihrem Gästezimmer hergerichtet hatte.
»Ach Mama Samson, auf dich ist einfach immer Verlass. Du hast dir so große Mühe gegeben mit meinem Zimmer!«, freute ich mich beim Anblick der gemütlichen Stube.
»Wir sind doch so glücklich, dass du wieder bei uns bist! Komm, setzen wir uns in den Hof, dann kannst du mir von deiner Zeit in Deutschland berichten.«
Ich aber hatte es eilig. »Sei mir bitte nicht böse, aber ich muss unbedingt erst in die Stadt fahren.«

Die Enttäuschung war ihr ins Gesicht geschrieben, aber die Neugier siegte schließlich. »So? Was gibt es denn dort so Wichtiges, das nicht bis morgen warten kann?«

»Das ist eine lange Geschichte, und die werde ich dir morgen beim Frühstück erzählen. Versprochen!«

»Na gut, dann mach mal, dass du loskommst!«, lachte sie und begleitete mich noch bis zur Bushaltestelle.

Es war mittlerweile später Nachmittag, aber deswegen schwitzte ich kein bisschen weniger. Ich verließ den *Daladala* von Kinondoni am Hauptpostamt, und dann waren es nur noch fünf Minuten zu Fuß bis zur Samora Avenue.

Langsam breitete sich eine befreiende Gewissheit in mir aus: Es war richtig gewesen, meiner Sehnsucht zu folgen und kurzentschlossen nach Afrika zu fliegen.

Ein schöneres Gefühl als das gelebter Freiheit konnte es kaum geben!

Dafür verzichtete ich auch gern auf all die Sicherheiten in Deutschland, die mir letztlich doch nur einen eintönigen Alltag bescheren würden. So konnte ich nicht nur Verantwortung für mich allein übernehmen, sondern auch für andere da sein. Denn ein Leben in Tansania ist so zerbrechlich wie Glas, ganz besonders das eines Straßenjungen.

Ich kämpfte mich durch das Gedränge am Askari-Denkmal und erreichte die Samora Avenue. Gleich würde ich sie sehen. All die Straßenjungen, auf der Suche nach einem Gelegenheitsjob oder einer kleinen Gaunerei – und Juma mitten unter ihnen. Würde ich ihn überhaupt gleich wiedererkennen? Unter lauter Schwarzafrikanern, die alle die gleiche Haar- und Hautfarbe haben, leuchtete ich selber wie eine helle Lampe hervor, wohingegen er sich mit seinen Landsleuten vermischte. Wo würde er wohl stehen? Gleich am Anfang der Straße, wo die Autos vor den Geschäften parkten, oder weiter oben, wo sein Freund Samuel den weißen Taxis Parkplätze zuwies?

Ich versuchte, in alle Richtungen gleichzeitig zu schauen, um Juma zu finden. War er das dort drüben? Ich war mir nicht sicher. Die Sonne blendete, und ich konnte nur jemanden von hinten sehen, der Juma in seiner lässigen Haltung ähnelte. Er lehnte an der Motorhaube eines weißen Taxis und schaute genau in die andere Richtung. Zögerlich näherte ich mich ihm. Aber dann, als hätte er meine Anwesenheit gefühlt, drehte er sich zu mir um und blickte mich fragend an.

Und wirklich, es war Juma.

Wir waren nur noch ein paar Schritte voneinander entfernt, aber auch er zögerte noch. Er kniff die Augen ein wenig zusammen und schaute mich an, als wäre ich ein Geist. Bestimmt konnte er es nicht glauben, dass ich tatsächlich zurückgekommen war.

Auch ich konnte nicht recht glauben, was ich da sah. Vor mir stand ein spindeldürrer, ausgezehrter Juma, noch dünner, als ich ihn in Erinnerung hatte. Er trug ein zerschlissenes lilagelbes Basketball-Shirt, in dem er schier zu versinken drohte. Seine aschenfarbene Jeans hatte er mehrmals hochgekrempelt, auch sie hing einfach nur an ihm herunter.

Die Enttäuschung über seinen jämmerlichen Zustand saß tief – ich hatte so oft von unserem Wiedersehen geträumt, mich so sehr nach seiner Nähe gesehnt, dass mich die Realität nun doppelt so hart traf.

Krampfhaft versuchte ich, meinen Schock vor ihm zu verbergen. »Hallo, Juma«, sagte ich leise, meine Stimme wollte mir nicht recht gehorchen. Auch er lächelte mich schüchtern an und gab mir kumpelhaft die Hand.

Noch immer schüttelte er den Kopf. »Sister, dass du wirklich gekommen bist«, brachte er schleppend hervor.

Sein Gesicht glänzte schweißüberströmt in der Mittagssonne, und seine Stirn war übersät mit kleinen Pusteln, die sich bis auf seinen kahlgeschorenen Schädel erstreckten. Ich war mir nicht sicher, ob

Drogen seine Augen trübten oder ob es die Tuberkulose war, die ihm so zusetzte.
Juma nahm mir die Entscheidung ab, was wir nun tun sollten, und gab mir ein Zeichen, ihm zu folgen.
Gemeinsam liefen wir die Samora Avenue entlang, beide damit beschäftigt, die Zurufe von verschiedenen Bekannten mit einem Kopfnicken oder einer Handbewegung zu beantworten.
»Hey, Kleiner, wo hast du denn die *Mzungu* gefunden?«, fragte eine dicke Frau vor einem Handyladen neugierig.
»Dada Nicky! Schön, du bist ja schon wieder zurück!«, rief mir ein Bekannter zu.
»Wow, Fuvu, deine Sister ist tatsächlich gekommen!«, brüllte ein Kumpel von Juma von der anderen Straßenseite herüber.
Es war für uns beide ungewohnt, so im Mittelpunkt zu stehen, aber irgendwie war es auch ganz lustig. Wir fühlten uns schon fast wie Filmstars.
Schnell bogen wir in die nächste ruhige Seitenstraße ein, um etwas mehr für uns zu sein. Nun ging Juma neben mir her.
»Nicky, du duftest so gut«, machte er mir noch schnell ein Kompliment, bevor uns wieder Leute entgegenkamen.
Da musste ich schmunzeln. Viele Afrikaner fanden, dass wir Weißen wohl einfach *immer* gut rochen.
Juma steuerte zielstrebig auf einen Platz zu, an dem sich mehrere Buden und Essensstände befanden. Wir nahmen beide auf einer schmalen Holzbank vor einem Imbiss Platz.
»Können wir ganz schnell Pommes mit Rührei bekommen? Wir haben nämlich mächtig Kohldampf!«, rief Juma einem der Jungen zu, die unweit von uns mit einer dampfenden Bratpfanne über einem länglichen Kohlegrill hantierten.
Während ich immer noch eine gewisse Fremdheit zwischen uns spürte, legte mir Juma ohne jegliche Scheu den Arm um die Schultern und rückte dicht an mich heran. Durch diese öffentliche Zärt-

lichkeit zeigte er mir, wie sehr er sich über meine Rückkehr freute, denn in Tansania ist es nicht üblich, dass sich Mann und Frau vor aller Augen nahekommen.

»Dass du wirklich zurückgekommen bist«, schüttelte er immer noch ungläubig den Kopf. »Ich habe ehrlich gesagt nicht mehr daran geglaubt.«

Überrascht blickte ich Juma an. »Aber warum denn? Ich habe es dir doch versprochen und dich außerdem immer wieder angerufen und dir geschrieben.«

»Ja, das schon, aber ich habe schon so viele Menschen in meinem Leben getroffen, die mir Versprechungen gemacht haben, und nie ist etwas daraus geworden – bis jetzt.« Daraufhin drückte er mich noch ein wenig fester an sich und sah mir direkt in die Augen. »Sister, *nipe busu!* Gib mir einen Kuss, bitte!«. Er hatte immer noch seinen Arm um mich geschlungen, und nun war auch sein Gesicht nicht mehr weit von meinem entfernt.

Obwohl ich die Nähe zu ihm inzwischen wieder zu genießen begann, konnte ich kaum glauben, was er da eben gesagt hatte. Ich konnte ihm doch nicht in Afrika vor den Augen anderer Leute einen Kuss geben, selbst wenn es nur einer auf die Wange wäre! Meinte er also einen freundschaftlichen Kuss oder tatsächlich einen richtigen Kuss? Oder wollte er mir damit vielleicht nur sagen, dass er mich vermisst hatte? Um ihn nicht vor den Kopf zu stoßen, legte ich schließlich lachend meine Hand auf seine Schulter.

»Ach Juma, ich freue mich ja auch, wieder hier zu sein – und jetzt habe ich einen Riesenhunger.«

Und da kam glücklicherweise auch schon unser Essen. Schweigend saßen wir über unseren Tellern, und als wir fertig waren, war es auch schon fast dunkel.

Von einem nahe gelegenen Kiosk ertönten dumpf Hip-Hop-Bässe zu uns herüber, aber ansonsten war es ruhiger geworden. Nur noch vereinzelt fuhren Autos durch die verlassene Innenstadt.

»Komm, lass uns jetzt ein paar Freunde von mir besuchen«, schlug Juma vor. Die Dunkelheit empfand ich als angenehm, auch wenn ich nun ganz allein mit einem Straßenjungen mitten in Dar es Salaam war. Die meisten Leute waren längst nach Hause gegangen, und vor den Läden waren schwere Gittertüren heruntergelassen worden. Obwohl Juma mir immer noch nicht erzählt hatte, was ihm in den letzten Monaten zugestoßen war, fühlte ich mich sicher bei ihm. Nein, keine Frage, er würde auf mich aufpassen.
»Um diese Uhrzeit war ich noch nie auf den Straßen unterwegs, wirst du mich auch wirklich beschützen?«, erinnerte ich ihn trotzdem noch einmal daran, dass er mit einer Weißen, einer *Mzungu*, unterwegs war.
»Keine Angst, jeder hier weiß, dass ich ein Gangster bin«, lachte er. »Ich zeige dir jetzt einmal unser Reich: die Straßen bei Nacht.«
Bald schon erreichten wir die berüchtigte Mansfield Street. Nachts sah es hier ohne Autos und Menschen noch unheimlicher aus als tagsüber. Es gab keine Straßenbeleuchtung, und sosehr ich meine Augen auch aufriss, ich konnte fast nichts sehen. Eine Weile liefen wir eng nebeneinander durch die dunkle Straße, bis wir an eine schwach beleuchtete Kreuzung kamen, an der sich einige Gestalten auf alten Pappkartons niedergelassen hatten.
Im Schein einer Neonröhre erkannte ich mindestens zehn Jungs in Jumas Alter. Die einen lagen auf dem Boden, andere rauchten Zigaretten oder Joints. Ich spürte, wie zwei von ihnen mich eindringlich musterten. Eine *Mzungu* um diese Uhrzeit in dieser Straße, das war für sie eine überaus verlockende Beute. Juma machte ihnen jedoch schnell klar, dass ich zu ihm gehörte.
»Hey, Leute, meine *Mzungu* hier ist schwer in Ordnung. Lasst bloß die Finger von ihr, klar?«, rief er ihnen zu.
»Geht in Ordnung, Fuvu. Wenn du das sagst, wissen wir Bescheid«, hörte ich jemand brummen. Die andern nickten kurz, waren jedoch gleich wieder mit ihren Joints beschäftigt.

Da entdeckte ich auch schon Johnny, mit seinen zugekifften Augen und dem langen, verfilzten Haar. Von allen Jungs war er der Einzige, den ich bereits kannte.

Ich setzte mich zu Johnny, und die Stimmung wurde nun richtig locker. Die Freude, wieder beisammen zu sein, ließ uns ausgelassen herumalbern. Ich nahm sogar meine Kamera heraus, und wir schossen ein paar Fotos von uns.

»Siehst du nun, wie wir hier leben?«

Ohne meine Antwort abzuwarten, zog mich Juma am Arm weiter und zeigte mir auf der anderen Straßenseite eine längliche, große Holzkiste. »Hinter diese Kiste habe ich mich früher oft zum Schlafen hineingezwängt, damit mich die Bullen nicht entdecken konnten. Komm weiter«, rief er, und schon ging es zur nächsten Station. »Das dort drüben musst du dir auch noch anschauen!«

Ich blickte durch einen schmalen dunklen Spalt in einen Zwischenraum, in dem sich mir der Blick freigab auf Scherben, Abfälle und Dreck.

Gerade huschte eine fette Ratte hinter einer leeren Autobatterie hervor, als mir Juma erzählte, wie oft er dort schon übernachtet hatte. Auch in meinem Mini-Cooper hatte ich wenig Platz zum Schlafen gehabt, doch so etwas wie das hier hätte ich wahrscheinlich nur schwer ausgehalten.

»Komm, wir machen noch Fotos vor dem Dogodogo-Center«, forderte mich Juma da auch schon wieder auf. Ich gab die Kamera an Johnny weiter, und wir posierten vor einer Mauer des Straßenkinderheims, die mit Graffiti besprüht war. Vor langer Zeit musste die Wandbemalung einmal bunt und fröhlich ausgesehen haben. Stellenweise konnte man noch eine Zeichnung erkennen, auf der sich Kinder unterschiedlichster Hautfarbe an den Händen hielten. Daneben war ein Spruch auf Suaheli geschrieben, der die Rechte der Straßenkinder anmahnte. Doch mittlerweile verdeckten Plakate und schmutziges Gekritzel die wichtige Botschaft.

Als wir wieder zu dem Straßenlager der Jungs zurückgekehrt waren, kamen auf einmal zwei Frauen mit drei Kleinkindern auf uns zu. Sie ließen sich ebenfalls auf den Kartons nieder und schienen den Jungs nicht unbekannt zu sein.

»Siehst du, Sister, diese Mütter sind mit ihren Kindern vor zwei Wochen mit dem Zug in Dar es Salaam gestrandet. Sie hätten eigentlich von einer Verwandten am Hauptbahnhof abgeholt werden sollen. Die ist aber aus irgendeinem Grund nie aufgetaucht. Und jetzt sitzen sie hier fest. Ohne eine Adresse oder eine Telefonnummer von jemandem, der ihnen helfen könnte. Sie können nur noch hoffen, dass irgendein Fremder ihnen eine Rückfahrkarte schenkt.«

»Aber wie kann denn so etwas passieren?«, fragte ich erschüttert.

»Die beiden haben ihr ganzes Leben in einem kleinen Dorf verbracht und haben einfach nicht darüber nachgedacht, dass in einer Millionenstadt kein Mensch den Namen deiner Verwandten kennt und dass man sich nicht einfach wie in einem Dorf durchfragen kann. Als Frau ist das ganz schön gefährlich, da kann man nicht einfach draußen schlafen – die Gefahr, vergewaltigt zu werden, ist einfach zu groß.«

Ich musste schlucken. Nur ein kleines Missgeschick, und schon landete man auf der Straße? Frauen und kleine Kinder – und keiner half?

»Hey, ihr Kleinen, kommt doch mal zu mir her«, rief Juma die Kinder mit sanfter Stimme zu sich. »Habt ihr schon mal eine *Mzungu* gesehen?«

Zögernd machten die beiden Mädchen und der kleine Junge glucksend ein paar Schritte auf uns zu und schielten dabei neugierig zu mir herüber. Schließlich griff Juma sachte nach ihren schmutzigen Händchen und entlockte den Kindern mit einer Engelsgeduld ihre Namen.

Die kleine Sabrina war höchstens zwei Jahre alt. Ihre Kleider waren total verdreckt, und sie trug keine Schuhe. Mitten auf ihrer Stirn entdeckte ich ein entzündetes Furunkel. Mama Sabrina, ihre Mutter, bemerkte meinen Blick und meinte entschuldigend, dass sie seit Tagen auf dem dreckigen Boden schlafen mussten und kein Geld für die Behandlung hätten. Es waren gerade einmal wenige Stunden seit meiner Ankunft in Afrika vergangen, und schon wurde ich bereits wieder mit der vollen Härte des Lebens auf diesem Kontinent konfrontiert.

Doch das war nichts Neues für mich. Ich hatte mittlerweile gelernt, dass man hier nie versuchen sollte, alle Probleme der Menschen auf einmal lösen zu wollen. Um die Mütter würde ich mich in den nächsten Tagen kümmern, beschloss ich. Wenn die Lösung ihres Problems tatsächlich nur eine Zugfahrkarte war, dürfte ihnen schon bald geholfen sein.

Langsam wurde ich unruhig. Es war schon nach zehn Uhr, und ich durfte den letzten Kleinbus nach Kinondoni nicht verpassen. Mir wurde plötzlich bewusst, dass der Weg von der Bushaltestelle bis zu meinem Zimmer nachts recht gefährlich sein konnte. Die Gegend war dafür berüchtigt, dass sich dort viele Junkies herumtrieben. Und dort würde es keinen Juma geben, der mich wie jetzt sicher bis zum Postamt und zum richtigen *Daladala* geführt hatte.

Schnell noch verabredeten wir uns für den nächsten Nachmittag, als der *Konda*, der Ticketkontrolleur, auch schon die Schiebetür des *Daladalas* kraftvoll und quietschend neben sich zuzog.

Glücklich und sicher zu Hause angekommen, lag ich noch lange in meinem Bett wach und ließ diesen aufregenden Abend noch einmal Revue passieren. Ich war richtig glücklich, wieder hier zu sein. Glücklich, dass ich rechtzeitig zu Juma zurückgekehrt war. Glücklich, dass er mir gegenüber nach wie vor jene Offenheit an den Tag legte und mir damit unschätzbare Einblicke in eine fremde Welt gewährte. Auch war ich unheimlich erleichtert, den dunklen Heimweg sicher überstanden zu haben und bei netten, fröhlichen

Menschen so lange unterkommen zu können, bis ich hoffentlich bald ein eigenes Zimmer gefunden hatte.
Wie würde es mit Juma und mir wohl weitergehen? Bevor ich einschlief, fragte ich mich zum wiederholten Male, warum er denn auf einmal einen Kuss von mir gewollt hatte …

~

Am nächsten Tag traf ich Juma wie abgemacht um vier Uhr in der Samora Avenue. Wie selbstverständlich steuerten wir direkt unser Stammlokal an, um ganz für uns zu sein. Auch hier in der Kantine wurde ich von allen Seiten begrüßt.
Juma und ich waren die einzigen Gäste, die an einem der langen Tische im Inneren Platz nahmen. Heute war er mir zwar nicht mehr so fremd wie gestern, auch wirkte er wacher als am letzten Tag. Dennoch war sein Gesicht immer noch so schrecklich schmal, und seine Lippen hatten einen leicht bläulichen Schimmer. Immer wieder schüttelte ihn ein heftiger Hustenanfall, bei dem er sich jedes Mal mit schmerzverzerrtem Gesicht an die Brust fasste.
»Juma, darf ich ehrlich sein? … Ich mache mir Sorgen um dich. Dir geht es nicht gut. Was ist passiert, als ich weg war?«
»Ich war so krank, als du in Deutschland warst, dass ich nicht einmal mehr duschen wollte. Selbst unter warmem Wasser habe ich noch gefroren. Ständig war mir kalt. Es lag bestimmt an den starken Tabletten gegen die Tuberkulose, die machen mich immer noch fertig. Wenn ich sie schlucke, ist mir eine halbe Stunde lang schwindlig, und das jeden Tag. Nachts habe ich mir die Lunge aus dem Hals gehustet und konnte kaum schlafen. Appetit hatte ich sowieso keinen. Ja, ich war mir sicher: Mein Körper war schon gestorben, nur meine Seele lebte noch ein bisschen weiter.«
Nach einer Weile schien es so, als hätten wir wieder zu unserer alten Vertrautheit zurückgefunden, und auch ich begann, von meiner Zeit

in Deutschland zu berichten. Wie ich wochenlang in meinem Auto gewohnt und wie einsam ich mich in Deutschland gefühlt hatte.
Wir verloren uns ganz in den Schilderungen der letzten Monate, und so waren wir die Einzigen, als gegen sieben Uhr abends die Putzfrauen kamen. Die letzten vier Stunden waren wie im Fluge vergangen. Draußen war es bereits dunkel, und für heute hatte ich mir vorgenommen, nicht so lange zu bleiben.
Juma begleitete mich noch zur Bushaltestelle und knotete sich im Gehen sein rotes Halstuch um die Stirn.
»Ah! Fuvu! Du hast dir tatsächlich eine *Dodo* geschnappt!«, rief plötzlich jemand von der anderen Straßenseite zu uns herüber. *Dodo* ist eine eher respektlose Bezeichnung für eine weiße Frau – Jumas Bekannter hatte ja keine Ahnung, dass ich fließend Suaheli sprach. Juma klatschte seinem etwas älteren Freund zur Begrüßung in die Hand. »Nein, nein, die hier ist mein Boss, und außerdem spricht sie Suaheli wie ein *Mbongo!*«, stellte er mich stolz vor. Jetzt musste auch ich lachen, weil er mich zu seinem Boss ernannt hatte. Er nahm seine Beschützerrolle also ernst und hatte mich als eine von ihnen akzeptiert, denn ein *Mbongo* ist in der Umgangssprache ein echter Tansanier. *Bongo* bedeutet Gehirn, und man sagt, dass man in Tansania ohne klug und schlau zu sein nicht überleben kann.
Während sich die beiden noch weiter unterhielten, beobachtete ich Juma wie gebannt im Schein der Straßenlaterne. Ich konnte den Blick gar nicht mehr von ihm nehmen. Während er gestern noch so elend auf mich gewirkt hatte, strahlte er heute eine solche Kraft aus, dass mir der Atem stockte. Das Kopftuch betonte sein hübsches Gesicht, und seine Augen funkelten unternehmungslustig darunter hervor. Nase und Mund waren für afrikanische Verhältnisse eher zierlich und zugleich sehr schön geformt.
Vielleicht lag es an der Stimmung der Nacht, dass ich mich nicht sattsehen konnte an seiner tiefdunklen Haut, die im Kontrast zu seinem weißen T-Shirt und dem knallroten Kopftuch samtig schim-

merte. In meinem ganzen Leben hatte ich noch nie jemanden so mit Blicken verschlungen wie ihn. Seine ganze Gestalt weckte eine tiefe Sehnsucht nach Unabhängigkeit in mir: Juma schien frei von allen Regeln zu sein. Er stellte sich gegen die Menschen, die ihn verletzt, verstoßen und vergessen hatten.

Kurz darauf saß ich auch schon im Bus und genoss den Fahrtwind auf dem Heimweg nach Kinondoni. Nun war ich mir ganz sicher: Es war die beste Entscheidung, die ich hatte treffen können! Hier war ich zur richtigen Zeit am richtigen Ort. Ich liebte dieses Gefühl von Freiheit und Abenteuer, auch wenn ich langsam zu ahnen begann, dass es immer schwerer werden würde, meine Gefühle für Juma unter Kontrolle zu halten.

~

Am Tag darauf wollte ich Mama Jalia einen Besuch abstatten. Mama Jalia war wie eine afrikanische zweite Mutter für mich. Damals, als wir uns kennenlernten, musste sie mit ihrer kleinen Tochter Jalia in der Küche von Verwandten auf dem Fußboden schlafen, weil sie die Miete von monatlich drei Euro nicht aufbringen konnte. Schlimmer noch, Jalia litt an einem Gehirntumor und musste dringend behandelt werden. Ein halbes Jahr lang begleitete ich die beiden von einem Arzt zum nächsten, wir waren sogar nach Südafrika geflogen, doch selbst dort konnte Jalia nicht mehr geholfen werden. Sie starb mit nur neun Jahren. Die gemeinsamen Erinnerungen an ihre Tochter verbinden uns bis heute. Das Schicksal von Jalia und ihrer Mutter hatte mich bei meinem ersten Afrikabesuch mit aller Härte in die Welt der Armen eingeführt und damit die Weichen für mein weiteres Leben in Afrika gestellt. Fortan wollte ich es ganz und gar den notleidenden Menschen widmen.

»*Shikamoo* Mama«, begrüßte ich sie, während ich sie fest an mich drückte.

»*Marahaba*«, antwortete sie und wischte sich verstohlen die Freudetränen aus dem Gesicht. »Bin ich froh, dich zu sehen. Ich habe im Radio gehört, dass ein Flugzeug abgestürzt ist. Was habe ich mir da Sorgen gemacht!«

Ich musste lachen, denn tatsächlich dachte Mama Jalia bei jedem Flugzeugunglück, dass ich dringesessen haben könnte.

»Mama Jalia, ich habe dir doch schon einmal erklärt, dass es so viele Flugzeuge auf der Welt gibt!« Ich liebte sie für ihre Ahnungslosigkeit, und gleichzeitig tat es mir leid, dass ich sie so lange nicht hatte besuchen können.

»Ich weiß, ich weiß. Und, was gibt es Neues bei dir? Wie geht es deinem Vater, wie geht es deiner Mutter in Deutschland?«

»Alle sind gesund! Und bei dir? Was macht dein Bein? Hast du immer noch Schmerzen beim Gehen?« Mama Jalia war schon über fünfzig und hatte immer wieder über das eine oder andere Wehwehchen zu klagen.

»Oh, ich habe da ein Kraut von einem Heiler bekommen, das zermahle ich und reibe damit jeden Tag mein Bein ein. Seitdem geht es mir viel besser.«

»Mama Jalia, ich könnte dir wieder stundenlang zuhören«, sagte ich zu ihr, denn sie wusste so viel über das Leben der einfachen Menschen. »Aber heute habe ich noch etwas vor, ich möchte noch einen Freund besuchen.«

»Meinst du Juma, von dem du mir einmal erzählt hast?«

»Ja, genau den! Weißt du, er ist jemand ganz Besonderes.«

»Wann besuchst du mich denn einmal mit ihm? Sag ihm, deine afrikanische Mama möchte ihn endlich kennenlernen!«

»Das mach ich! Ich komme bald wieder, das verspreche ich dir, und dann bringe ich Juma mit«, versprach ich ihr und fragte mich zugleich, ob das bei Jumas momentaner Verfassung je möglich sein würde.

Eine Stunde später war ich zurück in Kigamboni und auf dem Weg zu Jumas Zuhause bei Mama Maryam. Auch Jumas Freund Johnny, den ich morgens in der Stadt getroffen hatte, wollte kommen.

Bereits von weitem sah ich, wie ein Mann vor Mama Maryams Haustür beschwichtigend auf Johnny einredete. Johnny war völlig außer sich und gestikulierte hektisch.

»Dada Nicky, Juma ist total verrückt!«, mit diesen Worten kam er mir entgegen, während sich der andere Mann auf sein Fahrrad setzte und davonfuhr.

»Der dreht voll ab! Ich kann dir nur raten, mach, dass du hier abhaust« – und weg war auch Johnny.

Was um Himmels willen war denn hier los?

Vorsichtig klopfte ich an Jumas Tür, die einen Spalt offen stand. »Wer ist da?«, ertönte es wütend von drinnen. Mit einem Quietschen stieß ich die Holztür bis zur Bettkante auf und trat ein. Die Begrüßungsworte blieben mir im Halse stecken: Aus Jumas Augen blitzte mir purer Hass entgegen.

»So ein Mistkerl!«, brüllte Juma. »Echt, das gibt's doch gar nicht. Johnny ist wirklich das Allerletzte! Dieser *Msenge* traut sich vielleicht was, hier einfach so aufzutauchen!«.

Hatte ich etwas falsch gemacht, als ich Johnny heute Vormittag zu Juma eingeladen hatte? Noch bevor ich auch nur einen Satz herausbringen konnte, griff Juma unter seine Bettdecke und zog ein riesiges Schlachtermesser hervor.

»Siehst du das hier ...?«, fragte er mich provozierend und fixierte mich mit seinen dunklen, böse funkelnden Augen. Mit festem Griff umschloss er den Schaft des Messers und hielt es drohend in der Luft, so als ob er jeden Moment zustechen würde.

»Wenn ich den hier noch einmal sehe, dann wird er mich erst richtig kennenlernen. Dieses miese Leben. Ich bin zu allem bereit, das schwöre ich dir!«, fuhr er mit bebender Stimme fort.

Mir wurde es zunehmend heiß in dem kleinen Raum, doch ich durfte jetzt nicht den Kopf verlieren.

»Erzähl mir doch erst einmal, was passiert ist. Was hast du denn?«, fragte ich vorsichtig.
Obwohl er die zwanzig Zentimeter lange Klinge immer noch fest umschlossen hielt, setzte ich mich langsam neben ihn auf die Bettkante. Er raste regelrecht vor Zorn. So böse hatte ich ihn noch nie erlebt. Aber irgendetwas sagte mir, dass er mir nichts tun würde.
Und genau so war es. Kaum hatte ich neben ihm Platz genommen, schien seine Wut in Verzweiflung umzuschlagen, und er ließ schluchzend das Messer sinken.
»Als ich todkrank war, hat mich kein Mensch hier besucht!«, presste er mit bebenden Lippen hervor. Unter Tränen sprach er weiter: »Nicht einmal allein aufstehen konnte ich. Samuel kam zwar immer zum Schlafen hierher, doch meistens war er betrunken. Nur Mama Maryam war da und hat mir Essen gebracht. Von meinen angeblichen Freunden hätte es dagegen keiner gemerkt, wenn ich draufgegangen wäre. Keiner hat sich um mich geschert, ich wäre einfach verreckt! Ein Straßenjunge weniger, wen stört das schon?« Verzweifelt blickte er mich aus geröteten Augen an. »Johnny hat überall herumerzählt, ich würde für Drogen alles tun! Was müssen die Leute jetzt von mir denken? Viele haben mir vertraut, doch nun haben sie Angst, dass ich sie ausrauben könnte. Nennst du so jemanden deinen Freund? Erst jetzt, wo *du* da bist, kommt er zu mir. Als du in Deutschland warst, hat er sich einen Dreck um mich geschert!«, schluchzte er und ließ sich mit geballten Fäusten auf die Matratze fallen.
Zutiefst bewegt von seinen Tränen, nahm ich ihn in den Arm. In Tansania ist es nicht üblich zu weinen, schon gar nicht für einen Mann. Nach anfänglichem Widerstand ließ sich Juma dann auch von mir trösten und schmiegte seinen Kopf an meinen Hals. Mit einer Ecke des Leintuchs tupfte ich sachte seine Tränen weg und redete beruhigend auf ihn ein. Es war das erste Mal, dass ich ihn an mich drücken durfte und wir uns nahe sein konnten. Ich spürte die

Körperwärme durch sein hauchdünnes T-Shirt hindurch. Sanft streichelte ich ihm über den Rücken, der immer wieder unter einem Schluchzer zusammenzuckte.
Wir lagen noch eine Weile so da, dann drehte Juma sein Gesicht zu mir.
»Nicky …, bitte, ich möchte dich jetzt küssen!«
Ich erschrak, als ich ein bis dahin unbekanntes Verlangen in seinen Augen sah. Natürlich, ich genoss die Nähe zwischen uns sehr, doch würde alles viel komplizierter werden, wenn wir nicht mehr wie Freunde miteinander umgingen, sondern wie ein Liebespaar.
Aber vielleicht konnte ich ihm seinen Wunsch mit einem freundschaftlichen Kuss auf die Wange erfüllen? Vorsichtig näherte ich mich ihm von der Seite, als Juma sachte, aber bestimmt mein Kinn umfasste und meinen Mund zu seinem führte. Mein Herz begann heftig zu pochen. Ich wollte ihn küssen – aber dann würde ich gegen all meine Prinzipien verstoßen.
Seit nahezu drei Jahren war ich stark geblieben und hatte mich bewusst jeder männlichen Versuchung widersetzt. Ich wollte wichtigeren Dingen im Leben nachgehen als komplizierten Beziehungen und war deshalb in den entscheidenden Augenblicken immer auf Abstand gegangen. Dieses Gefühl, mit sich selbst und der Welt im Einklang zu sein, nenne ich »Solitude«, das positive Alleinsein, bei dem ich mich frei fühle und offen sein kann für andere Menschen und Kulturen. Ich war mir so sicher gewesen.
Und nun schien es Juma tatsächlich zu schaffen, dass ich mich nicht länger gegen meine Gefühle wehren wollte.
Unsicher folgte ich seinen Bewegungen und spürte die weichen afrikanischen Lippen auf meinen.
»Du küsst so gut!«, flüsterte mir Juma zu und zog mich daraufhin noch näher an sich heran. Der Hass, der eben noch so heftig in ihm gewütet hatte, war längst vergessen. Stattdessen schlich sich ein ent-

spanntes Lächeln auf sein Gesicht, während er die intime Nähe zwischen uns in vollen Zügen zu genießen schien.
Ich war von meinen Gefühlen ebenfalls vollkommen überwältigt, so sehr, dass ich sogar die Angst vor einer Ansteckung mit Tuberkulose beiseiteschob. Aber schließlich war ich geimpft.
Und doch, bevor ich noch mehr meiner Prinzipien brechen würde, wand ich mich aus seiner Umarmung.
»Lass uns jetzt zum Strand gehen, bevor es Abend wird!« Und entfloh damit gerade noch rechtzeitig meinen verwirrenden Gefühlen.

~

Keine zehn Minuten von Jumas Zimmer entfernt lag der Strand, und wir liefen Hand in Hand auf dem heißen Sand am Indischen Ozean entlang.
Als wir an hübschen Strohhütten vorbeikamen, die von den einheimischen Fischern benutzt wurden, machten wir dort ein paar Fotos von uns. Es war herrlich, zusammen den Wind des Meeres zu spüren und so ausgelassen herumzualbern. Die Fischer, die damit beschäftigt waren, ihre Netze zu flicken, beobachteten uns amüsiert und genossen wie wir die friedliche Abendstimmung.
»Juma, lass uns zu den Felsen dort drüben vorlaufen!«, schlug ich ihm vor und griff nach seiner Hand.
Als wir dort ankamen, leuchteten die warmen Sandsteinfelsen gelblich-rot im gerade einsetzenden Sonnenuntergang. Hier waren wir völlig ungestört, weit und breit war kein Mensch zu sehen. Glücklich alberten wir herum und fotografierten alles Mögliche: Juma auf einem Sandsteinfelsen, Juma am Strand mit der Stadtkulisse als Hintergrund, unsere zwei Köpfe, eng aneinandergeschmiegt. Wir waren so mit uns selbst beschäftigt, dass wir die drei Typen erst gar nicht kommen sahen. Gerade saßen wir auf einem niedrigen

Felsstein und richteten den Blick über die Meeresbucht hinüber auf Dar es Salaam, als sie plötzlich hinter uns standen.
»Hey, hast du mal 'ne Zigarette?«, raunzte einer mit einer breiten Narbe am Hals in Jumas Richtung. Auch seine zwei Kumpane schauten uns ziemlich finster an.
»Ich hab leider im Moment keine Zigaretten bei mir«, verneinte Juma freundlich wie immer und wollte, wie es unter jungen Leuten in Afrika Sitte ist, mit ihnen noch ein paar Sätze Smalltalk austauschen.
»Ach, halt's Maul und gib mir lieber die Kamera«, zischte der mit der Narbe. Die Schnur meiner Kamera war um Jumas Handgelenk gewickelt, und der Stämmigste von den dreien versuchte auch in diesem Moment schon, danach zu greifen. Doch Juma reagierte sofort. Wie der Blitz schnellte er ruckartig zurück, woraufhin die Jungs prompt drei lange scharfe Macheten hervorzogen. Sie mussten die Macheten an ihren Gürteln versteckt getragen haben und erhoben sie nun drohend über unseren Köpfen.
Das alles ging so schnell, dass ich mich nicht einmal erschrecken konnte. Mir kam es vielmehr so vor, als sähe ich mir gerade einen schlechten Film an, bei dem ich selbst nicht mitspielte.
»Los, Nicky, renn! Mach, dass du zu den Fischern zurückkommst«, schrie Juma mir noch zu und griff dabei rasch nach zwei großen Steinen im Sand.
Nein, das würde ich nicht tun! Ich konnte unmöglich einfach davonrennen und ihn mit den Banditen zurücklassen. Was, wenn sie ihn mit ihren Macheten verletzten! Ohne einen klaren Gedanken fassen zu können, wich ich ein paar Schritte zurück.
»Juma, bitte, so lass sie doch und komm mit mir mit!«, flehte ich ihn an. Doch Juma hörte nicht auf mich. Wütend beschimpfte er die Strandräuber mit »*Msenge!* Ihr Idioten!« und schleuderte mit voller Wucht den ersten Stein in ihre Richtung.
»Ihr Feiglinge, ihr wisst wohl nicht, mit wem ihr euch hier angelegt habt? Schleicht hier mit eurer Machete am einsamen Strand herum –

ich kämpfe damit jeden Tag in den Straßen der Stadt ums Überleben. Ihr Schweine! Macht, dass ihr fortkommt!«, brüllte er sie an und hielt auch schon den zweiten Stein wurfbereit in der Hand.

»Der ist ja übel drauf, kommt, Jungs, wir hauen besser ab«, rief der Kerl mit der Narbe, der augenscheinlich der Anführer sein musste, seinen Kumpanen zu. Dabei entging mir nicht der verängstigte Ausdruck in seinem Gesicht, als er unsicher zwischen Juma, mit dem scharfen Stein in der Hand, und seinen Mittätern, die bereits die Macheten gesenkt hatten, hin- und herblickte. Damit hatte wohl keiner von ihnen gerechnet, dass sich ihnen dieses scheinbar harmlose Opfer mit bloßen Händen entgegenstellen würde. Tatsächlich wichen sie schließlich zurück und nahmen Reißaus.

Gemeinsam rannten wir, so schnell wir konnten, zu den Fischern zurück, bis die Bande hinter der nächsten Abbiegung verschwunden war.

Ein wenig außer Puste, liefen wir in gemächlichem Tempo weiter, doch Juma konnte sich einfach nicht beruhigen. Immer noch schimpfte er lautstark vor sich hin und schleuderte böse Verwünschungen in Richtung der Büsche, hinter denen die drei verschwunden waren. Erleichtert über den glimpflichen Ausgang des Überfalls, brach ich plötzlich in schallendes Gelächter aus. Wie mein unbewaffneter Juma die drei Möchtegerngangster mit ein paar Steinen in die Flucht geschlagen hatte. Noch nie hatte mich jemand dermaßen beschützt und verteidigt wie Juma heute!

Nach ein paar hundert Meter ruhten wir uns an einem kleinen Kiosk aus und tranken auf den Schrecken hin erst einmal eine Cola. Mittlerweile war es dunkel geworden, und die Meeresluft war angenehm kühl und würzig. Jumas Puls raste immer noch wie wild, und ihm war völlig schleierhaft, warum ich lachte. Mit meiner Hand auf seiner Schulter antwortete ich ihm: »Du bist jetzt mein Held!«

~

Es sollte nicht das einzige Abenteuer bleiben. Noch in derselben Woche bekamen wir erneut Probleme am Strand, dieses Mal allerdings anderer Art. Wir waren am späten Nachmittag von der Innenstadt gemütlich die ruhige Shaban Robert Road bis zum Strand der Ocean Road geschlendert.

Nichtsahnend ließen wir uns eng nebeneinander im weichen Sand nieder und hörten zusammen Musik aus meinem Discman. Für europäische Augen sahen wir einfach wie ein glückliches Paar aus, aber in Afrika galten eben andere Regeln. Abermals wurde unsere Zweisamkeit grob unterbrochen, als plötzlich ein Wächter in olivgrüner Uniform, einen Schlagstock in der Hand, unfreundlich auf Juma einbrüllte. »Steh sofort auf!« Auch ihn hatten wir nicht kommen sehen, da Juma wegen des kurzen Kopfhörerkabels mit dem Oberkörper halb über mir lag und mir ausgerechnet in diesem Moment einen etwas längeren Kuss gegeben hatte.

Noch bevor der wütende Wächter mit seiner Strafpredigt überhaupt loslegte, spürten wir, dass uns großer Ärger drohte. Uns war es peinlich, so nah beisammen in der Öffentlichkeit erwischt worden zu sein. Ich konnte mir gut vorstellen, dass selbst ein Kuss zweier Verliebten gegen das prüde tansanische Gesetz verstieß, nur die Konsequenzen, die das Ganze nun für uns haben sollte, konnte ich mir beim besten Willen nicht ausmalen.

»Junge, das wird Folgen für dich haben! Was denkst du dir dabei, mit einer *Mzungu* hierherzukommen und wild rumzumachen? Das ist nicht erlaubt, und du als Einheimischer müsstest das wissen!«, fuhr uns der junge Choleriker an und baute sich in seiner Uniform wichtigtuerisch vor uns auf.

Juma richtete sich widerwillig auf und flüsterte mir dabei zu:

»Der Typ will nur Kohle von uns, hast du was dabei?«

Auch das noch! Mir war überhaupt nicht danach, mich wegen solch einer Kleinigkeit freizukaufen. Dennoch war zu befürchten, dass er Juma ansonsten auf die Polizeiwache mitnahm. Mit geldhungrigen tansanischen Beamten war wirklich nicht zu spaßen. Was blieb mir also übrig? Unauffällig zog ich ein paar Scheine aus der Hosentasche.

»Reichen 8000?«, fragte ich Juma leise, als ich ihm das zusammengeknüllte Geld in die Hand drückte.

Umgerechnet fünf Euro Bestechungsgeld genügten tatsächlich, und die Sache war innerhalb weniger Minuten erledigt. Wie ein hungriger Hai, dem man gerade sein Fressen vorgeworfen hatte, verschwand der Strandwächter mit seiner Beute genauso schnell, wie er aufgetaucht war.

~

Nach der ersten turbulenten Woche seit meiner Ankunft in Dar es Salaam kam das alljährliche Kulturfestival in Bagamoyo gerade zur rechten Zeit. Juma und ich freuten uns schon darauf, uns die afrikanischen Trommler, Tänzer und Chöre anzusehen.

Mit dem Daladala kamen wir spätabends am überschaubaren Busbahnhof in Bagamoyo an und begannen sogleich, die Dorfstraßen nach einem günstigen Gasthaus abzuklappern. Hier in Bagamoyo reihte sich ein flaches Wellblechdachhaus an das andere. Auch die Schotterstraßen ähnelten sich sehr, sodass wir schon bald nicht mehr wussten, welchen Weg wir bereits gegangen waren. Es war wie verhext: Alle Gasthäuser, auf die wir trafen, waren entweder schon voll oder viel zu teuer.

Nach langer Suche jedoch stießen wir auf das Gasthaus »Vatikan«. Eigentlich war auch das »Vatikan« voll, doch fanden wir einfach keine andere bezahlbare Unterkunft. Nach kurzem Hin und Her mit dem Wirt verschwand er in einem Zimmer und hieß uns schließlich nach wenigen Minuten willkommen, während wir im Hintergrund einen leichtbekleideten Mann samt Bettlaken davonziehen sahen.

Glücklich machten wir es uns in dem winzigen Zimmerchen gemütlich. Juma versuchte vergeblich, die kaputte Tür mit Hilfe einer Schnur zu schließen, doch sie sprang immer wieder auf. Schließlich stellte er kurzerhand unseren Rucksack davor. Auch der Name »Vatikan« war ziemlich unzutreffend. Das schwache blaue Licht erinnerte eher an ein Bordell als an ein seriöses Gasthaus.
Ich setzte mich erschöpft auf das Bett. Es war noch warm von unserem Vorgänger. Der stand nach wenigen Minuten auch schon wieder vor unserer Tür. Er habe etwas Wichtiges vergessen, sagte er und nahm glückselig die weiße Schachtel mit Kondomen in Empfang, die Juma für ihn unterm Bett hervorgezogen hatte.
Müde von der Fahrt und der Hitze, löschten wir auch schon bald darauf das Licht und spannten das durchlöcherte Moskitonetz über unserer Schaumstoff-Matratze auf.
Bagamoyo bedeutet im lokalen Dialekt »Lass dein Herz hier«. Und auch für mich sollte sich zeigen, dass sich auch mein Herz hier auf eine unerwartete Reise begeben würde.
Natürlich hatte ich mir Gedanken darüber gemacht, dass ich heute die erste gemeinsame Nacht neben Juma verbringen sollte – und ich hatte mir fest vorgenommen, dass zwischen uns nichts weiter geschehen würde.
Ich fühlte mich wohl in seinen Armen und genoss seine aufregenden Küsse sehr, doch gab es einen tieferen Grund, warum ich seit einiger Zeit mit dem Entschluss lebte, keine Liebesbeziehungen mehr führen zu wollen.
Es passierte vor zwei Jahren, in einem Heim für behinderte Straßenkinder in Delhi. Dort lernte ich den kleinen Ganesh kennen, der nur noch Haut und Knochen war. Im Heim, in dem er lebte, konnte sich niemand ausreichend um den schwerstbehinderten Jungen kümmern – also tat ich es. Gemeinsam mit Simon, einem indischen Praktikanten, kümmerte ich mich Tag und Nacht um Ganesh. Wir spielten mit ihm, wuschen ihn, halfen ihm beim Essen und durften

schließlich miterleben, wie der einst zum Tode verurteilte Junge wieder zu Kräften kam und nach und nach das Lachen wiederfand. Das Strahlen, das uns Ganesh während dieser intensiven Zeit schenkte, kommt mir bis heute wie ein großes Wunder vor und erfüllt mich für immer mit Freude.

Auch Raju, ein anderes Waisenkind, spielte bei der Veränderung meiner Lebenseinstellung eine entscheidende Rolle. Der neunjährige indische Junge begrüßte mich jeden Tag jubelnd auf Hindi mit *»Meri Mami a gayi hai!«*, »Meine Mama ist gekommen«. Raju lachte viel, war aber alles andere als glücklich. In dem überfüllten Heim, in dem ich ein halbes Jahr mithalf, gaben sie ihm zwar zu essen und einen Schlafplatz, doch wirklich kümmern konnte sich dort keiner um ihn. Und dabei sehnte er sich so sehr nach der Wärme einer Mutter. Ich musste jeden Tag mitansehen, wie er unter seiner Situation litt, obwohl er immer tapfer lächelte. Kurzerhand machte ich mich auf die Suche nach einem SOS-Kinderdorf für ihn. Dort, in einer echten Familie mit Geschwistern und einer Mutter, lebt Raju noch heute.

Nach diesen Erlebnissen wusste ich, dass ich mich lieber für solch notleidende Kinder einsetzen wollte, statt selbst eine Familie zu gründen. Und so wurden Ganesh und Raju zu meinen Kindern im Herzen, die mich seither in meinem Tun bestärken. Ich wollte immer so weitermachen. Durch die Welt ziehen und mich für leidende Kinder einsetzen, die sonst niemanden haben.

Auch Juma wusste das, aber heute Nacht setzte er alles daran, mich herumzukriegen. Anfangs versuchte er noch, mich mit eindringlichem Flüstern zu einer aufregenden Nacht zu überreden. Doch als er merkte, dass seine Worte meinem festen Entschluss nichts anhaben konnten, tauschte er sie gegen verführerische Berührungen ein.

Noch konnte ich mich ihm widersetzen, aber ich merkte bereits, dass mich Jumas Nähe mehr und mehr durcheinanderbrachte. Ich sehnte mich doch auch nach ihm! Nein, ich musste einfach stark bleiben. Juma jedoch machte es mir nicht leicht. Seine fordernden Hände waren alles andere als unerfahren. Verflixt, das durfte einfach nicht sein! Dann, kurz bevor ich komplett die Kontrolle über meine Gedanken verlor, fiel es mir ein. Es war meine letzte Rettung: »Juma, wir haben doch gar kein Kondom. Und die Geschäfte sind schon geschlossen, also kommt das überhaupt nicht in Frage mit uns zweien.«

Doch da hatte ich die Rechnung ohne Juma gemacht, der sich vorsorglich aus der weißen Schachtel unseres Vormieters bedient hatte.

Wieder küsste er mich – und da begriff ich, dass für heute Nacht unsere Liebe stärker sein sollte als alle guten Vorsätze.

Noch hatte ich Angst, etwas Falsches zu tun, aber schon bald schmolzen all meine Zweifel. Ich war verzaubert von Juma, diesem gefährlichen, wilden Mann, der sich in dieser Nacht zum einfühlsamsten und rücksichtsvollsten Geliebten verwandelte, den ich mir nur wünschen konnte.

~

Bagamoyo führte uns bedeutend näher zusammen. Nachdem die körperliche Distanz überwunden war, öffnete sich Juma auch seelisch immer mehr. Hier im »Vatikan« waren wir den ganzen Tag völlig ungestört und nur für uns. Diese Gelegenheit nutzte ich und stellte ihm gleich nach dem Frühstück eine heikle Frage, ich wollte nun endlich die Wahrheit wissen.

»Juma, wir sind uns doch so nah … ich frage es dich jetzt einfach. Nimmst du Drogen?«

Juma schwieg und zog es vor, meinem Blick auszuweichen.

»Juma, sei bitte ehrlich! Wovor hast du denn Angst? Sag mir die Wahrheit einfach ins Gesicht.«

»Ach, was soll ich schon dazu sagen«, murmelte er undeutlich. »Nein. Doch. Ich meine – ach ja, du hast ja recht. Ich kann ohne *White Sugar* nicht leben. Ich brauche es jeden Tag. Das ist die Wahrheit.«

Nun war es endlich heraus, doch die Wahrheit war wie ein Schlag ins Gesicht. Zwar hatte ich es von anderen schon so oft gehört, aber nun war es hundertprozentige Gewissheit: Juma war drogensüchtig. Abhängig von einem Stoff, der ihn jederzeit das Leben kosten konnte. Schlagartig begann ich zu realisieren, was das für sein Leben bedeuten konnte. Zukunftsängste schnürten mir die Kehle zu. Gab es unter solchen Umständen überhaupt eine Zukunft für ihn – für uns?

Immerhin war mit dieser Beichte ein weiteres Geheimnis zwischen uns gelüftet, und daraus schöpfte ich Mut. Das merkte auch Juma. Bereitwillig erzählte er weiter: »Ich weiß gar nicht, wie viele Jahre ich schon Drogen nehme. Es begann, als ich einmal bei einem drogensüchtigen Freund Unterschlupf gefunden habe. Er forderte mich immerzu auf, den Stoff zu probieren, bis ich eines Tages einfach mitmachte. Marihuana rauchte ich ja schließlich schon lange. Mittlerweile habe ich mich schon so sehr an das Kokain gewöhnt, dass ich oft an nichts anderes mehr denken kann. Vor Heroin aber hatte ich immer große Angst. Zu viel Schlimmes hatte ich schon über die schmerzvollen Entzugserscheinungen gehört und über die Infektionsgefahr mit den Nadeln. Aber damals, als du nach Deutschland zurück bist, konnte mich selbst das nicht mehr davon abhalten. Ich war mir so sicher, dass du nicht mehr zurückkommen wirst. Weißt du, wenn du bereits neue Hoffnung und Lebensfreude gefunden hast, dann ist es umso härter, wieder ganz allein die Ungewissheit und die Hoffnungslosigkeit zu ertragen. Aus meinem Zimmer bei Mama Maryam bin ich immer wieder geflüchtet, um nicht alleine zu sein, bis ich wieder jeden Tag mit den anderen *Wahuni* im Freien übernachtet habe.

Eines Tages bin ich in eine Apotheke gegangen und habe mir eine Nadel gekauft. Dann habe ich mir Heroin gespritzt, so wie es die anderen *Wahuni* auch tun. Es war das erste Mal. Das Rauchen hatte mir nicht mehr gereicht. Ich sah keinen anderen Ausweg mehr. Aber zum Glück habe ich es mir nur dieses eine Mal gespritzt. Meine Vene ist daraufhin so furchtbar angeschwollen, und da wurde mir klar, dass mich das Zeug auf Dauer umbringen wird. Ich kenne so viele, die daran zugrunde gegangen sind. Irgendwann war es ihnen auch egal, ob die Nadeln sauber waren, sie haben sich alle irgendwann mit HIV infiziert. Und dann kam Samuel. Er hat mich wieder von der Straße geholt, nach Hause, in unser Zimmer bei Mama Maryam. Und das war gut so.«

Allein die Vorstellung, wie tief Juma gerutscht war, als ich weg war, traf mich heftig. Reflexartig zog ich ihn noch näher an mich heran und hielt ihn ganz fest.

»Nicky, du hast studiert und weißt so viel über das Leben in Afrika. Ich möchte, dass du ein Buch über unsere Geschichte schreibst. Ich möchte, dass die ganze Welt erfährt, wie es uns Straßenjungen in Tansania ergeht.«

Da war ich baff. Damit hatte ich nun wirklich nicht gerechnet, und im ersten Moment wusste ich nicht, was ich darauf antworten sollte. Aber je länger ich darüber nachdachte, desto mehr verspürte ich denselben Wunsch.

»Wenn ich ein Buch schreibe, wirst du dann auch etwas für uns tun?«, fragte ich Juma lächelnd, nicht frei von Hintergedanken.

»Natürlich, alles, was du willst!«, versprach er mir ahnungslos.

»Gut. Dann lass uns einen Pakt schließen. Du erzählst mir deine ganze Geschichte, und ich schreibe sie für dich auf. Im Gegenzug versuchst du, von den Drogen wegzukommen. Kein *White Sugar* mehr. Nie wieder!«

Er schwieg eine Weile, schien die Konsequenzen dieses Vorschlags gegeneinander abzuwägen.

»Gut. So machen wir es. Ich versuche, die Drogen zu vergessen, indem ich dir alles erzähle, und du versprichst mir, bei mir zu bleiben, damit ich von dem Zeug runterkomme.«
Darauf gaben wir uns feierlich die Hand und machten uns sogleich an einen Entzugsplan. Wir vereinbarten, dass Juma übergangsweise weiter Marihuana rauchen durfte, um die ersten Entzugserscheinungen damit in den Griff zu bekommen. Wenn wir dann übermorgen nach Dar es Salaam zurückkehrten, würde das Schlimmste schon hinter uns liegen.
Natürlich sollte das alles nicht so einfach werden …

~

Es musste bereits früher Nachmittag sein, aber das Gasthaus hatten wir seit dem Frühstück nicht mehr verlassen. Immer noch hatte ich so viele Fragen, und auch Juma schien des Redens nicht müde zu werden.
»Ich habe keine Mutter mehr. Sie ist schon lange gestorben. Ich fühle mich, als wären meine Mutter *und* mein Vater gestorben, denn ich lebe schon seit etlichen Jahren nicht mehr mit meinem Vater zusammen. Ich denke nicht einmal darüber nach, jemals wieder bei ihm zu leben. Ich weiß aber, dass er hier irgendwo in der Nähe von Bagamoyo wohnt. Baba hat immer getrunken, er ist Alkoholiker. Erst hat er sich betrunken, und dann ist er zu seinen Freundinnen gegangen. Und das, obwohl er eine Familie hatte. Durch seine Exzesse hatte er auf einmal mehrere außereheliche Kinder von verschiedenen Frauen. So kam es dann, dass mein Vater kein Geld hatte, um mich auf die Schule zu schicken. Mein Vater war jeden Tag betrunken. Wenn Mama mich zum Essen rief, nannte er mich ›*Bloody Calp*‹, ›Vollidiot‹. Ohne irgendeinen Grund, einfach so. Mein Vater hat mich eben nie geliebt.«
Zum ersten Mal sprach er damit seine Familiengeschichte an. Ich

spürte, dass er erzählen musste, und auch mich quälten schon seit langem Fragen nach dieser Zeit, die ihn so traurig gemacht hatte.
»Wie habt ihr denn überhaupt gelebt, in einem Lehmhaus im Dorf oder einem Suaheli-Haus mit Wellblechdach?«
»Nein, wir lebten in der Nähe von Mwanza in einem Soldatenviertel in einer der roten Baracken. Mein Vater war zu der Zeit noch Soldat. Er ist noch vor meiner Geburt in die blutigen Kriege von Mosambik und Uganda gezogen.
Es gab noch andere Mieter in der Baracke, aber uns gehörten vier Zimmer. Eines für mich und meine beiden kleinen Geschwister mit einem Eisenstockbett, zwei für meine Eltern und die Küche. Soldaten bekommen in Tansania viele Vergünstigungen. Betten, Schränke, alles war da. Ja, und sogar Bier wurde kostenlos nach Hause geliefert. Damit sollten sie wohl für ihre Kriegseinsätze entschädigt werden, aber nicht jeder bekam sein Leben nach dem Krieg wieder in den Griff.
Im Zimmer meines Vaters stand ein riesengroßer Fernseher, aber mir hat er immer verboten, Filme anzusehen. Mal kam er stockbesoffen nach Hause, mal brachte er eine fremde Frau mit, und das, obwohl meine Mutter da war. Mama konnte sich nicht wehren, das ist in Afrika eben so. Sie war nicht fähig, etwas zu sagen, obwohl er sie ständig unterdrückte und schlug. Mama war immer so traurig. Sie verriet mir einmal, dass mein Vater kein guter Mensch sei. Er verletzt die Herzen vieler Menschen, sagte sie.«
»Wie habt ihr das bloß ausgehalten?«, wollte ich wissen.
»Immer öfter redete sie davon, dass der Tag kommen wird, an dem sie mit einem neuen Leben anfangen würde. Sie ganz allein. Sie sagte, dass mein Vater nicht für ein gemeinsames Leben tauge. Und wirklich, dann irgendwann kam der Tag, an dem sie entschied zu gehen. Sie ist gegangen, einfach so. Ich erinnere mich nicht mehr so gut daran, weil ich noch zu klein war. Ich war vielleicht fünf oder sechs. Ich kann mich nur noch daran erinnern, wie ich ihr nachsah

und rief: ›Bitte, Mama, bitte geh nicht!‹. Aber sie drehte sich nur um und meinte, sie hätte keine andere Wahl und dass wir in Kontakt bleiben würden. Sie ist weit fort zu ihren Verwandten nach Bukoba gezogen, in die Nähe von Uganda.«

»Ja und du? Konntest du nicht mit ihr mit?«

Juma schüttelte den Kopf. »Nein. Nur meine kleinen Schwestern durften mit Mama mit. Sie haben uns einfach aufgeteilt. Ich, der Sohn, musste bei Baba bleiben. So ist das eigentlich immer in Tansania. Mein großer Bruder war zu der Zeit schon ausgezogen. Er hatte die Secondary-School beendet und fand Arbeit in einer Seifenfabrik. Er hat nicht so viel von dem miserablen Leben abbekommen wie ich. Aber denk bloß nicht, dass ich es lange mit meinem Vater, diesem Säufer, ausgehalten habe. Die meiste Zeit meines Lebens habe ich in Dar es Salaam verbracht. Ich bin schon sehr früh von zu Hause davongelaufen und habe mich und mein Leben selbst gemanagt«, sagte Juma mit unverkennbarem Stolz in seiner Stimme.

»Erzähl mir doch ein wenig mehr über die Zeit mit deinem Vater. Warum war dein Leben bei ihm so miserabel?«

»Ich musste immer den ganzen Tag in meinem Zimmer sitzen. Es gab nicht besonders viele Kinder in der Nachbarschaft, und ich hatte Angst davor hinauszugehen, weil Baba es mir verboten hatte. Manchmal, wenn er morgens zur Arbeit ging, stand ich schnell auf und spielte trotzdem mit den anderen Kindern. Aber immer wenn Baba mich draußen entdeckte, schlug er mich grün und blau. Ich hätte kein Benehmen, hat er dann behauptet. Er war sehr brutal. Wenn ich noch einmal gegen seine Regeln verstoßen sollte, dann würde er mich umbringen, sagte er immer wieder. Und einmal hätte er es fast getan. Erst verprügelte er mich, und dann band er mir mit einem Strick die Füße zusammen. Das Ende des Stricks warf er über einen Deckenbalken, und dann zog er mich mit aller Gewalt daran hoch. Er brüllte, dass mein Leben nun zu Ende sei. Heute bringe er mich um. Ich konnte nichts tun, nur schreien.

Die Nachbarn mussten meine Schreie gehört haben. Alle kamen angerannt und redeten auf Baba ein, dass er sein Kind in Ruhe lassen solle. Doch er schrie nur, dass sie ihn in Ruhe lassen sollten, ihm würde schließlich auch keiner helfen, sein Kind großzuziehen. Er habe das Recht dazu, so etwas zu tun. Schließlich ließ er dann doch von mir ab und torkelte in die nächste Kneipe. Von da an hatte ich noch größere Angst vor ihm und mied ihn mehr und mehr, bis wir irgendwann kaum mehr miteinander sprachen. Es war besser so.«
Jetzt saß Juma ganz aufrecht und rückte sein Kopfkissen in eine bequemere Position.
»Hättest du nicht wenigstens zur Schule gehen können, um etwas Ablenkung zu finden und zu lernen?«, fragte ich ihn.
»Nicky, ich wollte früher wirklich lernen!«, versicherte er mir ernst. »Aber ich musste es immer heimlich tun. Wenn Baba abends nicht zu Hause war, schlich ich mich zu einer netten Nachbarin. Sie wollte uns das Alphabet beibringen. Es gab nämlich auch noch andere Kinder, die das Haus nicht verlassen durften. Aber diese nächtlichen Unterrichtsstunden haben nur wenige Wochen lang geklappt, dann hat Baba es herausbekommen. Wieder verprügelte er mich, so dass ich für drei Tage nicht mehr gehen konnte. Er hasste es und behauptete, ich würde mich nur bei den Leuten einschmeicheln wollen. Er sagte, es ist eine Schande für ihn, dass sein Sohn von einer Nachbarin unterrichtet wird. Weißt du, er versprach mir immer wieder, dass er mich auf eine richtige Schule bringen würde. Aber die Tage verstrichen, ohne dass er etwas unternommen hätte. Immer wenn ich ihn daran erinnerte, sagte er nur: ›Noch nicht, erst wenn ich es dir selber sage!‹ Er war einfach geizig und dachte nur an sich selbst.«
Stumm nickte ich vor mich hin. Ich wollte mir gar nicht vorstellen, wie Juma von klein auf verprügelt wurde. Das tat mir selbst im Nachhinein noch weh. Aber die vielen Narben auf seinem Körper zeugten davon, dass da Menschen waren, die ihn verletzt hatten.
»Sag mal, woher stammt eigentlich die große lange Narbe auf dei-

ner Schulter?«, fragte ich ihn und strich mit meinem Finger über die vernarbte Stelle.
»Ach die! Da bin ich selbst schuld. Ich wollte einmal nachts in eines dieser reichen Häuser in Dar es Salaam einbrechen. Ist dumm gelaufen. Das Haus wurde von einem Massai bewacht. Als er mich sah, zielte er mit seinem Speer auf mich. Der Speer schlitzte mit der Eisenspitze meine ganze Schulter auf. Ich konnte zum Glück noch davonrennen, aber es blutete furchtbar. Ich dachte, heute ist alles aus. Ein Kumpel brachte mich gerade noch rechtzeitig ins Krankenhaus, wo ich mir erst noch eine Lügengeschichte für die Krankenschwester ausdenken musste, damit sie mich nicht der Polizei übergab. Wir erzählten ihr, dass ich überfallen wurde, sonst hätte sie mich nicht behandelt. Dann wurde mir schwarz vor Augen. Die Ärzte nähten die Wunde schließlich zu. Aber weißt du, eigentlich habe ich Glück gehabt. Der Speer hätte mich auch durchbohren können. Die Massai erlegen selbst Löwen damit.«
»Du scheinst ja wirklich einen sehr zuverlässigen Schutzengel zu haben!«, bemerkte ich amüsiert und knuffte Juma in die Seite, wohl wissend, dass er seinen Schutzengel nicht nur einmal in seinem Leben hatte gebrauchen können. Juma grinste.
Doch dann verdunkelte sich seine Miene wieder. »Eines Tages kam Baba wieder mit einer fremden Frau nach Hause«, fuhr er mit seinen Kindheitserinnerungen fort. »Er sagte zu mir: ›Das ist deine neue Mutter. Sie wird von nun an das Sagen haben. Wenn du ihr nicht gehorchst, dann wirst du schon sehen, was ich mit dir mache!‹. Ich schwieg nur und fühlte mich wieder mal verdammt einsam. Wie eine Hexe zischte die Frau gleich los: ›Ich bin nicht deine richtige Mutter, ich habe dich nicht auf die Welt gebracht!‹ Von da an kommandierte sie mich täglich herum. Mal sollte ich Wasser vom Brunnen holen, mal Kleider waschen. Sie benutzte und unterdrückte mich. Aber weil mein Vater eben wegen jeder Kleinigkeit zur Bestie wurde, musste ich alles mit mir machen lassen.

Stell dir vor, einmal behauptete sie sogar vor meinem Vater, ich hätte sie auf dem Klo beobachtet. Sie log, ich hätte ihre *geheime Stelle* gesehen. Baba glaubte ihr natürlich und nahm mich mit in sein Zimmer. Nur er und ich. Ich stand Todesängste aus! Er war betrunken, und dann schlug er mich mit der Eisenschnalle seines Soldatengürtels. Jeder Schlag brannte auf meiner nackten Haut. So schlimm hatte er mich bis dahin noch nie geschlagen. Er hörte und hörte einfach nicht auf.

Nach dieser Nacht dämmerte es mir langsam, dass ich hier nicht länger leben konnte. Ich *musste* einfach von zu Hause weglaufen. Aber glaub mir, das Leben auf der Straße habe ich mir nicht ausgesucht. Hätten meine Eltern mich nicht im Stich gelassen, wäre ich niemals auf die Straße gegangen.«

»Aber was genau ist an dem Tag passiert, als du dich endgültig dazu entschieden hast, lieber nachts auf der Straße zu schlafen als daheim? Wie alt warst du damals?«, fragte ich Juma, um die ganze Geschichte zu erfahren.

Juma zögert ein wenig, entschloss sich dann aber, mir alles anzuvertrauen. »Eines Tages, ich war sieben Jahre alt, fand ich einen Haufen Dollarscheine auf dem Tisch im Zimmer meines Vaters«, fuhr er fort. »Baba hatte oft viel Geld zu Hause herumliegen. Ich weiß nicht, was damals in mich gefahren ist, aber ich wollte ausprobieren, was er sagen würde, wenn es nicht mehr da war. Weißt du, seit ich denken kann, ist immer das dumme Geld der Auslöser meiner Probleme gewesen. Ohne Geld gab es nichts zu essen, ohne Geld konnte ich nicht zur Schule, wegen Geld kam er immer betrunken nach Hause. Geld, Geld, Geld! Ich dachte überhaupt nicht daran, es für mich auszugeben, ich wollte einfach nur sehen, was er ohne diese verfluchten Scheine machen würde.

Meine Stiefmutter ging zum Laden, um Lampenöl zu besorgen. Da nahm ich das ganze Bündel Banknoten an mich und versteckte es in meinem Zimmer unter der Matratze. Am Abend konnte Baba das

Geld dann nicht finden. Er war völlig außer sich und sprach davon, sich umzubringen. Es war nicht sein Geld, es war das Geld eines Freundes gewesen. Als ich sah, wie verzweifelt er deswegen war, bekam ich es mit der Angst zu tun. Ich wollte ihm das Geld zurückgeben.«

»Meinst du das ernst? Nur wegen des Geldes hätte er sich umgebracht? Er hat nicht nur so getan als ob?«

»Zuerst glaubte Baba, dass meine Stiefmutter das Geld genommen hätte. Er beschuldigte sie, weil sie schließlich die ganze Zeit zu Hause gewesen war. Wie immer war Baba sturzbetrunken in dieser Nacht. Als er begann, einen Strick am Dachbalken festzubinden, bekam ich Panik, dass er sich wirklich wegen ein paar dummer Scheine aufhängen würde. Und auf einmal tat er mir leid. Sein Freund würde Geld von ihm verlangen, das er nicht mehr besaß. Da sprang ich auf und flehte ihn an: ›Baba, Baba, tu das bitte nicht! Wenn es nur wegen des Geldes ist, ich habe es!‹.

Baba hielt inne, als er das hörte. Er fixierte mich mit seinen wilden Augen und fragte, ob das wirklich die Wahrheit sei. ›Eh, *ndiyo!*‹ ›Ja!‹, antwortete ich.

Seitdem haben wir nie wieder miteinander gesprochen. Er fing an, mich zu hassen und mich einen Dieb zu nennen.

»Und dann, hat er dich dann geschlagen?«, wollte ich von Juma wissen und fürchtete mich bereits vor seiner Antwort.

»Nein. In dieser Nacht schlug er mich nicht. Es kam viel schlimmer! Er informierte alle Nachbarn, dass ich nicht mehr sein Sohn sei. Er hat mir *Laana* gegeben.«

»*Laana? Was* meinst du damit?«

»Er hat mich verdammt. Er rief mich in sein Zimmer und zog sich vor mir aus. Er war splitternackt. Dann schrie er, dass ich nicht mehr sein Sohn sei. Man sagt, wenn man demjenigen dabei in die Augen sieht, wird man verrückt, ein Fluch wird über einem verhängt. Ich drehte mich schnell um, riss die Tür auf und rannte hinaus.«

In diesem Moment wusste ich, dass ich nicht mehr mit ihm zusammen in einem Haus leben konnte. Er hasste mich! Meine Stiefmutter schwieg. Ich bin noch drei weitere Tage geblieben, dann musste ich aufgeben. Ich nahm, ohne ein Wort zu verlieren, den Bus in die Innenstadt von Mwanza.
Seit diesem Tag habe ich ihn nie wiedergesehen.
Juma sah so traurig aus in seinen Erinnerungen an die Zeit der ersten Einsamkeit.
»*Nakupenda*, ich liebe dich!«, flüsterte ich ihm ins Ohr und zog ihn sanft in meine Arme.
Meine Worte zauberten ein Lächeln auf sein Gesicht. »*Sijawahi kupendwa,* ich bin noch nie geliebt worden …«, erwiderte er und schüttelte dabei ungläubig seinen Kopf.

~

Um uns die Beine ein wenig zu vertreten, schlenderten wir eine Runde über das nahe gelegene Kulturfestival. Wie erwartet, war um diese Zeit noch nichts los. Die Veranstaltungen würden erst am Abend beginnen, und so wurden gerade noch die letzten Vorbereitungen getroffen. Die Festzelte waren bereits fertig aufgebaut, doch hier und da wurden noch Tische und Bänke herbeigeholt. Wir liefen bis zur Hauptbühne, vor der die Sitzreihen in Stufen angeordnet waren. Ich ließ mich in der obersten Reihe nieder und sah den Künstlern zu, die auf der Festbühne gerade ein Lied probten. Juma wollte sich solange weiter umschauen und sagte, er käme gleich wieder zurück.
Eine ganze Stunde verging, und in mir breitete sich langsam Unruhe aus. Wo war er bloß hingegangen? Aber natürlich, bestimmt besorgte er gerade seine nächste Dosis Drogen! Mein mulmiges Gefühl verstärkte sich von Minute zu Minute.
Endlich kam er zurück.

»Wo steckst du denn? Hast du dir etwa Drogen besorgt?«
Juma nickte. »Ich habe ein wenig Marihuana geraucht, damit komme ich jetzt eine ganze Weile ohne die harten Drogen aus.« Marihuana gab es in der Künstlerszene von Bagamoyo wie Sand am Meer. In unserem Zimmer im Gasthaus befanden wir uns schon bald wieder sechzehn Jahre in der Vergangenheit.
»Woher wusstest du überhaupt, wie man ganz allein und ohne Geld auf der Straße überleben kann?«, fragte ich Juma, nachdem wir es uns wieder auf dem breiten Bett bequem gemacht hatten.
»Es war nicht leicht. Eine schlimme Zeit in meinem Leben war das. In der Innenstadt von Mwanza gab es eine Brücke, an der sich viele Kinder aufhielten. Ältere, aber auch jüngere, so wie ich damals. Man kann diese Kinder leicht von den normalen Kindern unterscheiden, weil sie komplett verdreckte Kleider tragen und oft nicht einmal Schuhe besitzen. Ich vertraute ihnen an, dass mich mein Vater von zu Hause vertrieben hat. Überrascht waren die nicht, warum auch? Vielen war es ja genauso wie mir ergangen.
Sie rieten mir zu stehlen, davor hatte ich aber Angst. Die jüngeren bettelten bei Passanten um Essensgeld oder wuschen Autos. Einer von ihnen gab mir dann den Tipp, ins *Kuleana* zu gehen. Das ist ein Straßenkinderheim in Mwanza.«
»Und, bist du hin?«
»Ja. Aber zuerst war ich eine Woche mit den anderen Kindern auf der Straße zusammen, ich wollte für den Notfall lernen, wie man dort überlebte. Weißt du, die Nächte draußen unter der Brücke waren zwar sehr kalt, und Angst hatte ich auch, aber meine neuen Freunde trösteten mich trotzdem irgendwie. Sie wussten genauso wie ich, dass es bei den prügelnden Eltern zu Hause viel schlimmer war.
Im *Kuleana*-Heim haben mich die Betreuer dann sehr nett aufgenommen. Ich fand es zuerst ganz gut dort. Manche der Kinder gingen sogar zur Grundschule, und andere waren schon richtige

Teenager. Ich gewöhnte mich an mein neues Leben und dachte überhaupt nicht mehr daran, jemals wieder zu meinem Vater zurückzukehren. Im *Kuleana* lernte ich auch zum ersten Mal in meinem Leben Weiße näher kennen. Sie erzählten uns von ihrer Heimat Amerika, sie waren Studenten. Sie machten mir Mut, und einer von ihnen, ja, das weiß ich heute noch, er sagte zu mir: ›Gib nicht auf! Auch wenn du auf der Straße bist, streng dich an in deinem Leben!‹ Sie versicherten uns, dass das Leben jederzeit eine gute Wendung nehmen kann, auch wenn es im Moment noch so hart ist. Das hat uns solchen Mut gemacht. Zum ersten Mal wurden wir von Erwachsenen ernst genommen, niemand hat uns herumkommandiert, wie wir das von zu Hause kannten. Aber leider bin ich nicht lange im *Kuleana* geblieben ...«

»Aber warum? Hat es dir dann auf einmal doch nicht mehr gefallen?«

»Doch, schon, aber ich war doch erst sieben Jahre alt und hatte solche Sehnsucht nach meiner Mama. Ich vermisste sie so sehr. Also erzählte ich den Betreuern von *Kuleana*, dass ich bei ihr leben wollte. Und so bekam ich das Geld für die Fahrt mit der Fähre über den großen Viktoriasee, der Uganda mit Tansania verbindet. Ich kannte den Namen des Dorfes in der Nähe von Bukoba und konnte sie dort tatsächlich bei Verwandten ausfindig machen. Meine Mama war auch glücklich, mich zu sehen. Sie hatte sogar eine Vermisstenanzeige aufgegeben.«

Für einen kurzen Moment sammelte ich meine Gedanken. Juma wurde also von seiner Mutter aufgenommen, und alles hätte wieder gut werden können. Trotzdem musste es einen Grund gegeben haben, warum er doch wieder auf der Straße gelandet war.

»Und warum bist du nicht einfach bei deiner Mutter geblieben?«, hakte ich schließlich nach.

»Ich lebte ein paar Monate bei ihr. Aber tagsüber war ich oft in Bukoba, um mich mit den Straßenkindern zu treffen. Ihr Leben hat mich trotz der Not und der Gefahr magisch angezogen. Ich fühlte mich mit ihnen verbunden, denn wir hatten alle Ähnliches durchgemacht. Ich habe wirklich gehofft, bei meiner Mama eine neue Heimat zu finden, aber es ging einfach nicht. Sie lebte in einer Gegend, die hauptsächlich von den Wahaya bevölkert ist. Hast du von diesem Stamm schon einmal gehört?«

»Nein. Die *Wasukuma* aus Mwanza und die *Wachagga* um Arusha herum kenne ich, aber nicht die *Wahaya*.«

»Der Volksstamm der *Wahaya* lebt größtenteils im Bukoba-Distrikt, nahe der Grenze zu Uganda. Sie sprechen eine Sprache, die ich nicht verstand, und auch ihre Kultur war mir völlig fremd. Ich fühlte mich unter ihnen wie ein Eindringling.

Mama hatte kein Geld, um mich auf die Schule zu schicken. Sie meinte, ich würde eben *Maniok* ernten müssen. Bis dahin hatte ich aber noch nie in meinem Leben einen Spaten in der Hand gehalten! Die Arbeit war viel zu schwer für mich, und Mama war selten zu Hause. Immer wieder reiste sie für längere Zeit nach Uganda, um *Khangas* zu verkaufen. Wir hatten nicht viel Geld, und da konnte ich ihr nicht auch noch auf der Tasche liegen. Ich war zwar noch ein Kind, aber wenn die Familie in Not ist, müssen die Söhne ihren Beitrag zum Lebensunterhalt leisten. Meine beiden Schwestern lebten zu der Zeit bereits bei unserer wohlhabenden Tante in Dar es Salaam. Ich habe sie später dort ein paar Mal besucht, aber dann riss der Kontakt völlig ab. In Afrika kommt es häufig vor, dass eine Tante für ihre Nichten und Neffen sorgt, doch für mich schien es keinen Platz zu geben.

Eines Tages beschloss ich deshalb, wegzugehen. Ich wollte niemandem mehr lästig sein. Als ich Mama sagte, dass ich weggehen würde, machte sie sich große Sorgen um mich – hielt mich aber nicht auf. Sie machte meinen Vater allein für das Leid verantwortlich, das wir ertragen mussten.

Sie gab mir nur noch einen guten Rat mit auf den Weg: ›Lebe überall, wo auch immer dich deine Reise hinführt, friedlich mit allen Menschen zusammen.‹ – ›Das verspreche ich dir‹, antwortete ich ihr daraufhin. Damals, als ich sie verließ, ahnte ich noch nicht, wie krank sie bald sein würde. Sie ist schließlich an Tuberkulose gestorben – aber das habe ich erst viel später erfahren.«

»Und dann, wo bist du hingegangen?«

»Ich kam eine Weile im Straßenkinderheim des Roten Kreuzes in Bukoba unter. Aber auch dort blieb ich nur ganz kurz. Weißt du, wenn du immer noch auf der Suche nach einer besseren Zukunft bist, dann hast du immer diese Unruhe in dir. Mich zog es nach Dar es Salaam. Da ging es mir wie allen Menschen in den Dörfern, ich träumte von einem Leben in der Großstadt. An jeder Ecke sollte es dort Arbeit geben, gutes Geld würde dort leicht verdient sein. So ein Blödsinn! Aber wie konnte ich es vorher auch besser wissen. Selbst Erwachsene hörte ich sagen, dass man in Dar es Salaam einfach reich werden muss. Ich wollte später mit viel Geld ins Dorf zurückkehren und meiner armen Mutter helfen. Ich glaubte ihnen und war mir sicher: Ja, Dar es Salaam, aus dem Arabischen übersetzt *Haus des Friedens*. Das musste es sein!«

»Und wie ist es dir in deinen ersten Tagen ergangen, als du vom Dorf in die Millionenstadt kamst?«

»Nicht gut. Es war grauenvoll, das kannst du mir glauben! Schon die tagelange Reise mit dem alten, rumpelnden Zug verschüchterte mich. Wir fuhren stundenlang durch das vertrocknete Buschland. Noch nie war ich so weit von zu Hause weg gewesen. Trotzdem war ich sehr gespannt auf das Leben in der Großstadt. Aber als ich dann am Bahnhof in Dar es Salaam ankam, war meine Freude auf einen Schlag wie weggeblasen. Plötzlich war ich mittendrin zwischen den vielen Menschen, die rücksichtslos mit ihren Taschen und Koffern an mir vorbeidrängten, in mir stieg auf einmal wahnsinnige Panik auf, so mutterseelenallein in einer völlig fremden Stadt!

Die vielen stinkenden Autos, der betäubende Lärm, all das kannte ich vorher nicht. Ich wusste schlichtweg nicht, dass es so einen Ort auf der Welt überhaupt gab. Ich hatte keine Ahnung von den Regeln einer Großstadt, die so anders waren als die in unserem kleinen Dorf. Dort fuhr höchstens einmal das Auto eines Missionars vorbei. Noch nie zuvor hatte ich Prostituierte gesehen und so viele Menschen, die auf der Straße lebten. Ich konnte es mir nicht erklären, wo deren Verwandte alle abgeblieben waren.

Dann, gleich in der ersten Woche, musste ich meine erste Lektion lernen. Ich schlief auf einer Bank in der Nähe des Bahnhofs, als mich mitten in der Nacht ein fremder Mann wach rüttelte. ›Hey, Kleiner, was machst du denn um diese Zeit noch hier draußen ganz alleine? Komm mit mir mit! Du kannst bei mir schlafen, da ist genug Platz für uns beide.‹

Ich freute mich sehr über sein Angebot – endlich nahm sich ein Erwachsener meiner an. Ich hoffte, dass jetzt Schluss wäre mit den schmutzigen Schlafplätzen und dem Hunger. In meiner kindlichen Naivität vertraute ich dem Mann blindlings. Er brachte mich in einem rostigen Auto nach Jangwani, dem verruchtesten Stadtteil von Dar es Salaam, in dem die Ärmsten der Armen leben. Zur Regenzeit verwandelt sich der komplette Stadtteil in einen großen stinkenden Sumpf.

Aber damals wusste ich nicht einmal, wo wir uns befanden. Woher sollte ich auch die verschiedenen armen, reichen, dreckigen oder sauberen Stadtteile kennen? Und in jener verhängnisvollen Nacht war ich zum Umfallen müde, so dass ich nur noch an ein weiches Bett zum Schlafen denken konnte.

Der Weg, den wir nahmen, schlängelte sich zwischen heruntergekommenen Häusern hindurch, aus denen ein modriger Geruch kam. Je tiefer wir in das Sumpfgebiet vordrangen, umso mulmiger wurde mir«, erinnerte sich Juma. »Der Mann wohnte sehr weit von der Straße entfernt, und als wir im hintersten Winkel von Jangwani angekommen waren, zeigte er auf zwei unverputzte Hütten mit

Wellblechdächern. ›Das ist mein Zuhause‹, sagte er und führte mich in das größere der beiden Häuschen. Erleichtert, dass ich nun endlich schlafen könnte, folgte ich dem Mann. Das Zimmer war so gut wie leer, bis auf eine alte Matratze mit verschmutztem Laken, die auf dem nackten Betonboden lag. Während ich mich mit einem flauen Gefühl im Bauch umschaute, knallte plötzlich die Tür mit einem Schlag hinter mir zu.

›Gib keinen Mucks von dir!‹, drohte er mir scharf und machte sich mit seinen dreckigen Pfoten an meinem Hosenknopf zu schaffen. ›Komm schon her und stell dich nicht so an! Ich will nur ein bisschen mit dir spielen!‹ In meinem Schock stand ich erst regungslos da und brachte kein Wort heraus. Aber dann schrie ich doch los und trat mit aller Kraft nach diesem perversen Kerl. Ich drehte mich blitzschnell um und schaffte es bis zur Tür. Ich rannte so schnell ich konnte hinaus in die Finsternis und hastete, ohne mich umzudrehen, bis zur Hauptstraße zurück.

Verflucht, was ist das für eine Welt, in der Kindern so etwas angetan wird«, schloss Juma seine Erinnerungen an seine ersten Tage auf der Straße. »Und das Verrückte ist, dass es auch Frauen gibt, die uns Straßenjungs zu solch schmutzigen Dingen zwingen wollen. Einmal lockte mich eine Frau zu sich ins Auto und sagte, dass sie Arbeit für mich hätte. Doch sie wollte Sex mit mir und bot mir dafür zweihundert Dollar an. Kannst du dir das vorstellen? Eine ganz normale Mama, die sich plötzlich in ein Monster verwandelt? Sie starrte mich gierig an, aber ich fand die Vorstellung einfach widerlich und sprang so schnell wie möglich aus dem Auto. Enttäuscht rauschte sie ab und hat sich wohl an der nächsten Ecke einen anderen Jungen aufgegabelt.«

Langsam dämmerte es mir auch, warum Juma vor mir Angst gehabt hatte, als ich ihn einmal zu mir nach Kinondoni in mein damaliges Zimmer einlud. Wir kannten uns damals nur flüchtig. Verkrampft saß er auf meiner Matratze, während ich uns *Ugali*, einen

weißen Maisbrei mit Bohnen, im benachbarten Hoteli bestellte. Er musste gedacht haben, ich könne wie manch andere reiche Frau nach dem Essen eine Gegenleistung dafür verlangen.
Nach drei Tagen verließen wir Bagamoyo wieder, ohne viel vom Kulturfestival gesehen zu haben.
Wie vereinbart, schrieb ich von nun an Jumas Erzählungen in ein kleines Heft. All die Geschichten sprudelten nur so aus Juma heraus, und hinterher wirkte er immer gelöst, so, als ob sich die qualvollen Erinnerungen in meinem Notizheft einfangen und wegsperren ließen. Er schien Vergebung und inneren Frieden zu finden, indem er mir von all den Dingen erzählte, die ihm zugestoßen waren oder die er anderen angetan hatte.
Zurück in seinem Zimmer in Kigamboni füllten wir Seite um Seite mit seinen Worten und Gedanken:

MEIN LEBEN OHNE ELTERN, 02. OKTOBER 2005
Stell dir vor, jemand fragt dich: Wo warst du, als deine Mutter gestorben ist? Meine Mutter ist gestorben, und ich war nicht bei ihr!
Ich lebte schon einige Jahre auf der Straße in Dar es Salaam, als eines Tages meine Mutter mit einer Verwandten in der Mansfield Street aus einem Taxi stieg. Meine Verwandten, die in Dar es Salaam leben, wussten für den Ernstfall schon, wo sie mich finden konnten. Sie hielten Abstand zu mir, in ihren Augen war ich ein Verlierer und Gauner.
Ich war sehr überrascht, dass meine Mutter plötzlich in Dar es Salaam auftauchte, denn ich konnte mich nicht erinnern, wann wir uns das letzte Mal gesehen hatten, so viele Jahre war das schon her. Ich schämte mich, dass sie mich in solch einem heruntergekommenen Zustand auf der Straße sah. Ich wollte ihr doch nicht noch mehr Kummer bereiten.
Sie sah ohnehin schon sehr schlecht aus, und sie erklärte mir, dass

sie den weiten Weg von Bukoba hierhergemacht hatte, um hier ihre Tuberkulose behandeln zu lassen.

Erst verstand ich nicht, warum sie so ein trauriges Gesicht machte, bis sie mir ihre Begleiterin geradeaus ins Gesicht sagte: »Verabschiede dich von deiner Mutter, sie wird bald sterben.«

Ich war wie erstarrt. Erst hatte ich den Vater verloren, als er mich verflucht hatte, und nun sollte ich auch noch meine Mutter verlieren, für die ich doch irgendwann einmal sorgen wollte.

Bevor sie wieder in das Taxi stieg, umarmte sie mich noch und wiederholte denselben Satz wie damals beim Abschied in Bukoba: »Juma, mein Sohn, egal wo du bist, lebe immer friedlich mit allen Menschen zusammen!«

Ich habe sie nie wiedergesehen. Von diesem Tag an wusste ich, dass ich wirklich ein verlorenes Straßenkind bin, und mit dieser Erkenntnis begann die Einsamkeit.

Natürlich frage ich mich oft, wie es meinem Vater in der Zwischenzeit ergangen ist. Obwohl ich weiß, dass ich bei ihm früher oder später kaputtgegangen wäre, ist ein Vater wichtig für das Leben seines Sohnes. Er ist deshalb wichtig, weil nur er dir den Segen geben kann, den du zum Leben brauchst. Bekommst du diesen Segen nicht, musst du leiden, so wie ich in den letzten sechzehn Jahren.

5

Devotion ist Hingebung
Conviction ist Überzeugung
Abstinence ist Enthaltsamkeit

Welch ein Glück! Drei Wochen nach meiner Rückkehr fand ich ein Zimmer, das nur fünf Minuten von Jumas entfernt war. Ich verliebte mich sofort in das kleine Gebäude, das im Innenhof eines Suaheli-Hauses stand. Auch wenn es bei der Besichtigung erst aus vier nackten Steinwänden bestand und Türe, Fenster und Dach noch fehlten, fühlte ich mich hier sogleich wohl.

Nachdem mein Vermieter das Zimmer in nur wenigen Tagen fertiggestellt hatte, wurde es für mich zu einem kleinen Paradies, in das ich mich jederzeit ungestört zurückziehen konnte.

Das Erste, was ich bei jedem Einzug immer zuallererst hervorhole, sind die Fotos von Ganesh, Raju und Jalia, die ich so plaziere, dass ich in ihre strahlenden Gesichter blicken kann.

Auch der Rest des Zimmers war in wenigen Minuten eingerichtet. Möbel brauchte ich kaum. Meine Kleider fanden in einem Karton Platz, nur auf einen Spiegel wollte ich nicht verzichten und fand einen ohne Rahmen, den ich mit einer Schnur an die Wand hängen konnte. Meine neue Schaumstoffmatratze bespannte ich mit einem rosafarbenen Leintuch, und auf das Fußende legte ich eine blaue, leichte Wolldecke. Jetzt fehlte nur noch die Petroleumlampe, die ich am Kopfende des Bettes plazierte.

So heimelig es in meinem Zimmer war, so wüst sah es draußen aus. Kigamboni war einer der ärmsten Stadtteile Dar es Salaams. Hier gab es weder Arbeit noch anständige Straßen oder eine funktionierende Müllentsorgung. Abfälle wurden einfach neben den staubigen Fußwegen in den vertrockneten Büschen entsorgt oder in einem Graben verbrannt. Statt bunten Blumen und saftigem Gras waren

es schwarze und blaue Plastiktüten, die vom Wind verteilt die ausgedörrte Steppe bedeckten. Nur die bunten *Khangas* der Frauen zauberten Farbe in das graue Bild.
Weiße traf man hier in dieser armen Gegend so gut wie nie. Die Touristen stiegen direkt am Fähranleger in die Taxis und Kleinbusse ein, die sie auf der einzigen geteerten Straße am Meer entlang zu den schönen Palmenstränden brachten.
Meine nächste Lektion über Afrika lernte ich gleich in den ersten Tagen nach meinem Einzug. Afrika ist lebendig. So lebendig, dass Offenheit für »Mitbewohner« in Form von Ameisen und sonstigen Insekten eine unumgängliche Voraussetzung ist. An die Kakerlaken im Plumpsklo hatte ich mich bereits problemlos gewöhnt, nicht aber an die Ameisenattacken. Sie krochen aus jeder Ritze der bröckeligen Wände hervor und bahnten sich zu Hunderten ihren Weg über Bettlaken und Kissen. Andererseits, so unpraktisch waren die Löcher in meiner Mauer gar nicht. Zwei von ihnen waren so groß, dass ich sie fortan meine Gucklöcher nannte. Nur wenige Meter von meinem Zimmer entfernt gab es einen kleinen Kiosk – und statt fernzusehen konnte ich nun das dortige Treiben durch meine Gucklöcher beobachten.
Wie überall in Tansania wimmelte es auch hier nur so von Moskitos. Zum Glück vollzogen sie ihre Attacken erst, wenn es dunkel war. Ich fragte mich, wie Juma das früher nur aushalten konnte, so ganz ohne Moskitonetz im Freien zu übernachten. Er hatte sich anscheinend schon so an sie gewöhnt, dass ich hin und wieder das Gefühl bekam, er züchte sie sogar. Meist waren mehr *in* seinem Moskitonetz als davor.
Mit den übrigen Insekten machte ich schnell meinen Frieden, was blieb mir auch anderes übrig! Wenigstens belagerten sie mein Zimmer, ohne sich in mein Leben einzumischen. Noch nie hatte ich erlebt, dass mich eine Kakerlake böswillig attackiert hätte. Menschen hingegen konnten so brutal und rücksichtslos zueinander und zu

Tieren sein. Das hatte ich immer im Hinterkopf, wenn eine Kakerlake rücklings mit allen acht Beinchen in der Luft zappelte, und ich sie mit Hilfe eines Streichholzes anstupste, damit sie wieder auf die Beine kam.

~

Anfangs hatte ich Bedenken, ob ich Juma mit meinem Einzug in seine unmittelbare Nachbarschaft nicht doch etwas zu nahe gerückt war. Aber ohne diese räumliche Nähe würden wir uns immer fremd bleiben. So konnte ich seinen nächtlichen Streifzügen in die Stadt endlich ein Ende setzen. Er selbst hatte mir gestanden, dass er immer wieder nachts vor der Disko *Billicanas* lauerte, um im geeigneten Moment einem angetrunkenen Besucher das Handy oder die Geldbörse zu klauen. Nur so konnte er seine Drogen finanzieren.
Jumas Drogenproblem stand also trotz des Pakts, den wir in dem Gasthaus in Bagamoyo geschlossen hatten, immer noch wie eine unsichtbare Mauer zwischen uns. Immer wieder hatte ich den Verdacht, dass mich Juma anlog.
Die Situation eskalierte, als er mich eines Morgens besuchte. Ich hatte den ganzen letzten Abend auf ihn gewartet und war schließlich kurz vor Tagesanbruch zu seinem Zimmer gelaufen, um nach ihm zu schauen. Ein kurzer Blick in den Hauseingang hatte genügt, um meine Befürchtungen bestätigt zu sehen. Juma hatte mich angelogen! Das Schloss an seiner Zimmertür war verriegelt. Er war nicht zu Hause und hatte wahrscheinlich wieder in der Stadt bei den anderen Straßenjungs übernachtet, zugedröhnt mit einem gefährlichen Drogencocktail aus Marihuana, Valium und Kokain.
Neben der unerträglichen Angst um ihn empfand ich jetzt große Wut. Wieder hatte er sein Versprechen gebrochen, hatte sich von der magischen Sogwirkung der Straße locken lassen, anstatt seine Zukunft in die Hand zu nehmen.

Und nun setzte er sich seelenruhig neben mich auf die Matratze – und mir stieg sofort der penetrante Geruch von Marihuana in die Nase. Schlimm sah er aus. Ungewaschen, mit Sand in den kurzen Stoppelhaaren und roten Drogen-Augen.
Trotz allem war ich so erleichtert, dass ihm nichts zugestoßen war, dass ich ihn erst einmal fest an mich drückte und ihm einen sanften Kuss auf die Stirn gab. Es tat mir weh, ihn so verloren zu sehen. Ich liebte ihn – und selbst sein schrecklicher Zustand konnte daran nichts ändern. Trotzdem musste ich den Vertrauensbruch zur Sprache bringen, denn wie sollte es sonst funktionieren zwischen uns?
»Juma, du warst doch gar nicht zu Hause, oder?«, begann ich schließlich vorsichtig nachzufragen.
»Doch, … klar. Ich komme gerade von daheim«, antwortete er mit aufgesetzter Unschuldsmiene.
»Juma, bitte, du weißt, dass ich dich nie für etwas verurteilen würde. Aber ich muss die Wahrheit wissen, um dich zu verstehen«, versuchte ich es in einem erneuten Anlauf. »Also bitte sag mir, wo hast du gestern geschlafen? Ich weiß, dass du nicht daheim warst, und außerdem sehe ich doch, dass du wieder Drogen genommen hast!«
Er verstrickte sich immer mehr in Ausreden, bis ich langsam, aber sicher wütend wurde. So offensichtlich angelogen zu werden ertrug ich in diesem Moment einfach nicht.
Unwirsch fuhr ich ihn an: »Na gut, dann geh jetzt bitte nach Hause. Du lügst mich ja doch nur an. Ich bin heute mitten in der Nacht aufgestanden, um nach dir zu sehen, weil ich mir Sorgen gemacht habe. Deine Zimmertür war von außen abgeschlossen, also hast du dort auch nicht übernachtet. Ich verstehe nicht, wie du dein Leben ändern willst, wenn du mich nur belügst!«
Und Juma ging. Wortlos und ohne zu zögern. Die Tür schlug zu.
Schlagartig wurde mir klar, wie hart meine Worte für ihn geklungen haben mussten, und ich rief ihm noch hinterher: »Juma, so lass

uns doch unsere gemeinsame Zeit nicht mit Streiten vergeuden, hörst du?«

Ratlos stand ich ein paar Minuten in meinem Zimmer herum, als sich mit einem Rück die Tür öffnete. Juma stand davor.

»Von heute an geht jeder seinen eigenen Weg!«, sagte er scharf. »Ich kenne dich nicht, und du kennst mich nicht! – Misch dich nie wieder in mein Leben ein, oder du wirst uns Straßenjungs erst richtig kennenlernen. Dann glaubst du mir vielleicht, dass wir anders sind als alles, was du je erlebt hast!«

Er schien es ernst zu meinen – hatte ich ihn durch meine Worte nun wirklich verloren? Sein wütender Auftritt beantwortete meine bangen Gedanken von selbst. Alles war umsonst gewesen! Er würde sich seinem kaputten Leben ergeben und daran zugrunde gehen.

»Juma, so glaub mir doch, ich will nur, dass du dein Leben wieder in den Griff bekommst! Mensch, sieh dich doch an, ich will nicht, dass dich die Drogen umbringen! Wir haben uns doch etwas versprochen, ist dir das gar nichts mehr wert?« Juma sagte nichts. Plötzlich beschlich mich die Angst, er könnte mich tatsächlich für immer verlassen.

»Du wolltest doch nach Australien gehen, damit du dort Arbeit finden kannst, und ich wollte dir dafür das nötige Reisegeld geben. Mir ist es ernst, ich spare, wo es nur geht, damit das Geld auch reicht. Aber dir, dir scheint es nicht ernst zu sein.« Ich machte eine kurze Pause, denn ich fürchtete mich vor meinen nächsten Worten, die ich schließlich doch aussprach. »So haben wir zusammen keine Zukunft … dann gebe ich dir das Geld eben jetzt sofort, denn ich halte meine Versprechen, egal was kommt. Es liegt allein an dir. Wenn du willst, können wir jetzt gleich zur Bank gehen, und dann bist du mich los.«

Und schon rollten mir die Tränen über die Wangen. Mir wurde klar, ich hatte alles verloren. Ich war umsonst hergekommen. Ein kleiner Streit genügte, und er ging. Ich verbarg mein Gesicht hinter

den Händen und war mir sicher, dass sich Juma für das Geld entscheiden würde. So viel hatte er in seinem ganzen Leben noch nicht besessen.
Aber dann hörte ich leise seine Stimme: »Was hast du da eben gesagt?«
Verweint schaute ich zu ihm auf. »Du kannst das Geld haben … dann bist du mich los. Für immer«, presste ich zwischen mehreren Schluchzern hervor und drehte mich von ihm weg.
Plötzlich spürte ich seinen warmen Körper neben mir. Ich wollte ihn nicht ansehen, weil ich mich für meine Tränen schämte. In Afrika soll man doch nicht weinen!
Juma versuchte meinen Kopf zu sich drehen, aber ich blieb stur. Das ging ein paar Mal so, bis wir beide loslachen mussten. Das Eis war gebrochen. »Ich will, dass wir weitermachen! Ich will das viele Geld nicht, ich möchte leben. Bitte bleib bei mir! Das Geld ist nichts wert, ich will eine Zukunft! – Nicky, es tut mir so leid, dass ich dir so viele Sorgen bereite. Aber bitte gib uns nicht auf! Ich verspreche dir, von heute an werde ich dich nicht mehr belügen und dir auch nichts mehr verheimlichen! – Glaubst du mir denn?«, fragte er mich hoffnungsvoll.
Auf einmal war ich wieder so glücklich, dass ich kaum glauben konnte, ihn eben fast verloren zu haben. Ich musste vorsichtiger sein, nahm ich mir vor, und ahnte nicht, was uns noch alles bevorstehen würde.

~

Ich erkannte, dass Juma nicht so einfach von seiner Drogensucht loskommen würde. Wir brauchten einen neuen Entzugsplan, und ich wollte jetzt endlich wissen, wie der Teufel aussah, den Juma da befallen hatte. Daher vereinbarten wir, dass er seine letzte Dosis vor meinen Augen einnehmen sollte.

Heute Nacht würde er mich zu seinem Dealer mitnehmen.
Bei Anbruch der Dunkelheit machten wir uns auf in Richtung Fähre, die uns in die Stadt bringen sollte. Juma war nervös und hielt es für keine gute Idee, mich dabeizuhaben. Er hatte Angst um meine Sicherheit, aber ich ließ nicht locker. Ich musste seine Probleme hautnah kennenlernen, um ihn besser verstehen zu können. Nur so konnte ich nach einem Weg suchen, um ihn aus dieser Misere wieder herauszuführen.
Unser Ziel war *Bondeni*, ein schmaler Strandstreifen im Stadtzentrum. *Bondeni* war nur wenige Schritte von unserer Kantine entfernt, aber tagsüber war dort weit und breit keine Menschenseele zu sehen. Jetzt, mitten in der Nacht hingegen, trafen sich hinter der Böschung etliche Straßenjungen und auch Straßenmädchen, um sich zu betrinken oder Drogen zu nehmen. Nur ein rostiger, verbogener Drahtzaun trennte die schmutzige Gegend von der Stadt.
Als wir ankamen, war es bereits stockfinster. Kurz bevor wir die Böschung erreichten, warnte mich Juma noch einmal, dass die anderen *Wahuni* mir etwas antun könnten, wenn sie mich, eine Weiße, sehen. »Hier werden oft Frauen vergewaltigt, wenn sie ohne männlichen Begleiter unterwegs sind. Die Kerle hier sind gnadenlos!«, warnte er mich.
»Mir wird schon nichts passieren, du bist doch bei mir!«, beharrte ich fest entschlossen. Juma sagte nichts mehr dazu und stieg eine Treppe zum Strand hinunter. Ich war erstaunt, wie viel hier zu dieser späten Stunde los war. Dort unten saßen bestimmt an die fünfzig junge Leute, zugedröhnt und zugekifft. Hier hatte niemand mehr etwas zu verlieren – und wieder mal wurde mir schmerzlich bewusst, dass auch Juma noch einer von ihnen war. Nach wenigen Stufen erreichten wir eine kleine Holzbude, die für das Reinigungspersonal der öffentlichen Toilette bestimmt war.
Juma wechselte ein paar Worte mit dem Toilettenwächter und wies mich an, in der Bude auf ihn zu warten. So schnell, wie er sich unter

die Jungs mischte und in der Finsternis verschwand, konnte ich gar nicht dagegen protestieren.
Ungeduldig wartete ich auf Jumas Rückkehr. Einige Straßenjungen musterten mich mit kritischem Blick, und manch einer hangelte sich schwankend zur Toilette. Aber von Juma keine Spur. Mit jeder Minute wurde ich nervöser. Was, wenn er Probleme bekommen hatte? Aber dann erkannte ich von weitem eine dürre Gestalt in weißem T-Shirt. Das musste er sein. Meine Güte, war ich erleichtert, ihn zu sehen.
»Und, hast du es gekauft?«, fragte ich ihn ungeduldig, während wir zur Anlegestelle der Fähre liefen.
»Ja, ich hab's im Hosenumschlag am Fuß versteckt. *Twende,* komm, lass uns abhauen!«, antwortete er nervös und zog mich an der Hand weiter.
Während wir Arm in Arm den kurzen Weg zur Fähre zurückliefen, erklärte mir Juma die Wirkung des Kokains.
»Wenn ich es genommen habe, fühle ich mich einfach super. So, als sei eine große Last von mir gefallen. All meine Sorgen sind dann plötzlich verschwunden. Die ersten zehn Minuten sind besonders intensiv. Bis zu einer halben Stunde fühle ich mich toll. Aber nach drei oder vier Stunden fängt alles wieder von vorne an. Die Depressionen, die Panik, nicht an den Stoff zu kommen, die Angst vor den Entzugserscheinungen. Der Drang nach Kokain wird von Stunde zu Stunde stärker. Nur wenn ich schlafe, habe ich für eine Weile Ruhe. Aber zum Einschlafen brauche ich abends auch wieder meine Dosis, sonst liege ich stundenlang wach. Drogen sind ein Teufelszeug. Sie quälen mich. Ich will sie nicht, aber ohne sie geht es auch nicht. Wenn du kein Geld hast und zwei oder drei Tage nicht rauchen kannst, dann drehst du schier durch. Schlechte Gefühle und Gedanken bringen dich so weit, dass du dich am liebsten umbringen willst. Du wirst zu allem fähig, nur um an das verdammte Geld für den Stoff zu kommen. Andere Menschen sind dir

egal. Wenn du deine Drogen brauchst, denkst du nur noch an dich selbst.«

Wir waren inzwischen in meinem Zimmer angekommen, und ich hatte plötzlich das dringende Bedürfnis, Juma einen dicken Kuss zu geben. »Danke, dass du das für mich tust!«

Nun bereitete Juma alles vor. Er zog ein zerknülltes Zigarettenpapier aus der Tasche sowie Marihuana und eine winzige Plastiktüte mit weißem Pulver. Dann drehte er sich einen Joint, zündete ihn an und zog ein paar Mal daran. Als er richtig brannte, öffnete er die kleine Plastiktüte, um das mit Valium vermischte Kokain durch den Joint zu inhalieren. Ich sah, wie das weiße Pulver langsam aufstieg und in der Haschischzigarette verschwand.

Für einen kurzen Moment versank Juma in seinem Rausch, aber dann, nach nur wenigen Minuten, bekam ich eine andere Wirkung des Kokains zu spüren.

»Nicky, lass uns bitte Liebe machen!« murmelte er undeutlich, und seine geröteten Augen taxierten mich bereits gierig.

»Juma, das ist doch wohl nicht dein Ernst?«, fragte ich ihn halb belustigt, halb entsetzt. Sein verlangender Blick jedoch bekräftigte seinen Wunsch.

»Nein, so geht das nicht! Wie willst du denn von den Drogen wegkommen, wenn du dadurch noch mehr Vergnügen darin findest?«, fragte ich Juma und rückte ein wenig weg von ihm.

Noch einmal musste ich mich aus seiner Umarmung winden, bis er schließlich enttäuscht aufgab.

~

Noch in derselben Woche sprach Juma von einem Drogenentzug im Muhimbili National Hospital. Ich zögerte jedoch, denn im Gegensatz zu Juma wusste ich, wie hart es dort sein würde. Vor ein paar Monaten hatte ich Lulu, die Freundin von Johnny, dorthin

gebracht. Was ich dort mit ansehen musste, wollte ich Juma eigentlich ersparen. Aber eine Alternative dazu kannte ich auch nicht.
Lulu hatte mich eines Tages in der Nähe von *Bondeni* angesprochen, nachdem sie von Johnny gehört hatte, dass ich mit Juma befreundet bin. Wir verabredeten uns für den nächsten Morgen zu einem Frühstück in der Kantine, wo sie auch gleich mit ihrem Drogenproblem herausrückte. Sie bat mich um Rat, wie sie von *Brown Sugar,* also Heroin, wegkommen könnte.
Lulu war todunglücklich und erhoffte sich durch einen Entzug einen Neuanfang. An ihrer aufreizenden Kleidung, dem Lackleder-Handtäschchen und der Zigarette im Mund – Frauen rauchen in Tansania niemals in der Öffentlichkeit – war unschwer zu erkennen, dass sie gerade erst ihre »Nachtschicht« auf dem Straßenstrich beendet hatte.
So begleitete ich Lulu kurzerhand ins Muhimbili National Hospital. Dort bereute sie auch schon bald ihren Entschluss, denn die Krankenpfleger sperrten sie auf eine Station für psychisch Kranke, in der auf kleinstem Raum über dreißig desorientierte Patienten eingesperrt waren. Lulu hatte panische Angst vor den Übergriffen, die dort an der Tagesordnung waren. Eine der Schwestern sprach mich an, wie es mit diesem hübschen Mädchen denn so weit hatte kommen können, dass sie verrückt geworden sei. Sofort protestierte ich, Lulu sei nicht verrückt, sie wolle nur von den Drogen wegkommen. Doch für die Schwester schien das keinen Unterschied zu machen, und so verabreichte sie Lulu am Abend dieselbe Dosis ruhigstellender Medikamente wie den anderen.
Später, als die körperlichen Entzugserscheinungen einsetzten, fesselten die Pfleger Lulu grob mit einem Strick an Händen und Füßen zwei Tage lang ans Bett.
So, wie sie dalag, betäubt von Schlafmitteln und wimmernd vor Schmerzen, tat sie mir schrecklich leid. Dennoch versuchte ich, ihre Qualen nicht so sehr an mich herankommen zu lassen, denn ich

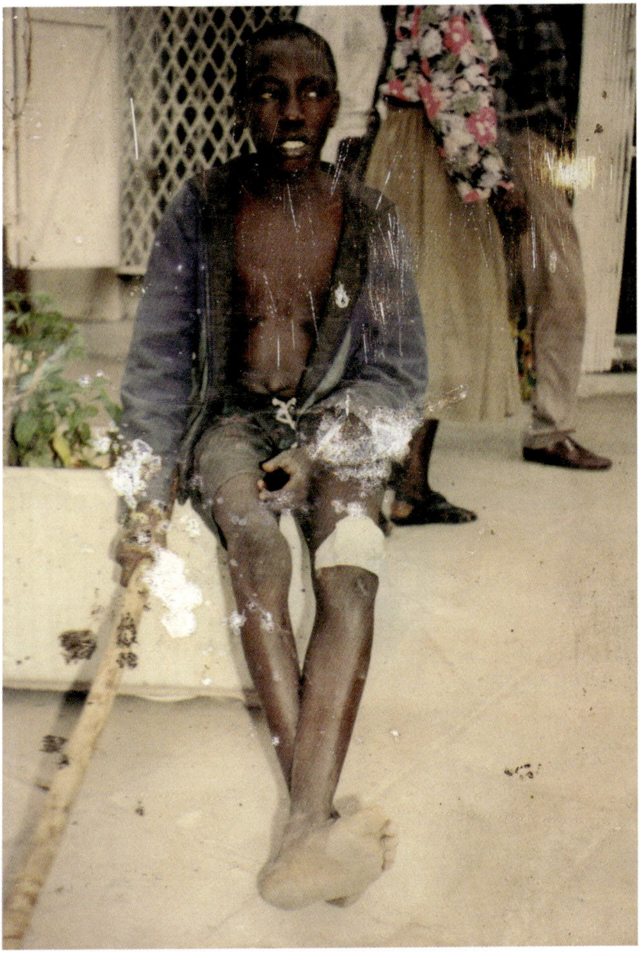

Das Leben auf der Straße ist erbarmungslos –
Juma als kleiner Junge.

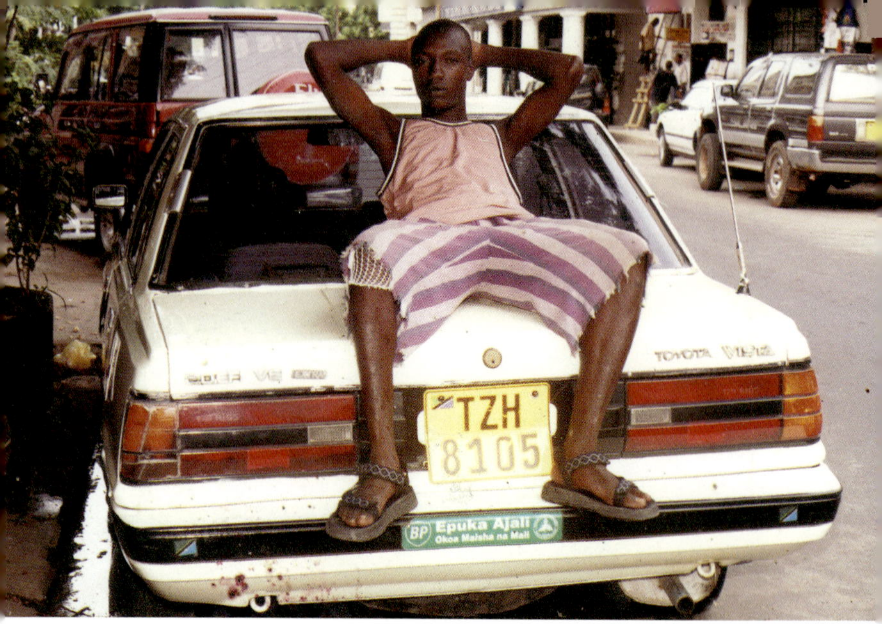

Wem gehört die Welt?

Unter Freunden. Die Straßenjungen von Dar es Salaam.

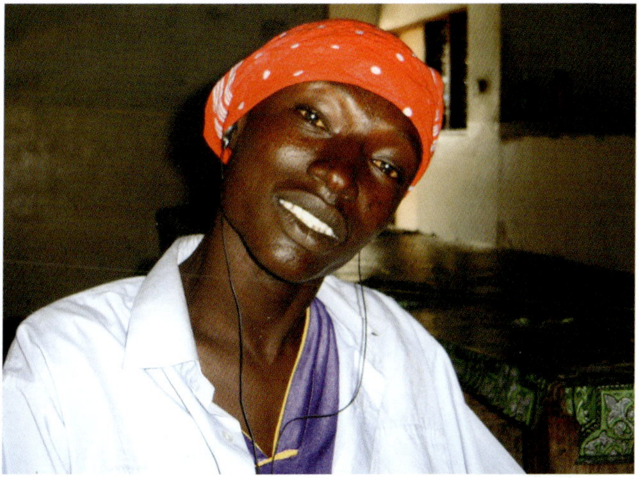

Streetboy Juma mit von Drogen getrübten Augen.

Ich darf Jumas Welt kennenlernen.

Abendspaziergang am Strand. Wir kommen uns näher.

Ein Tag am Meer.

Unbeschwerte Stunden. Picknick am Strand mit Freunden.

So schön könnte eine Familie sein.

Juma, der Kindernarr.

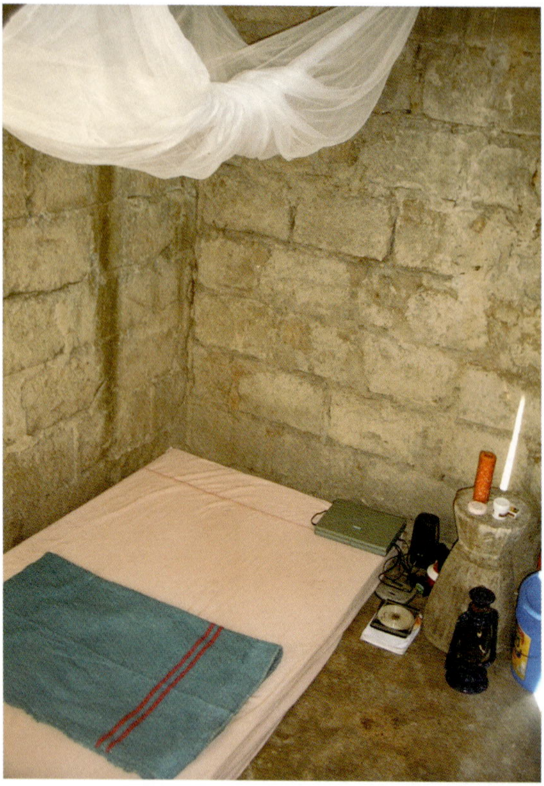

Mein Zuhause im Armenviertel.

Mein Wohnwagen für zwei Monate.

Mein Experiment.
So schläft es sich in einem Mini-Cooper.

Life is happiness.
Das Leben kehrt zurück.

Diese Kinder haben mein Leben verändert.
Raju, dem ich zu einer neuen Familie in einem SOS-Kinderdorf verholfen habe.

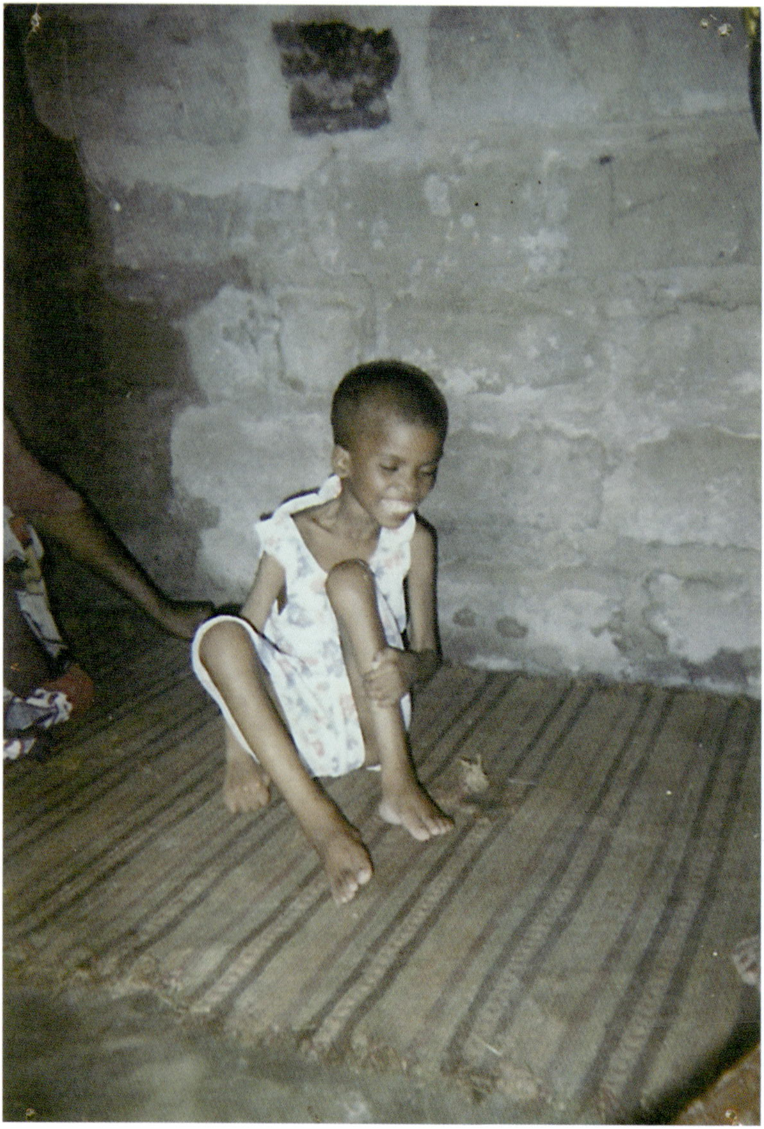

Jalia, mein kleiner Engel.

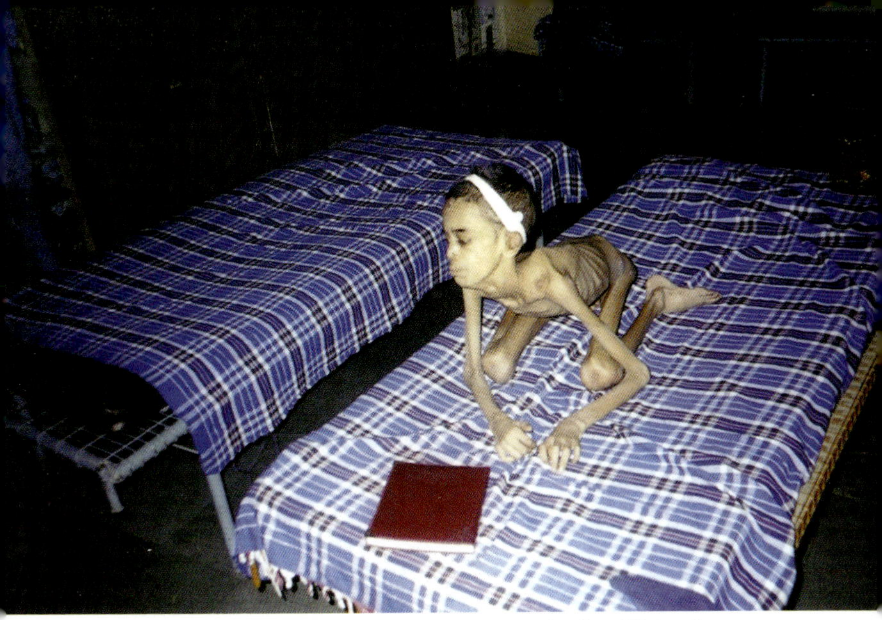

Ganesh, der verwahrloste Junge aus dem indischen Waisenhaus.

Ganesh ein Jahr später. Weihnachten 2004.

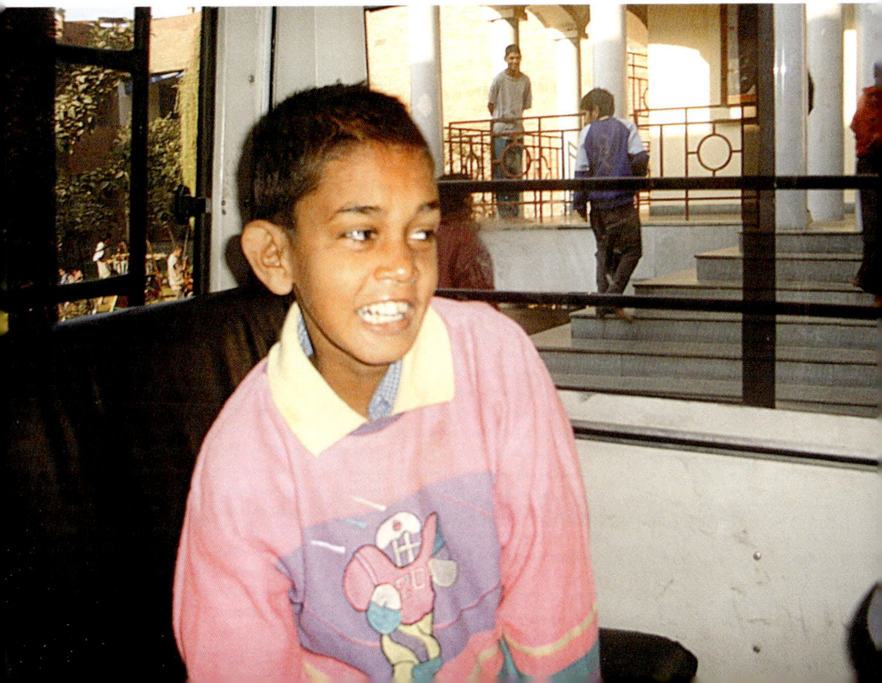

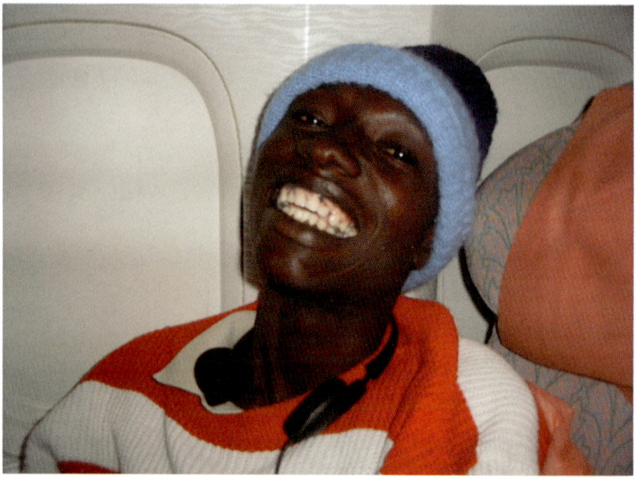

Endlich geschafft! Im Flugzeug nach Frankfurt.

Warm eingepackt kann's losgehen.
Unsere erste Deutschlandreise.

Der erste Schnee für Juma.

Juma bei der Schichtarbeit in Deutschland.

Der Kulturschock ist überwunden.

Fürs Familienalbum.
Ein nachgestelltes Hochzeitsfoto –
das Kleid unserer Nachbarin passt!

Der Grundstein für ein neues Leben ist gelegt. Jumas eigenes Haus.

Unser Plumpsklo unter Palmen.

Wasser holen wir aus dem Brunnen vor seinem Haus.

Vom Streetboy zum Traumboy …

Ein Wiedersehen nach achtzehn Jahren.
Juma und sein Vater.

Der Bann ist gebrochen.
Nun leben wir!

wusste, dass es ihre einzige Chance war, um von den Drogen wegzukommen. Ich konnte ihr nur zur Seite stehen und ihre Hand halten.

Am dritten Tag war Lulu so sehr von dem Gedanken an Heroin besessen, dass sie nachts aus der Klinik floh. Sie kletterte über eine Kokosnusspalme, um auf das Dach der Klinik zu gelangen. Die Wächter fanden sie jedoch, barfuß und im Nachthemd, bei ihrem Ausreißversuch und brachten sie wieder auf die Station zurück. Eine Woche später hatte sie die Entzugserscheinungen endlich überstanden und konnte mit mir nach Hause gehen – doch leider dauerte es nicht lange, bis sie durch ihre alten Freunde wieder rückfällig geworden war.

Bei Juma hatte ich jedoch Hoffnung. Wenn wir zusammenblieben und er die alte Clique mied, dann gab es eine Chance. Also erzählte ich ihm nichts von meiner Erfahrung mit diesem Krankenhaus und beruhigte ihn und auch mich selbst damit, dass eine Woche schnell vorübergehen würde und ich ihn jeden Tag besuchen käme. Bevor es losgehen konnte, mussten wir allerdings erst noch einen Überweisungsschein von Jumas Tuberkulose-Krankenhaus bekommen, und das stellte sich als nicht ganz einfach heraus. Sooft wir es auch probierten, der verantwortliche Arzt war nie da, und das andere Krankenhaus wollte Juma ohne die Bescheinigung nicht aufnehmen.

Juma wollte den Entzug aber unbedingt gleich beginnen, denn er hatte Angst, dass ihn schon bald die Courage verlassen würde. »Lass es mich ohne das Krankenhaus versuchen, du bist ja bei mir«, schlug er mir daher vor.

Ich war zwar sehr skeptisch, wie wir die Entzugserscheinungen in den Griff bekommen sollten, aber dann fiel mir ein, gelesen zu haben, dass der Entzug von Kokain mehr ein psychisches Martyrium ist als ein körperliches.

»Na gut, lass es uns probieren. Das heißt aber auch, dass ich dich von heute an keine Sekunde mehr aus den Augen lassen werde. Bist du dazu bereit?«

»Ja, ich bin bereit!«, bestätigte er mir entschlossen und zugleich auch erleichtert, endlich loslegen zu können.

~

Fünf Tage später saßen wir in meinem Zimmer auf dem Bett und schrieben Jumas Entzugserfahrungen in meinem Heftchen auf. Mittlerweile war das zu einem gut funktionierenden Kommunikationsweg zwischen uns geworden. Ermutigt durch unser gemeinsames Projekt, ein Buch zu schreiben, öffnete er sich mir mehr und mehr. Seine Geschichte sollte zu einem Symbol für das Leid und den harten Überlebenskampf der Straßenjungen auf der ganzen Welt werden. Mit dem Stift in meiner Hand forderte ich ihn auf, mir seine Erfahrungen vom Drogenentzug zu diktieren.

ABHÄNGIG VON DROGEN, 02. NOVEMBER 2005

Heute ist Donnerstag. Ich habe seit Samstagabend nicht mehr geraucht. Ich befinde mich im Krankenhaus von Dada Nicky. Sie hat mich auf die Station ihres Herzens eingeliefert. Es gibt nur eine einzige Krankenschwester. Heute ist der fünfte Tag, und ich habe weder Bangi (Marihuana) noch Kokain geraucht.

Sonntagnacht war ich auf einmal voller Hass. Meine Gedanken und Sorgen kreisten allein um die Sucht nach der indischen Frau, wie wir die Drogen auch nennen. Mir war so heiß, dass ich mich zum Schlafen auf den kalten Zementboden in Nickys Zimmer legen musste. Aber Ruhe fand ich dennoch nicht. Am nächsten Morgen fühlte ich mich total leer, aber trotzdem gab es mir Kraft, dass ich nicht abgehauen bin.

Nicky ging am Vormittag in die Stadt und schloss mich für vier Stunden in ihrem Zimmer ein. Ich habe nicht gerufen, nicht ver-

sucht herauszukommen, das macht mich stolz. Doch dann wurde es brenzlig. Unsere Nachbarin Mary klopfte an der Tür, sie hatte ja keine Ahnung von meinem Problem und dem Entzug. ›Nicky hat mich vergessen und aus Versehen die Tür zugeschlossen!‹, rief ich ihr durchs Fenster zu. Ich konnte Mary doch nicht die Wahrheit sagen.

Später, als Nicky zurückkam, war ich schon eingeschlafen, aber abends sind die Qualen von neuem losgegangen. Mein ganzer Körper war kraftlos und schwach, aber ich wollte unbedingt damit aufhören – und ich habe durchgehalten.

»Hey, hey, hey, vergiss nicht zu erwähnen, dass du mir am nächsten Tag abgehauen bist!«, unterbrach ich seinen Bericht und kniff ihn in die Seite.

»Na gut, meinetwegen. Dann schreib eben auf, dass ich am dritten Tag nicht wie versprochen zu Hause geblieben bin«, brummte Juma kleinlaut.

»Du hattest mir hoch und heilig versprochen, dass ich dich problemlos zwei Stunden alleine lassen kann und du dich so lange um die Wäsche kümmern würdest, bis ich wiederkomme. Du wolltest mir tatsächlich weismachen, dass du schon über den Berg bist! Okay, lass mich Folgendes weiterschreiben«:

Am Dienstag riss Juma aus und nahm die Fähre in die Stadt, um an Kokain zu kommen. Aber da er kein Geld hatte, musste er erst bei unserer Freundin Tasha in der Kantine vorbeigehen, um sich dort von ihr welches zu leihen. Zufällig saß ich dort gerade beim Mittagessen und schnappte mir den Ausreißer auf frischer Tat.

Wir gingen gemeinsam zurück nach Kigamboni in mein Zimmer, und ich ließ ihn von da an keine Sekunde mehr aus den Augen.

Munter setzte Juma an mein Geschriebenes an: »Schreib das hier:

Und dann war es so weit. Am Mittwoch, dem nächsten Morgen, wachte Juma mit einem Gefühl auf, als ob er ein neuer Mensch wäre«, forderte er mich mit einem zufriedenen Grinsen auf.
»Weißt du was? Du bist ein ganz schönes Schlitzohr! Der Entzug war wahrscheinlich das Schwierigste, was du gemacht hast, aber du hast die ganze Zeit geschwiegen und durchgehalten. Erst jetzt verstehe ich, was für ein extrem guter Schauspieler du bist! Woher weiß ich denn jetzt, dass du mir nicht wieder den starken Mann vorspielst?«
»Ach, Nicky, mach dir keine Sorgen, ich bin jetzt clean!«, versicherte mir Juma.
»Blödsinn. Das kann gar nicht sein. Die fünf Tage haben vielleicht ausgereicht, um die körperliche Sucht zu überwinden, aber psychisch bist du trotzdem noch nicht ganz weg davon«, widersprach ich Juma.
Dennoch war mir klar, dass ich ihn nicht weiterhin in meinem Zimmer einsperren konnte. Wir mussten eine andere Lösung finden.
»Hör zu, du wolltest doch schon lange ein Fahrrad kaufen. Lass uns doch nach Sansibar fahren, dort sind sie günstiger als hier, und wir können gleichzeitig eine kleine Reise machen, damit du erst einmal weg bist von Dar es Salaam und den kritischen Plätzen«.
»Dann fahren wir noch heute!«, beschloss Juma begeistert und fing bereits an, seinen Rucksack herzurichten.

~

Und tatsächlich saßen wir bereits am frühen Abend am Strand von Bagamoyo, wo noch in dieser Nacht ein *Dhow*, ein traditionelles Segel-Frachtboot, nach Sansibar übersetzen würde. Gegen Mitternacht ging die Reise los. Eine Mannschaft von etwa zwanzig Afrikanern war bereits dabei, das *Dhow* mit Reis- und Zuckersäcken zu beladen.

Als sie fertig waren, reichte die Flut bereits bis unter den Kiel des bis dahin noch im Sand liegenden Bootes. Auch wir wateten nun durch das warme Meerwasser. Juma kletterte mit Hilfe eines Stricks in das Holzboot und half mir anschließend hinein. Inmitten der ganzen Fracht gab es noch eine freie Stelle, wo wir uns auf zwei prallen Reissäcken niederließen.

»Na, freust du dich, dass wir gleich nach Sansibar segeln werden?«, fragte ich ihn, als wir Seite an Seite zu den leuchtenden Sternen über uns blickten.

»Und wie! Sansibar gehört zwar zu Tansania, aber trotzdem soll es dort wie in einer anderen Welt sein. Ich habe gehört, dass es dort aufgrund der streng islamischen Erziehung so gut wie keine Diebe oder Betrüger gibt. Da kann ich mir ein gutes und günstiges Fahrrad aussuchen, ohne dabei hereingelegt zu werden. Und dann werde ich nach Lust und Laune an den Strand radeln, Freunde besuchen und weitere Strecken zurücklegen können als zu Fuß.«

Nach etwa einer Stunde spürten wir, wie das Boot unter dem ansteigenden Meerwasser erst durch sanftes Rütteln, dann durch immer drängendere Stöße schließlich komplett vom Sandboden abhob. Die weißen Segel wurden gehisst, und bald darauf befanden wir uns inmitten des indischen Ozeans unter afrikanischem Sternenhimmel. Die romantische Seefahrt, so ganz ohne Motorengeräusche, erinnerte an längst vergangene Zeiten, und auch die Seemänner mit ihren freien Oberkörpern und ihren Kopftüchern hatten etwas Piratenhaftes an sich.

Die Abenteuerfahrt durch die schwarze Nacht war für uns beide einmalig schön. Außerdem freundete sich Juma unterwegs mit Captain Beka an, der uns am frühen Morgen bei der Ankunft in Stonetown gleich zu sich nach Hause einlud.

Gemeinsam fuhren wir mit einem Kleinbus in ein nahe gelegenes Dorf, wo wir seine Frau Rehema und seine drei kleinen Kinder kennenlernten. Wir fühlten uns sofort wohl bei dieser herzlichen

Familie und setzten uns zu ihnen auf die Strohmatten im Innenhof, während Rehema aus Teigkugeln Dutzende kleine *Mandazi* formte, ein süßes Gebäck, das im ganzen Land beliebt ist.

Wieder einmal staunte ich, wie überaus gastfreundlich Tansanier doch sind. Captain Bekas Haus war für eine fünfköpfige Familie nicht gerade groß. Trotzdem stand stets ein Zimmer für unangemeldete Gäste wie uns bereit. Eine Einladung abzulehnen käme einer Beleidigung gleich, und deshalb schlug Juma mir vor, der Familie später eine kleine Spende als Dankeschön in einem Briefumschlag zu hinterlassen.

Rehema bot uns an, im Gästezimmer über Mittag ein wenig auszuruhen. Doch kaum hatten wir uns dort eingerichtet, wurde Juma unruhig. Er sagte, er wolle sich auf die Suche nach einem Laden machen, um Zigaretten zu kaufen. Er war das Nikotin zu sehr gewohnt, als dass er davon lassen konnte. Mir war nicht ganz wohl dabei. Er war noch nicht über den Berg – aber meine Sorgen waren völlig unbegründet. Nur wenig später kam Juma niedergeschlagen zur Tür herein. Wir hatten die sansibarischen Sitten nicht gut genug gekannt: Es war gerade *Ramadhani*, die heilige Fastenzeit, in der es im streng muslimischen Sansibar nicht erlaubt war, tagsüber irgendetwas zu sich zu nehmen, nicht einmal eine einfache Zigarette!

Am Abend, ich war schon halb eingeschlafen, hatte Juma noch etwas auf dem Herzen: »Nicky, ich möchte dir für die letzten Tage danken. Zum ersten Mal seit langem freue ich mich wieder, am Leben zu sein. Und jetzt darf ich auch noch eine andere Kultur kennenlernen, die Kultur der Sansibarer. Die Menschen hier haben uns ohne Vorurteile bei sich aufgenommen. Mich, den Straßenjungen. Das habe ich nur dir zu verdanken.«

»Maisha ni Furaha«, flüsterte er mir ins Ohr, bevor ich glücklich neben ihm einschlief – »Das Leben ist Freude«.

~

Vier Tage später verstauten wir gegen Mittag ein knalloranges Fahrrad im Dhow von Captain Beka, mit dem wir wieder nach Bagamoyo zurückfahren wollten. Noch hatte ich keine Ahnung, ob Juma die Auszeit von Dar es Salaam gereicht hatte, um von den Drogen ganz runterzukommen. Es war bestimmt noch viel zu früh. Nicht einmal zwei Wochen waren seit seinem Entzug vergangen. Lange zerbrach ich mir den Kopf darüber, bis mir plötzlich eine Lösung einfiel: Zwei Bekannte von mir aus Deutschland hielten sich gerade in Arusha, im Norden Tansanias, auf. Sie machten eine fünfwöchige Rundreise durch die Serengeti, zum Kilimandscharo und nach Sansibar. Sie zu überraschen, das wär's! Aufgeregt schlug ich Juma vor, spontan mit dem Bus nach Arusha zu fahren. Bettina und André würden nichtsahnend von ihrer Safari zurückkommen und uns in ihrem Gasthaus vorfinden!

Und so ging eine Reise nahtlos in die nächste über. Dar es Salaam hatten wir gleich wieder verlassen, nachdem das Fahrrad sicher bei Juma verstaut war. Kurz darauf traten wir in einem großen Reisebus die neunstündige Reise nach Arusha an. Massai-Nomaden kamen uns mit ihren Rinderherden entgegen, das Land war staubig und karg. Die grüne Buschlandschaft auf dem Weg in den Norden hatte sich in eine trockene, braune Ebene verwandelt, die von den beiden Vulkanen Kilimandscharo und Mount Meru eingefasst wurde. Auch die Luft wurde langsam dünner, denn Arusha liegt auf fast tausend Meter Höhe. Wir genossen die ungewohnte Frische und Klarheit der Luft.

Als wir durch die Innenstadt von Arusha schlenderten, fielen uns die vielen Europäer auf, die hier das angenehme Klima und die atemberaubende Landschaft der großen Nationalparks schätzten.

Alles verlief wie geplant. Als Bettina und André am Abend von einem Ausflug in ihre Pension zurückkehrten, erwarteten wir sie bereits. Unter großem Hallo feierten wir unser Wiedersehen, denn wir hatten uns seit Jahren nicht mehr gesehen, auch wenn wir aus demselben Städtchen kamen. Auch Juma verstand sich auf Anhieb mit den beiden. Durch seine offene und herzliche Art überwand er jegliche Sprachbarriere und benutzte mich fleißig als Dolmetscher. Freudig planten wir gleich den nächsten Trip zusammen, der uns nach Tanga an die Ostküste führen sollte.

Dort genossen wir unbeschwerte Tage und liehen uns sogar einmal Fahrräder aus, um zu viert die Tropfsteinhöhlen im nahe gelegenen Pangoni zu erkunden.

Dar es Salaam war in weite Ferne gerückt. Juma schien die Drogen und das Straßenleben für den Augenblick völlig vergessen zu haben. Mit André, der Juma um einen Kopf überragte, verstand er sich auf Anhieb blendend. Er hatte große Freude daran, André Suaheli beizubringen, und jedes Mal, wenn der etwas durcheinanderbrachte, kugelte er sich vor Lachen.

Mir tat es gut, dass Bettina da war. In den letzten Wochen war so viel passiert, dass ich den Rat einer guten Freundin dringend gebrauchen konnte.

Was mich im Moment hauptsächlich beschäftigte, hing mit meinem Versprechen zusammen, Juma dabei zu helfen, ein Visum für Australien zu bekommen. Meine Nachforschungen hatten gezeigt, dass es ein kleines Wunder brauchte, um einen Afrikaner aus Afrika herauszubekommen. Ohne Einladungsbrief eines Australiers, Bürgschaft, Rückflugticket, Kreditkarte, Kontoauszug, Auslandsversicherung und Gesundheitszeugnis war gar nichts zu machen. Zu allem Überfluss saß die australische Botschaft auch noch in Kenia.

Nicht nur finanziell überstieg dieser komplexe Vorgang unsere Möglichkeiten, auch wenn all diese Anforderungen erfüllt wären, könnte die Botschaft das Touristenvisum dennoch ohne Begründung einfach ablehnen – so stand es geschrieben.

Jumas Traum einfach platzen zu lassen und kampflos aufzugeben kam für mich aber auf keinen Fall in Frage. Das ließen weder meine Gefühle für ihn zu noch meine Wut auf die Ungerechtigkeit der Bürokratie. Die Einreisebestimmungen für Deutschland waren ähnlich kompliziert wie die für Australien. Daher sah ich nur noch einen einzigen Ausweg: Wir mussten heiraten!

Bettina schien so schnell nichts vom Hocker zu hauen. Geduldig hörte sie sich meinen Plan an, und gemeinsam gingen wir anschließend alle möglichen Fragen durch.

»Wirst du es später nicht bedauern, keine romantische Hochzeit in Weiß gehabt zu haben?«, fragte sie mich sogleich.

Ich schüttelte den Kopf. »Bestimmt ist das der Lebenstraum vieler Menschen, aber mein Traum ist es nicht – oder besser gesagt, nicht mehr. Früher ja, da habe ich mir meine Hochzeitsfotos so vorgestellt: ich im weißen Brautkleid. Aber das ist schon viele Jahre her. Ich habe mich seitdem stark verändert. Die vielen notleidenden Menschen, die mir auf meinen Reisen begegnet sind, haben meinem Leben eine völlig neue Richtung gegeben, und in diese Richtung möchte ich weitergehen.«

Bettina schien zu verstehen, doch hatte sie auch Bedenken. »Und was werden deine Eltern sagen, wenn du sie plötzlich mit solch einer gravierenden Lebensentscheidung konfrontierst?«

Vielsagend schaute ich sie an. »Na ja, die Frage ist berechtigt. Und das, wo sie sich doch erst an meine Ansage gewöhnt haben, dass ich weder einen Mann noch eigene Kinder haben werde. ... Ehrlich gesagt, ich weiß nicht, wie sie darauf reagieren würden«, musste ich zugeben.

Doch die wichtigste Frage war natürlich: Kannte ich Juma bereits gut genug, um diesem plötzlichen Impuls folgen zu können? Mein Gefühl sagte ja, mein Verstand sagte nein.

»Aber das Wichtigste ist: Mein Herz sagt mir, dass die Gefühle, die ich für Juma habe, echt sind. Und gibt es einen besseren Grund, um zu heiraten, als Liebe? Der einzige Unterschied zu einer gewöhnlichen Ehe sind unsere Zukunftsvorstellungen. Während Juma ein neues, ein besseres Leben sucht, suche ich einen Weg, um ihm diesen Wunsch zu erfüllen. Und wenn wir das erst einmal geschafft haben, soll jeder von uns so frei sein, seine eigenen Lebensziele verfolgen zu können.« Und während ich diese Sätze zum ersten Mal laut aussprach, merkte ich, dass meine Entscheidung bereits gefallen war.

»Ich will nicht von einer ewigen Beziehung träumen, die basiert schließlich auch nur auf purer Illusion. Vielmehr träume ich von einer Liebe, die so stark ist, dass sie im richtigen Moment auch loslassen kann. Nicht die Dauer einer Ehe sollte das entscheidende Kriterium sein, sondern aufrichtige Gefühle«, bekräftigte ich nochmals mein Vorhaben.

~

Unser Urlaub ging zu Ende. Zusammen mit Bettina und André machten wir uns auf den Rückweg nach Dar es Salaam. Die Hochzeitspläne schob ich vorerst beiseite. Bevor ich Juma davon erzählen wollte, gab es noch einiges zu tun. Mittlerweile waren schon ganze vier Wochen seit Jumas Entzug vergangen. Eine gute Zeit, fand auch er. Durch den Abstand von den Drogen fühlte er sich wieder stark.

Dennoch war nicht klar, ob er sich auch von seinem alten Umfeld würde losreißen können. Jahrelang waren seine Freunde von der Straße eine Art Familie für ihn gewesen. Was, wenn gerade sie ihn wieder zu einem Rückfall verführten?

»Nicky, wenn ich eine Arbeit hätte, etwas was mir Spaß macht und für das ich ganz allein verantwortlich bin, das wäre die Lösung«, brachte er mich auf eine Idee.

»Dann eröffne doch einen Schuhstand in *Magenge*, dem Markt in Kigamboni. Der ist nur wenige Minuten von unseren Zimmern entfernt und weit genug weg von der Szene in der Samora Avenue«, schlug ich ihm vor.

Gesagt, getan. Ein paar Tage später hörte sich Juma auf dem Markt um und kam mit guten Nachrichten nach Hause.
»Es gibt da einen Verkäufer auf dem Markt, der seinen Platz mit mir teilen würde. Er will es sich aber erst noch überlegen.«
Doch Juma ließ sich jeden Tag aufs Neue von dem Verkäufer vertrösten, bis meine Geduld zu Ende war. Ich wollte nun selbst sehen, wieso es nicht vorwärtsging, und hakte mich kurzentschlossen bei Juma unter. Und schon waren wir auf dem Weg zum Markt. Es war bereits stockdunkel, aber so entschlossen, wie ich war, konnte mich nichts mehr aufhalten. Ich wollte dieses Vorhaben unbedingt etwas vorantreiben, denn ich war es nicht gewohnt, Juma vierundzwanzig Stunden am Tag um mich zu haben. Ein gewaltiger Unterschied zu meinem jahrelangen Single-Leben!
Als wir den Markt erreichten, steuerte Juma geradewegs auf einen der Verkäufer zu. Im Schein der flackernden Petroleumlampen stellte er mir einen jungen Mann namens Shabani vor, der dort auf einem Holztisch Bananen, Orangen, Papayas, Avocados und Melonen verkaufte. Sicher war Shabani überrascht, so spätabends kurz vor Marktschluss noch Besuch von einer *Mzungu* zu bekommen, die auch noch einen Verkaufsplatz sucht.
Shabani bestätigte uns, dass er die Hälfte seines Platzes an Juma vermieten könnte, allerdings müsse er erst noch seinen älteren Bruder um Erlaubnis fragen. Ich schlug ihm vor, das doch gleich übers Telefon zu tun, aber darauf ließ er sich aus irgendeinem Grund nicht ein. Auch konnte er mir nicht genau sagen, bis wann er uns eine Antwort geben würde. Seine unklaren Aussagen verärgerten mich, da ich ahnte, dass er nur auf Geld aus war. Selbst die einfachsten Dinge in Afrika wurden dadurch hochkompliziert.
Energisch redete ich auf den Verkäufer ein, bis wir uns schließlich auf eine monatliche Standmiete von umgerechnet sechs Euro einigten. Es war der übliche Preis, doch auf dem Heimweg tat mir mein aufgebrachtes Verhalten schon wieder leid. Es passierte immer wie-

der, dass mir die Vorsicht vor Betrügereien die Geduld und das Vertrauen in die Menschen nahmen.
Früh am nächsten Morgen trafen wir die nötigen Vorbereitungen für Jumas ersten Arbeitstag. Auf dem Markt von Kariakoo, dem wohl hektischsten Stadtteil Dar es Salaams, gab es auf einer Fläche von etwa zwei Quadratkilometern Großhändler für alle möglichen Waren. Kariakoo erinnerte mich an Indien, wo man sich tagsüber vor lauter Menschen, Autos, Schubkarren und geschäftigem Treiben ebenfalls kaum vorwärtsbewegen kann. Ein wahres Paradies für Taschendiebe, die hier im Gedränge auch nicht davor zurückschreckten, mit einem Messer Handtaschen aufzuschlitzen.
Nachdem Juma die Preise verschiedener Großhändler verglichen hatte, lud er sich schließlich einen großen Sack mit etwa fünf Dutzend bunten Badeschlappen auf den Rücken. Jetzt konnte es endlich losgehen!
Mit gemischten Gefühlen machte er sich am nächsten Tag frühmorgens auf den Weg zum Markt, um seinen ersten Arbeitstag anzutreten. Auf einem zusammengezimmerten Holztisch legte er seine Ware aus, und es dauerte nur wenige Tage, bis er sich in seinem neuen *Maskani*, seinem Revier, heimisch fühlte. Sein *Maskani* in der Mansfield Street hatte er hingegen schon längst aufgegeben. Auch der Kontakt zu seiner ehemaligen Straßengang brach dadurch ab. Anfangs war es ihm schwergefallen, er vermisste seine jahrelangen Begleiter. Doch sein Entschluss stand so fest wie nie zuvor. Erst, wenn er sein eigenes Leben in den Griff bekommen hatte, würde er auch für sie wieder da sein können.

~

Jetzt, wo Juma meist erst bei Sonnenuntergang seinen Stand schloss, blieb mir wieder viel Zeit, mich anderen Dingen zu widmen, die Juma selbst nicht erledigen konnte. Ich machte mich auf den Weg zur Einwanderungsbehörde, wo wir schon vor Wochen den Antrag für seinen Reisepass – den ersten Ausweis seines Lebens – abgegeben hatten.

Damals war etwas ans Tageslicht gekommen, was mir Juma, dieser gerissene Schauspieler, die ganze Zeit verheimlicht hatte: Juma war Analphabet.

Dass er immer Ausreden parat hatte, wenn er etwas lesen sollte, war mir zwar bereits aufgefallen. Aber dass er nahezu keine Schriftkenntnisse besaß, überraschte mich. Doch beim Ausfüllen der Antragsformulare für seinen Pass musste er mir wohl oder übel alles gestehen. So gab er auch zu, dass seine E-Mails, die mir in Deutschland ein so großer Trost gewesen waren, von seinem Freund Samuel stammten, dem er die Worte diktiert hatte. Seitdem übernahm ich also die bürokratischen Angelegenheiten für ihn.

Ursprünglich hieß es bei der Behörde, dass es zwei Monate dauern sollte, bis Juma seinen Pass ausgestellt bekommt. Die Frist war aber schon längst um, und von Jumas Pass war weit und breit nichts zu sehen. Juma war sich sicher, dass die Beamten dort Schmiergeld von ihm wollten. Nur deshalb hätten sie ihm den Pass bis heute nicht ausgehändigt.

Die lange Warteschlange vor der Tür der Einwanderungsbehörde ließ mir das Herz in die Hose rutschen. In besonderen Notfällen war ich schon öfter wie selbstverständlich an einer solchen Schlange vorbeigelaufen in der Hoffnung, dass mich meine weiße Hautfarbe schneller ans Ziel bringen würde. Gerecht gegenüber den Einheimischen war das zwar nicht, aber gerade wenn es um Leben und Tod ging und ich wie damals in Jalias Fall ein wichtiges Reisedokument brauchte, damit ihr Gehirntumor in Südafrika operiert werden konnte, war das meine einzige Chance im Wettlauf gegen die Zeit. Auch heute, wo ich für den Nachmittag noch einen Besuch bei Mama Asha, einer aidskranken Mutter mit vier Kindern, eingeplant hatte, versuchte ich es auf diese Weise. Doch anders als in

Krankenhäusern, in denen ich meistens für eine weiße Ärztin gehalten wurde, galten bei der Einwanderungsbehörde anscheinend andere Regeln. Der Türsteher wies mich schroff zurück.
Es war ausgerechnet das Jahr der neuen Reisepässe in Tansania, und jeder wollte einen Pass beantragen oder seinen alten gegen einen neuen austauschen. Natürlich hatte der Staat wieder nicht bedacht, dass für solch eine gewaltige Menschenmasse eine einzige Druckmaschine nicht ausreichen würde, und so war das Chaos perfekt. Nach einer halben Stunde Wartezeit gelangte ich schließlich in den völlig überfüllten Schalterraum. Es war unerträglich heiß und stickig, und die Wartenden redeten laut durcheinander.
Endlich sammelte mein Vordermann seine Dokumente zusammen und verließ den Schalter. Doch die Reihenfolge einzuhalten ist den Tansaniern fremd. Hier galt das Recht des Stärkeren, und so drückte und quetschte auch ich mich durch die Menge. Schnell streckte ich der jungen Dame Jumas Abholschein entgegen und begrüßte sie respektvoll mit *»Shikamoo!«*.
Lustlos nahm sie ihn entgegen, warf einen laschen Blick darauf und fragte mich, wo dieser Juma denn sei. »Er ist bei der Arbeit und kann deshalb leider nicht selber kommen. Was gibt es denn für Probleme mit seinem Reisepass, dass er ihn immer noch nicht bekommen hat?«, fragte ich sie freundlich.
In Zeitlupe erhob die Beamtin ihren schweren Hintern und kam wenig später mit Jumas Akte zurück. Ich glaubte mich verhört zu haben, als sie mir erklärte, er müsse noch einmal zum Gerichtshof, um das Affidavit ändern zu lassen. Das Affidavit war ein eidesstattliches Ersatzdokument für die Geburtsurkunde, die Juma noch nie in seinem Leben besessen hatte. Ein Verwandter musste darauf Jumas Familiennamen, seinen Geburtsort und sein Geburtsdatum – dessen Tag, Monat und Jahr wir für bürokratische Angelegenheiten damals erst noch erfinden mussten – bestätigen. Auch den

Verwandten hatten wir erfunden und die Unterschrift gefälscht, schließlich hatte Juma keinen Kontakt zu seiner Familie.
Aber das war nicht das Problem. Die nette Dame damals beim Gerichtshof wusste, dass Straßenjungen keine andere Wahl hatten und dennoch ein Recht auf einen Ausweis haben. Nur diese hochnäsige Beamtin hier störte es, dass wir in einem Feld versehentlich Vor- und Nachnamen vertauscht hatten.
So ein bürokratischer Unsinn! Als wir vor zwei Monaten den Antrag aufgegeben hatten, wurden alle Dokumente bei Eingang geprüft und auf Richtigkeit bestätigt, und jetzt wollte sie mir sagen, dass wir wieder von vorne anfangen konnten? Verärgert machte ich mich auf den Heimweg, um Juma auf neue Beamtengänge vorzubereiten.
Wie befohlen besorgten wir am nächsten Tag ein neues Dokument, das ich unter denselben schwierigen Umständen am Schalter Nummer sechs der Einwanderungsbehörde abgab. »So, wann wird denn nun der Reisepass fertig sein?«, fragte ich dieselbe Beamtin freundlich und sah mich bereits dem Ziel nahe. Ich beobachtete sie, wie sie das alte Abholdatum auf Jumas Schein durchstrich und den 15. Dezember eintrug.
»Was?«, fragte ich entsetzt. »Aber das ist ja wieder fast ein Monat!«
»So ist das eben«, erwiderte die Beamtin spitz und wendete sich bereits dem nächsten Drängler zu. Niedergeschlagen gab ich für heute auf und fand mich missmutig mit dem 15. Dezember ab.
Bald schon hatte ich die Probleme mit dem Reisepass vergessen. Juma blühte richtiggehend auf. So, als ob er seine schmutzige Vergangenheit bereinigen wollte, stürzte er sich aufs Saubermachen. Von nun an wurde mir das mühsame Kleiderwaschen in einem Eimer mit kaltem Wasser untersagt, weil Juma es für mich tun wollte. Auch den Hof vor meinem Zimmer hätte er am liebsten jeden Tag gefegt, aber unsere Nachbarin Mary wies das empört ab.

Es sei eine Schande für einen Mann, diese Frauenarbeit zu übernehmen. Juma hatte damit kein Problem, aber Mary blieb stur.
Jumas neues Leben war ausgefüllt. Wenn er von der Arbeit heimkam, lief er sofort mit zwei Kanistern zum nahe gelegenen Brunnen, um Duschwasser aufzufüllen. Es bereitete ihm große Freude, mir die schweren Arbeiten abzunehmen, schließlich war er der Mann im Haus!
Seit dem Drogenentzug wohnten wir heimlich zusammen, aber den Nachbarn stellte er sich als mein *Mpambe*, mein Hausjunge, vor. Zum einen brachte er sie damit zum Lachen, und zum anderen wollte er sie im Glauben lassen, dass er mir nur tagsüber zur Hand ging und nachts wieder in sein eigenes Zimmer ging. Er sagte, es wäre wichtig, sonst würden die Leute anfangen, dummes Zeug zu reden, und neidisch auf ihn werden, weil er mit einer »reichen« Weißen zusammen ist.
Mir sollte alles recht sein. Hauptsache, Juma war bei mir. Die Stunden mit ihm allein waren von solch einer Zärtlichkeit und Leidenschaft, wie ich es noch nie mit einem anderen Mann erlebt habe.
An den Wochenenden fanden wir meist etwas Zeit, um das Alphabet in Angriff zu nehmen. In ganz Dar es Salaam konnte ich keinen geeigneten Alphabetisierungskurs für Juma finden, und das, obwohl laut UNICEF auch heute noch zwischen zwanzig und vierzig Prozent der tansanischen Bevölkerung nicht lesen und schreiben können. Leider waren wir bei unserer Suche auf wenig Verständnis gestoßen. Einmal hatte Juma eine Schule besucht und einen Lehrer dort nach einem Kurs für Erwachsene gefragt. Der »Pädagoge« fand es ganz besonders amüsant, dass ein junger Mann wie Juma das Alphabet noch nicht kannte, und verhöhnte ihn: »A, E, I, O, U«, kreischte er mit weit aufgerissenen Augen. Da reichte es Juma.
Daraufhin versuchte ich nun, es ihm selbst beizubringen. Gleich zu Beginn musste ich allerdings feststellen, dass es leichter gewesen wäre, wenn er die Buchstaben noch nie gehört und gesehen hätte.

Im Laufe der Zeit hatte er sich eine Art Phantasiealphabet zusammengereimt und brachte die Buchstaben nun alle durcheinander. Besonders die Selbstlaute bereiteten ihm die größten Schwierigkeiten. Es saß nun mal fest in seinem Kopf, dass das I nicht I sondern O hieß. Umgekehrt war dann natürlich das O ein I. Auch das U konnte ein I sein, damit es noch komplizierter wurde. Kurzum, es war alles andere als leicht, und wir kamen nur sehr langsam voran. Außerdem kam erschwerend hinzu, dass sich Jumas Motivation in Grenzen hielt. Er setzte sich zum Beispiel nie aus eigenem Antrieb zum Lernen hin, denn schließlich hatte er es sein ganzes Leben auch ohne Lesen ausgehalten. Seine Sinne waren anders ausgerichtet, so dass Bilder, Symbole und vor allem das Radio zu seinen wichtigsten Informationsquellen geworden waren. So war Juma meist besser über die politische Weltlage und die Geschichte der Länder informiert als ich.

Interessant war auch, dass er mit dem Rechnen weit weniger Schwierigkeiten hatte. Den Grund dafür verriet er mir selbst: »Rechnen ist überlebenswichtig, vor allem, wenn du auf der Straße lebst. Geld bestimmt deinen ganzen Alltag, du musst immer wissen, wie lange es noch reichen wird. Für die nächste Mahlzeit oder den nächsten Joint.«

Schulische Bildung hin oder her, Juma brauchte sie im Moment nicht, um glücklich zu sein. Einmal, als ich abends von der Stadt nach Hause kam, umschlang Juma meine Hüften und wirbelte mich fröhlich durchs Zimmer. Er lachte und lachte. Schnell holte ich meine Kamera, um diese Freude einzufangen. Kaum zu glauben, welche Wandlung er in der kurzen Zeit durchlaufen hatte! Dann fing er an, in meinem Zimmer vor dem kleinen Spiegel an der Wand zur Hip-Hop-Musik aus dem Radio zu tanzen.

Wie gut er aussah in seinem eng anliegenden weißen Unterhemd und mit dem rosaroten Schlapphut! Ich konnte mich gar nicht an ihm sattsehen. Stolz präsentierte er mir seine Oberarme, die im letzten Monat in der Tat einiges an Umfang gewonnen hatten. Sein Appetit war zurückgekehrt, und es sah ganz danach aus, als hätte die Tuberkulose-Behandlung nach fünf kritischen Monaten nun endlich angeschlagen!

»Nicky, heute möchte ich dir Danke sagen. Danke für deine Hilfe, dafür, dass du immer an mich geglaubt hast! Heute habe ich meinen Freund Hamisi getroffen. ›Hey, Juma, du hast dich in letzter Zeit so verändert!‹, sagte er, und als ich ihn fragte, wie er das meine, antwortete er: ›Weil ich dich noch nie so gesund und glücklich gesehen habe!‹ Ich habe ihm erklärt, dass mir mein Boss, meine liebe Mzungu, geholfen hat. Nicky, du hast mich auf eine Reise geschickt, von der ich nie in meinem Leben geglaubt hätte, dass ich sie schaffen würde. *Maisha ni furaha,* das Leben ist Freude!«

~

›Juma schwitzt wieder!‹, schrieb ich voller Freude in derselben Woche in die Betreffszeile einer meiner Rundmails, die ich regelmäßig an meine Freunde und Familie schickte. Sie wussten schon einiges über Juma und freuten sich immer sehr über meine Berichte aus dieser anderen Welt. Für mich war das wie ein kleines Wunder. Monatelang war kein einziges Tröpfchen aus Jumas Poren gekommen. Trotz der unerträglichen Hitze hatte er ständig gefroren.

Sein Körper erwacht wieder zum Leben! Wir haben es geschafft, glaubte ich mich schon am Ziel. Jetzt konnte sicher alles nur noch besser werden. Oder etwa nicht?

6

Courage ist Mut
Humility ist Demut
Destiny ist Bestimmung

»*Twenzetu!* Kommt, lasst uns abhauen!«, hörte ich eine Stimme durch meine dünne Zimmerwand. Es war gerade Mittag und ich versteckte mich drinnen vor der heißen Sonne. Durch mein Guckloch in der Wand sah ich drei Diebe den kleinen Trampelpfad neben meinem Zimmer entlangrennen. Es war wie im Kino. Ich wunderte mich nur, dass es denen nicht zu heiß war für solche Aktionen.

»Packt die Diebe! Die haben mir mein Handy geklaut!«, rief kaum eine Minute ein aufgeregter Mann, den Dieben auf der Spur.

Trotz der vielen Vorfälle in Kigamboni, einem der ärmsten Stadtteile Dar es Salaams, konnte ich mich für gewöhnlich sicher fühlen. Pünktlich zu Einbruch der Dunkelheit schloss Juma seinen Verkaufsstand und war in nur wenigen Minuten bei mir. Gegen acht machten wir uns meist auf den Weg, um in unserem *Hoteli* essen zu gehen. Dies war die schönste Tageszeit, um gemeinsam durch die schwüle afrikanische Nacht zu spazieren. Dann duftete die Luft besonders intensiv nach Meer und Sand, und es war so wunderbar still. Nur Kröten quakten an manchen Stellen, an denen sich kleine Teiche gebildet hatten.

Doch bei all der Idylle durfte man nicht vergessen, wo man sich befand. In dieser Gegend gab es keine Straßenlaternen, und wenn nicht gerade der Vollmond schien, war es stockfinster.

Vor allem um ein Gebäude, das etwa hundert Meter von meinem Zimmer entfernt lag, machte ich immer einen großen Bogen. Es war ein Suaheli-Haus, das seit einigen Jahren von Straßenjungs besetzt war. Einst war es von einem englischen Pater gegründet

worden, der zusammen mit Einheimischen Straßenkinder betreute und unterrichtete. Als seine Aufenthaltsgenehmigung ablief, ging der Pater nach England zurück, und übrig blieben nur die einheimischen Betreuer, die das Haus schnell verkaufen wollten, um sich mit dem Geld davonzumachen.
Schon oft hatte mir Juma von seinen Erfahrungen mit Straßenkinderprojekten erzählt, bei denen es ähnlich gelaufen war. Er nannte es »das afrikanische System«.
Dieser Teufelskreis war einer der Gründe dafür, warum ich mich nicht schon längst einer Hilfsorganisation angeschlossen hatte. Eine Organisation kann durch ihre starre Struktur nicht immer auf die individuellen Bedürfnisse der Menschen eingehen. Diese Freiheit wollte ich mir aber immer bewahren, ich will das Leben der Menschen mit all seinen Facetten hautnah miterleben, um anschließend frei beurteilen zu können, wie ich jedem Einzelnen am besten helfen kann. Beide Arten der Hilfe sind wichtig, und so habe ich meinen persönlichen Weg gewählt.
Als die jugendlichen Bewohner von den Verkaufsplänen erfuhren, konnten sie sich erfolgreich dagegen wehren – nun hatte sich das Haus aber leider zum *Ghetto* einer unberechenbaren Clique verwandelt. Die Jungs schliefen dort nachts auf Kartons und verbrachten ihre Tage damit, im Garten Marihuana zu rauchen.
Welche Gefahr das Jugendcamp auch für die Nachbarschaft darstellte, erfuhr ich noch in derselben Nacht, als mich die panischen Hilfeschreie einer Frau weckten. Sie kamen eindeutig aus der Richtung des Jugendcamps. Verschlafen weckte ich Juma. Dann hörten wir die Schreie klar und deutlich: »Nein, tut das nicht! Oh mein Gott, ich sterbe!«
»Juma, was ist da los?«, fragte ich erschrocken und war drauf und dran der Frau zu Hilfe zu eilen..
Juma hielt mich am Arm fest. »Schscht, bleib bloß sitzen, sonst bist du tot«, befahl mir Juma leise. »Das sind bestimmt die Jungs

vom Camp, die bringen dich um mit ihren Macheten. Was die da machen, ist *Mande* – das bedeutet, dass einer nach dem anderen die Frau vergewaltigt«, erklärte er mir mit versteinerter Miene.
Es war kaum auszuhalten. Immer wieder drangen Schreie zu uns herüber, bestimmt eine halbe Stunde lang. Und wir konnten nichts dagegen unternehmen. Die Polizei zu rufen war in diesem Stadtteil sinnlos, es würde sowieso keiner kommen.
Noch immer saß ich verkrampft auf meiner Matratze, bis das Schluchzen der Frau allmählich nachließ. Aber Juma hatte recht, wir konnten nichts tun – die Straße folgte ihren eigenen Gesetzen.

~

Nach diesem Vorfall achtete ich verstärkt darauf, dass ich mich nach Einbruch der Dunkelheit nur noch zusammen mit Juma auf der Straße blicken ließ. Abends gingen wir meist zu unserem *Hoteli,* dahin war es nur ein kleiner Spaziergang. Der kleine Imbiss bestand aus drei Wänden und einem Vorhang, der als Eingang diente. Wenn man zusammenrückte, war an den beiden langen Tischen und den vier Bänken Platz für etwa zwanzig hungrige Gäste. Füllige Mamas schöpften aus vier großen Töpfen Reis, Maisbrei, Bohnen und Kochbananen auf die Teller der Gäste. Wenn uns nach Milch, Spiegeleiern und *Chapati* – runde dünne Brotfladen – war, konnten wir auch zum Nachbarn gehen, dessen *Hoteli* direkt an unser Stammlokal angrenzte. Unter einem Wellblechdach verkaufte ein Junge dort brutzelnde Pommes frites mit Rührei aus einer großen Pfanne.
Die gemütliche Schlichtheit war im abendlichen Schein der Petroleumlampen besonders schön. Schon längst waren wir Stammgäste geworden. Die Angestellten begrüßten uns wie alte Freunde und hießen uns jedes Mal überschwenglich in ihren *Hotelis* willkommen. Sie fühlten sich sehr geehrt, dass eine Weiße zu ihnen zum Essen

kam, und wunderten sich anfangs, wie ich mich überhaupt hierher verirrt hatte.
Nach dem Abendessen schlenderten wir nach Hause, wo anschließend die schönsten Momente des Tages folgten, in denen Juma und ich ganz für uns sein konnten. Nur dann waren wir frei von allen kulturellen Einschränkungen, die unsere Liebe zu einem Versteckspiel machten.

~

Mittlerweile war es Dezember. Ich war nun seit fast drei Monaten wieder in Tansania und erlebte gerade einen der heißesten Sommer, die das Land je gesehen hatte. Die Sonne wurde von Tag zu Tag stärker, die ganze Stadt ächzte unter der Hitze. Und auch Jumas neugewonnene Lebensfreude schien deutlich darunter zu leiden, er klagte neuerdings über einen unerträglichen hämmernden Schmerz im Stirnbereich.
Es kam in letzter Zeit immer häufiger vor, dass Juma abends heimkehrte, sich in meinem Zimmer auf einen Hocker setzte und auf den Boden stierte. Normalerweise kuschelte er sich immer erst an mich, und wir erzählten uns, wie der Tag gewesen war. Auch an diesem Abend reagierte er auf mein wiederholtes Nachfragen kaum und wiederholte immer wieder murmelnd dasselbe Wort *»unaninyanyasa«*.
»Juma, sag mir doch bitte endlich, was das zu bedeuten hat. Ich weiß nicht was *›unaninyanyasa‹* heißt«, forderte ich ihn zum x-ten Male auf.
Mir schien, als würde er mich gar nicht hören, denn er schwieg und schaute dabei finster drein. Eine ganze Stunde ging das so, bis er auf einen Schlag wieder ansprechbar war, mir aber auch dann meine Frage nicht beantworten wollte.
Am nächsten Tag ließ ich mir das Gesagte von Muba übersetzen. Es bedeutete: »Du engst mich ein.«

Warum redete Juma nicht offen mit mir, wenn er sich eingeengt fühlte? Er war doch auch sonst nicht schüchtern, wenn es darum ging, etwas auszudiskutieren. Muba erst brachte mich darauf, was mit Juma geschehen sein könnte: Er wurde vielleicht von einem *Mchawi* verhext!

Ich glaubte nicht an Hexerei – in Tansania aber war es ein weitverbreiteter Aberglaube, dass es *Mchawis*, böse Zauberer, gebe, die von Neidern beauftragt werden konnten, um jemandem mit Hilfe schwarzer Magie zu schaden.

An einem Sonntag, nach einem wunderschönen Tag am Strand mit Juma und seinem besten Freund Samuel, machte ich eine Beobachtung, die nun auch mich langsam an Zauberei glauben ließ:

Samuel hatte am Strand Muscheln gesammelt, die nun in einer Plastiktüte bei mir zu Hause standen. Wir saßen dort noch eine Weile beisammen und hörten Musik, bis Samuel aufbrechen wollte. Es war ein schöner Tag gewesen. Gerade Juma rief jedes Wochenende zum Relaxen am Strand auf. Demnach konnte ich nicht ahnen, dass er nur wenige Minuten später, nachdem er Samuel hinausbegleitet hatte, wieder finster in meiner Tür stehen würde. Nein, genauer gesagt schaute er vor meiner Tür noch freundlich drein und verwandelte sich erst in meinem Zimmer wieder in dieses stierende, unzugängliche Wesen.

Am nächsten Morgen ging Juma wie gewohnt zur Arbeit. Nur durch Zufall fiel mein Blick auf den Türrahmen. Dort hing Samuels Plastiktüte mit den Muscheln, die er in einem unbeobachteten Augenblick dort oben aufgehängt hatte. Ich musterte die Tüte und erinnerte ich mich daran, irgendwo gehört zu haben, dass sich *Mchawis* der Erd- und Meereselemente bedienten, um ihre magische Kraft wirken zu lassen. Im selben Moment fielen mir auch wieder Jumas plötzlich auftretende Kopfschmerzen ein.

Ich hatte schon länger den Eindruck, dass Samuel auf Juma und

mich eifersüchtig war. Hatte er deswegen versucht, uns durch schwarze Magie auseinanderzubringen?
Entschlossen packte ich die Tüte und entsorgte sie samt Inhalt auf einer weit entfernten Müllkippe.
Ob ich nun an Hexerei glaubte oder nicht – nichts und niemand würde sich mehr zwischen uns drängen können, auch keine merkwürdigen Tüten an meiner Zimmerwand.

~

Und tatsächlich war es das letzte Mal gewesen, dass Juma apathisch auf einem Hocker in unserem Zimmer gesessen hatte. Er war wieder ganz der Alte.
Bald war Weihnachten, und ich hatte schon jetzt ein ganz besonderes Geschenk für Juma.
»Juma, durchsuch mich mal! Ich habe etwas versteckt, und wenn du es findest, gehört es dir!«, neckte ich ihn grinsend, während ich mich flach auf meinem Bett ausstreckte. Juma liebte Überraschungen und stürzte sich sogleich auf mich. Seine Hände waren überall, und für einen Augenblick schien es so, als hätte er das Interesse an seinem Geschenk kurzzeitig verloren, um sich mit mir unter der Bettdecke zu tummeln. Doch schließlich schob ich ihn lachend beiseite und klopfte auf meine Hosentasche.
Langsam öffnete er den Reißverschluss und hielt gleich darauf seinen ersten nagelneuen grünen Reisepass in den Händen.
»Nein, das ist nicht wahr, oder? Ich hatte schon gar nicht mehr daran geglaubt …«, ungläubig musterte er das Dokument von allen Seiten.
Auch ich wäre schier verrückt geworden, als ich gestern termingerecht seinen Pass abholen wollte und die Schalterbeamtin bei der Einwanderungsbehörde behauptete, Jumas Akte nicht finden zu können. Sie erinnere sich nicht an ihn, und die Beamtin, die damals

seinen Antrag entgegengenommen habe, sei mittlerweile versetzt worden, sagte sie mit einer unglaublichen Arroganz zu mir.

Juma hatte recht gehabt: Die Angestellten wollte sich nur ein zusätzliches Taschengeld verdienen und rückten deshalb nicht mit dem Pass heraus. Immer hatten sie Ausreden parat. Aber diesmal hatte ich genug davon. Meine ganze aufgestaute Wut wollte bei dem Gedanken an die vielen Stunden, die ich in diesem stickigen Raum gewartet hatte, herausplatzen. Ihre Gemeinheiten trieben mir die Tränen in die Augen, doch ich konnte mich gerade noch einmal zusammenreißen. Denn da fiel mein Blick auf das Büro des Managers, das genau auf der anderen Seite des Schalters lag. Kampfbereit ging ich darauf zu.

Ein Mann um die fünfzig öffnete mir auf mein Klopfen hin die Tür und bat mich freundlich, Platz zu nehmen. »Was kann ich für dich tun?«, fragte er mich, nachdem wir bereits eine Weile über Deutschland und Europa geplaudert hatten. Es gab mir ein sicheres Gefühl, dass er sich offenbar freute, von einer *Mzungu* Besuch zu bekommen. Geduldig hörte er sich meine Klage über das Verhalten der Schalterangestellten an. Nachdem er mir sein Bedauern über die Situation ausgedrückt hatte, griff er sofort nach dem Telefonhörer, um die betreffende Angestellte, Anna-Maikel hieß sie, höchstpersönlich in sein Büro zu bestellen.

Kaum zwei Minuten später betrat sie auch schon den Raum. Wie ein verängstigtes Schulmädchen blieb sie vor ihrem Vorgesetzten stehen.

»Miss Anna-Maikel, morgen früh wird diese junge Dame hier den Pass ihres zukünftigen Mannes bei Ihnen abholen«, ordnete ihr der Manager an, nachdem er ihr eine angemessene Standpauke gehalten hatte. Sein strenger Tonfall ließ keine Widerrede zu, und heute Morgen händigte sie mir dann wortlos das heißersehnte Dokument aus.

Jetzt, da Juma seinen tansanischen Pass hatte, konnte ich ihn auch

endlich in meine Pläne einweihen. Ich legte den Pass zur Seite und nahm seine Hände in die meinen.
»Juma, wir haben schon so viel miteinander erlebt. Du weißt, dass ich dich von ganzem Herzen liebe … Aber weißt du auch, dass ich dich gerne heiraten möchte?«
Das schien nun eine Überraschung zu sein, die sogar für Juma zu viel war. »Nicky, meinst du das ernst? Du willst wirklich meine Frau werden?«, fragte er mich ungläubig.
»Ich glaube, dass wir durch eine Hochzeit beide glücklich werden können. Denn ich möchte mit dir nach Deutschland gehen und dir meine Heimat zeigen. Dort kannst du Arbeit finden, und wir kommen unserem Lebenstraum ein großes Stückchen näher.«
»An meinem Traum von einem besseren Leben arbeiten … ja, das würde ich sehr gerne mit dir tun! Ich will dein Mann werden und mit dir an meiner Seite nach Deutschland reisen. Nicky, das machen wir!«, antwortete er mir feierlich und drückte mich sogleich fest an sich.
Nun, da es beschlossene Sache war, dass wir heiraten und nach Deutschland gehen würden, liefen die Hochzeitsvorbereitungen auf Hochtouren. Juma hielt sich dabei im Hintergrund, denn er hatte immer noch großen Respekt vor Ämtern und Behördengängen.
Doch zuerst musste ich meinen Eltern ein ausführliches Geständnis schreiben. Wenn ich zu etwas fest entschlossen bin, dann kann mich nichts mehr davon abbringen. Das wissen auch meine Eltern nur zu gut. Umso größer war ihr Entsetzen, als ich sie nun so kurz vor Weihnachten mit meiner Hochzeitsankündigung überrumpelte.
Doch was hatte ich schon erwartet? Natürlich war es der größte Schock ihres Lebens, dass ich einen eben noch drogenabhängigen und tuberkulosekranken Verbrecher mit nach Hause bringen wollte. So manche Überraschungen waren sie zwar schon von mir gewohnt, aber dies, wie meine Mutter als Antwort in einer E-Mail schrieb, übertraf all meine bisherigen Aktionen bei weitem! Weiter

schrieb sie, dass mein Vater vom Tisch aufgesprungen sei und verärgert mit unserem Hund Gassi gegangen war, um die Nachricht zu verdauen.

Voller Entsetzen dachte meine Mama bereits an Weihnachten. Sie prophezeite mir, dass es dieses Jahr aufgrund der vermiesten Stimmung bestimmt ins Wasser fallen würde. Vor allem machte sie sich große Sorgen, wie ich mit meinem wenigen Geld auch noch einen Ausländer mit nach Deutschland bringen wollte, der ohne Deutschkenntnisse und dazu noch als Analphabet bestimmt keine Chance auf dem Arbeitsmarkt haben würde.

Das Einzige, was sie im Augenblick trösten konnte, war die Aussicht, mich nun doch wieder für eine Weile bei ihnen in Schwäbisch Gmünd zu haben.

Die Reaktion meiner Eltern überraschte mich nicht, ich verstand ihre Sorgen sogar. Trotzdem teilte ich die Bedenken meiner Mutter nicht, es gibt schließlich immer einen Weg, wenn man nur fest daran glaubt und konsequent danach sucht. Ich ließ mir schon lange nicht mehr die Flügel stutzen und mich in einer kleinen begrenzten Welt einsperren, aus diesem Grund war ich schließlich auch nach Afrika gegangen.

Um erste Informationen über das Heiraten im Ausland zu erhalten, durchsuchte ich das Internet und kam schließlich mit einer Deutschen aus München in Kontakt. Hilfsbereit beschrieb sie mir per E-Mail den behördlichen Ablauf, wie sie vor vier Jahren bei ihrer Hochzeit mit einem Tansanier vorgegangen war. Wie alle offiziellen Abläufe in Tansania, war auch eine Hochzeit ein nervenaufreibendes, bürokratisches Unterfangen.

Als Erstes mussten wir einen Termin für die Trauungszeremonie beim Standesamt vereinbaren – dafür waren mehrere Anläufe und Stempel nötig –, und schließlich wurde unsere »Ehetauglichkeit« noch von einem strengen Beamten des Einwohnermeldeamtes geprüft, der es mit seinen vielen Fragen besonders auf Juma abgesehen

hatte. Als der Mann das Thema auf Jumas Familie lenkte, wurde mir immer heißer in der kleinen Amtsstube. Ausgerechnet das, worüber Juma am wenigsten reden wollte, sollte hier jetzt ausgebreitet werden. Ich war mir nicht einmal sicher, ob er vor dem strengen Beamten überhaupt den Mund aufmachen würde.
»Was meinen denn deine Eltern zu euren Hochzeitsplänen? Sind sie damit einverstanden?«, verhörte er Juma wie einen Minderjährigen. Der konterte jedoch geschickt: »*Mheshimiwa*, verehrter Herr, wie Sie sehen, bin ich ein junger Mann und alt genug, um eine solche Entscheidung allein treffen zu können«.
Aber auch der Beamte wirkte mit seinen ergrauten Haaren erfahren genug, um zu wissen, dass ein junger Mann wie Juma keine Fluchtmöglichkeit unversucht lassen würde, um aus Tansania herauszukommen.
Schließlich blickte er uns beide eine kleine Ewigkeit über seine dicken Brillengläser hinweg an, erhob sich und gratulierte uns zur bevorstehenden Hochzeit.
Tags darauf hatten wir dann ein Datum für unsere Trauung: Am 30. Dezember sollte es so weit sein, in knapp zwei Wochen!
»Ich weiß doch gar nicht, wie man heiratet! Was muss ich auf dem Standesamt tun? Was soll ich sagen?«, platzte die nackte Panik am Abend aus Juma heraus, als ich ihm die Bestätigung unseres Aufgebots unter die Nase hielt.
»Na, ich hab doch auch noch nie geheiratet«, beruhigte ich ihn. Du brauchst keine Angst zu haben. Wir haben schließlich alle Unterlagen beisammen, und hier habe ich dir noch die eidesstattliche Erklärung des Eheversprechens mitgebracht. Damit können wir gemeinsam üben, und du wirst gut vorbereitet sein, auch ohne lesen zu können«.
Dass er sich nicht wirklich auf die Hochzeit freuen konnte, fand ich nicht so schlimm. Auch mein Ziel war nicht die Hochzeit, um ihn für immer und ewig an mich zu binden, sondern schlichtweg ein

Weg, auf dem ich ihm meine Liebe schenken und ihm ein neues Leben ermöglichen konnte.
In den letzten Tagen vor Weihnachten verbrachte ich Stunden damit, mich mit noch mehr Informationen über die Bedingungen der Einreise- und Arbeitsgenehmigung für Deutschland einzudecken. Den Antrag dazu würden wir aber erst stellen können, wenn wir verheiratet waren. Hoffentlich klappte auch alles so, wie wir uns das vorstellten!

~

Da für die Hochzeit nun alles so weit geregelt war, bekam ich den Kopf allmählich frei für Weihnachten. Die Hitze in Dar es Salaam versetzte mich zwar nicht gerade in Weihnachtsstimmung, dennoch war ich froh, in Afrika zu sein und so dem westlichen Konsumwahn zu entgehen.
Christbäume und Geschenke sind unüblich in Tansania, und auch sonst konzentriert sich das ganze Fest auf die Mitternachtsmesse und auf Verwandtenbesuche.
»Juma, wo möchtest du eigentlich am liebsten Weihnachten verbringen?«, fragte ich ihn wenige Tage vor dem Fest, wir hatten es uns gerade bei mir gemütlich gemacht.
»Ach, ich möchte nirgends hin. Ich bleibe lieber im Zimmer«, antwortete er mir entschieden.
»Aber warum denn das? Feierst du Weihnachten nicht?«.
»Es ist einfach nicht gut, an Weihnachten draußen herumzulaufen. Das habe ich während meiner Zeit auf der Straße gelernt. Die Polizei weiß, dass die Weihnachtszeit die Hochsaison für Einbrecher und Diebe ist. Ist doch auch klar: Die Leute gehen feiern, und das Haus steht leer. Oder sie laufen mit Schmuck oder viel Geld durch die Gegend. Schon Tage vorher säubern Polizisten die Stadt, und meistens haben sie auch mich eingesammelt. Ich habe fast jede

Weihnachten hinter Gittern verbracht, einfach so, ohne etwas angestellt zu haben. Daher will ich an den Feiertagen einfach zu Hause bleiben und warten, bis das Fest vorüber ist.

Kurz dachte ich nach. »Na, wenn das so ist, dann lass uns doch einfach woanders feiern. Warum weihen wir nicht deinen nagelneuen Pass ein und fahren nach Kenia? Mein Touristenvisum läuft sowieso bald ab, und so kann ich auf dem Rückweg an der Grenze gleich ein neues beantragen.«

Juma war begeistert. Er war noch nie in Kenia, einem Land, in dem ebenfalls Suaheli gesprochen wurde, nur zu gerne wollte er einmal Mombasa und Nairobi sehen.

So beschlossen wir, an Heiligabend bereits in Mombasa zu sein.

Mombasa, ebenfalls an der afrikanischen Ostküste gelegen, war bequem innerhalb eines Tages von Dar es Salaam aus zu erreichen. Dazu nahmen wir einen großen Reisebus bis zur Küstenstadt Tanga, in der heute noch historische Gebäude aus der nur wenige Jahre andauernden deutschen Kolonialzeit stehen. Anschließend ging unsere Reise sofort mit einer zweistündigen Fahrt in einem Kleinbus bis über die Landesgrenze weiter. Zu unserer großen Überraschung liefen unweit nach dem kenianischen Grenzübergang wilde Zebras neben unserem Bus her, sie waren wunderschön, so frei und schnell.

Um bis in die Innenstadt von Mombasa zu gelangen, mussten wir nun noch eine Autofähre nehmen, die nahezu doppelt so groß war wie die in Dar es Salaam. Als wir endlich an der Endstation mitten im Stadtzentrum von Mombasa ankamen, war es bereits stockfinster. Mombasa bei Nacht wirkte gefährlich, doch zum Glück kannte ich mich ein wenig aus, und wir steuerten somit direkt auf ein günstiges Gasthaus zu.

Die ersten hellen Sonnenstrahlen tauchten Mombasa am nächsten Morgen in ein freundlicheres Licht. Mit einem Kleinbus fuhren wir zum nahe gelegenen Meer. Dort feierten wir ein wundervolles

Weihnachtsfest. Wir lagen unter Palmen am Strand, schwammen im warmen Meer. Und gegen alle Erwartungen bekam ich sogar noch ein Weihnachtsgeschenk: Als mich Juma auf seinen Armen durchs Wasser trug, bemerkte ich es: Seine Augen, die durch seinen Drogenkonsum immer durch einen gelben Schleier getrübt waren, waren klar wie nie zuvor. Nun war auch der letzte Rest des Gifts aus seinem Körper gewichen!

Am frühen Abend kamen wir auf dem Rückweg vom Strand an Mombasas Hafen vorbei. Juma hatte schon viel über die Frachtschiffe von Mombasa gehört, mit denen es immer wieder Einzelnen gelungen war, sich aus Afrika rauszuschmuggeln. Durch das afrikanische »Mund-zu-Mund-Radio« wusste er, dass es hier irgendwo einen Flecken am Hafenstrand geben musste, an dem die harten Jungs herumhingen, Drogen nahmen oder auch nur auf ein geeignetes Schiff warteten, das sie in ein besseres Leben bringen sollte.

»Früher habe ich keinen anderen Ausweg gesehen, als durch so einen Zaun zu klettern und mich auf ein Schiff zu schleichen. Das ist heute anders, du hast mir neue Hoffnung gegeben«, sagte Juma, den Blick weiterhin aufs Meer gerichtet.

In der Tat symbolisierte der Zaun vor uns zwei verschiedene Leben. Heute stand Juma auf derselben Seite wie ich, eine Weiße, die er bald heiraten würde. Ob er meinem Versprechen genug Vertrauen schenken würde, bis wir tatsächlich gemeinsam nach Deutschland konnten? Oder würde er doch noch eines Tages wie die anderen Straßenjungs die andere Seite des Zauns wählen? Schließlich hatte ihn das Leben auf der Straße gelehrt, zu misstrauen, um zu überleben.

Noch am selben Abend setzten wir unsere Reise mit einem Nachtbus nach Nairobi fort. Wie schon befürchtet, kamen wir viel zu früh am nächsten Morgen auf dem Busbahnhof in Nairobi an. Es war eisig kalt, schlafende Menschen lagen zusammengekauert in Nischen und auf dem bloßen Boden. Als wir auf der Suche nach einem günstigen Gasthaus in eine leere Seitengasse einbogen, kamen zwei Frauen in superkurzen Höschen aus einer Disco. Ihr übertriebenes Styling sprach Bände. Juma wollte die beiden nach einem Gasthaus fragen, doch statt eine Antwort zu geben, verlangten die beiden Prostituierten, er solle sie lieber auf ein Bier einladen.

Plötzlich tauchten zwei starke Typen hinter uns auf. Als wir die Knüppel in ihrer Hand sahen, wurde auch Juma klar, dass sich diese Damen nicht dafür eigneten, uns ein Hotel zu empfehlen.

Schnell rannten wir davon, noch bevor uns die Typen auf den Leib rücken konnten. Immer noch außer Atem, schlug Juma vor, die Suche nach einem Gasthaus bleibenzulassen und noch heute über die Grenze nach Arusha zu fahren. Ich war froh über diese Planänderung, und so vertrieben wir uns bis zum Mittag die Zeit in den Parkanlagen und Geschäftsstraßen von Nairobi, um anschließend mit einem weißen Kleinbus weiter zum tansanischen Grenzübergang in Namanga zu fahren.

Der Weg führte uns an weiten trockenen Graslandschaften vorbei, dem Gebiet der Massai-Nomaden. Nachdem ich in Namanga problemlos ein Visum für drei weitere Monate für Tansania erhalten hatte, stiegen wir hinter der Grenze in ein Sammeltaxi, das uns bis nach Arusha bringen sollte.

Wir freuten uns schon darauf, Sonja, eine junge Deutsche, die wir vor kurzem auf der Fähre in Dar es Salaam kennengelernt hatten, dort wiederzusehen. Sonja verbrachte ein Freiwilliges Ökologisches Jahr in Arusha und beschäftigte sich mit dem Thema Solarenergie. Inzwischen gab es einige solcher Projekte, die versuchten, neue Techniken zu entwickeln, durch die der hohe Holzkohlebedarf in Afrika reduziert werden konnte.

Ein kurzer Anruf genügte. Sonja schlug spontan vor, uns am Abend im ViaVia, einem Musik-Café mit einer kleinen Freilichtbühne, zu treffen. Juma und ich waren bereits vor ihr da und setzten uns vor der Bühne, die in einem hübschen Park lag, ins Gras, um auf sie zu

warten. Dann aber stand Juma plötzlich auf und ging zum Eingangstor, um dort nach Sonja Ausschau zu halten. Als nach einer Viertelstunde immer noch keiner von beiden aufgetaucht war, schaute ich dann doch selbst nach und ging ebenfalls zum Tor.
Und tatsächlich: Da saßen die beiden auf einem Mäuerchen neben dem Eingangstor, sie schienen sich angeregt zu unterhalten. Irgendwie hatte ich auf einmal ein ungutes Gefühl, war ich etwa eifersüchtig? Dennoch wollte ich mir meine Verärgerung nicht anmerken lassen und begrüßte Sonja freudig. Eine afrikanische Live-Band hatte inzwischen viele junge Leute angelockt, und die Party war bereits in vollem Gange. Auch Sonja und Juma ließen sich von der Musik mitreißen und tanzten ausgelassen zum Rhythmus des Reggae. Mir hingegen war nach allem anderen als nach Tanzen zumute. Ich wusste nicht, worüber ich mich mehr ärgerte. Über Jumas offensichtliche Begeisterung für die blonde Sonja oder über meine eigene Eifersucht.
Nach einer Weile kam Sonja zu mir und setzte sich neben mich. Sie musste gespürt haben, dass mit mir etwas nicht stimmte.
»Hey, du tanzst ja gar nicht, alles in Ordnung?«, fragte sie vorsichtig nach.
»Nicole, sag mal, seid ihr beide eigentlich ein Paar? Du und Juma?«
»Ja, wieso? Interessierst du dich für ihn?«, fragte ich gespielt scherzhaft. Dieses Gespräch ging mir eindeutig in die falsche Richtung.
»Na ja, nicht direkt. Aber er hat vorhin am Eingang etwas zu mir gesagt, was mich dann doch verwirrt hat.«
»Jetzt rück schon raus. Was hat er gesagt?« Warum druckste sie nur so herum?
»Er hat gesagt: ›*Nakupenda*, ich liebe dich.‹«
Wumm, das saß! Wie konnte er nur? War das der Dank? Nach allem, was wir zusammen durchgemacht hatten? Mir war zum Heulen zumute. Eine Fremde wie Sonja, mit der er bisher nur ein paar Sätze gewechselt hatte, war jetzt also interessanter als ich?

Sonja sah natürlich sofort, was sie mit ihrer Offenheit angerichtet hatte. »Ach, hätte ich nur nichts gesagt. Vergiss es doch einfach. Bestimmt war er nur neugierig auf weiße Mädels und wollte testen, wie ich reagieren würde.«
In diesem Moment kam Juma zu uns an den Tisch und griff nach meiner Hand.
»Hey, Nicky, komm, tanz mit mir!«, rief er. Die Musik schien ihn so zu begeistern, dass er mein abwesendes Schweigen gar nicht mitbekommen hatte.
»Nein, Juma, ich fühle mich nicht gut. Lass uns bitte nach Hause gehen«, unterbrach ich ihn und stand ruckartig auf. Nur weg hier, dachte ich.
Auf dem Weg zum Taxistand, wo wir uns von Sonja verabschieden wollten, erblickten uns zwei extrovertierte Tansanierinnen. Lautstark teilten sie ihre Bewunderung für Sonjas weibliche Rundungen mit. Jetzt kam ich mir tatsächlich wie die letzte Bohnenstange vor und wollte diesen Tag am liebsten aus dem Kalender streichen.
Zurück in unserem Gasthaus war ich heilfroh, dass Juma sofort einschlief. Jetzt hatte ich Zeit zum Nachdenken, denn dieser Vorfall hatte mir wieder vor Augen geführt, wie schwierig unsere Beziehung tatsächlich war.
Erst war es Freundschaft gewesen. Dann offenbarte sich mir Juma und bat mich, ihm dabei zu helfen, ein besseres Leben zu führen. Und ehe ich mich versehen konnte, entwickelte sich aus dieser Freundschaft eine ungewöhnliche Liebe.
Dennoch waren wir uns einig. Wir wollten nur so viel des Weges gemeinsam zurücklegen, bis wir stark genug waren, uns neuen Zielen zu widmen. Juma wollte eine Familie gründen und ich mich weiterhin um notleidende Menschen kümmern. So hatte ich es schließlich immer vorgehabt. Aber dieser Augenblick war noch nicht gekommen, das wusste ich einfach. Aber wie ging es Juma damit? Konnte ich von ihm bedingungslose Treue erwarten, wenn

gerade Liebe immer die schmerzlichste Lücke in seinem Leben gewesen war? Konnte ich tatsächlich von ihm verlangen, meine deutschen Beziehungsvorstellungen und meine Kultur zu verstehen, ohne sie zu kennen?
Ich wollte ihm nicht unrecht tun und beschloss, am nächsten Morgen in aller Ruhe mit ihm darüber zu sprechen. Doch dann, als Juma neben mir aufwachte, und sich verschlafen an mich schmiegte, konnte ich meine Verletztheit nicht länger verbergen. Schon kullerten mir die ersten Tränen übers Gesicht. Juma erschrak über meinen unerwarteten Gefühlsausbruch.
»Nicky, warum weinst du denn?«, fragte er leise und wischte mir dabei sanft die Tränen aus dem Gesicht. Nach ein paar weiteren Schluchzern fasste ich mich endlich so weit, ihm von meinem Gespräch mit Sonja erzählen zu können.
»Weißt du, ich will dich nicht einengen«, schloss ich meinen Bericht. »Aber wir können uns nicht dasselbe Bett teilen, wenn du dich an andere Frauen heranmachst. Wenn wir ein Paar sind, dann sollten wir uns auch treu sein.«
Betreten schaute er zu Boden, er hatte wohl erst jetzt begriffen, was er da gestern angestellt hatte. »Weißt du, ich bin doch noch ein *Mshamba* in solchen Sachen. Ich wollte nur ausprobieren, wie ich bei ihr ankomme. Ich will dich doch nicht verlieren! So weine doch nicht«, bat er mich und legte tröstend seinen Arm um mich.
Ich schmiegte mich erleichtert an ihn. Nichts sollte uns jemals von unseren gemeinsamen Zielen und Träumen abbringen können. Denn hier ging es nicht um alltägliche Beziehungslappalien und Eifersüchteleien, hier ging es um etwas viel Größeres – es ging um das Leben selbst. Juma hatte mir sein Herz geöffnet, und genau deshalb hatte ich mir fest vorgenommen, ihn aus dem Schatten heraus auf die Sonnenseite des Lebens zu führen.
Und so machten wir uns am nächsten Tag auf den Weg nach Dar es Salaam, wo wir wie geplant in drei Tagen heiraten würden.

7

Desperation ist Verzweiflung
Temptation ist Versuchung
Responsibility ist Verantwortung

Nun stehe ich tatsächlich hier vor einem afrikanischen Standesbeamten und heirate einen ehemaligen Straßenjungen. Gebe mein Eheversprechen vor einem Beamten ab, der es für die natürlichste Sache der Welt hält, dass mein zukünftiger Mann auch noch Nebenfrauen haben kann.

Juma und ich waren auf alles vorbereitet, nur darauf nicht. Natürlich hatte ich schon einmal gehört, dass es unter den Muslimen in Tansania üblich ist, bis zu vier Frauen zu heiraten, dennoch war es mir nicht in den Sinn gekommen, darüber mit Juma zu reden.

Der Standesbeamte sieht uns immer noch erwartungsvoll an. Jetzt gilt es, schnell zu handeln, sonst wird die Zeremonie womöglich wieder abgebrochen.

Religion spielt weder in meinem noch in Jumas Leben eine große Rolle. Er ist in einem muslimischen Elternhaus geboren, kam aber zeitweilig in verschiedenen christlichen Heimen unter. Und für mich als Atheistin spielt der Glaube schon lange keine Rolle mehr.

Aber trotz aller Offenheit bezweifle ich stark, dass sich eine polygame Ehe mit dem deutschen Gesetz verträgt. Ein kurzer Blick zu Juma genügt, und wir kreuzen beide das Kästchen unter *Monogamie* an.

Zufrieden nickt der Standesbeamte und fragt als Nächstes nach unseren Eheringen. Da man die in Tansania aber nicht braucht, hatten wir besprochen, darauf zu verzichten. Erklärend halte ich dem Standesbeamten meine relativ dicken Finger hin – von meiner Mutter vererbt – und er zeigt sofort Verständnis für unseren Entschluss. Dann soll Juma das Eheversprechen vorlesen. Jetzt wird es brenzlig. Ob sich Juma die Sätze merken konnte, die wir gestern noch einstudiert haben? Mir wird immer mulmiger zumute.

Doch zu meiner Überraschung beugt sich Juma blinzelnd zu dem Standesbeamten vor und tischt ihm schauspielreif eine kleine Notlüge auf. »Wissen Sie, verehrter Herr, leider sehe ich sehr schlecht und kann die kleinen Buchstaben kaum erkennen.«

»Na, wenn das so ist, dann sprechen Sie mir einfach nach«, bietet der Standesbeamte rücksichtsvoll an und fängt auch schon an vorzulesen.

»*Nitakupenda kwa dhati* … Ich werde dich mein Leben lang von Herzen lieben …«, höre ich Juma sagen – und schaue dabei bewusst aus dem Fenster hinaus. Ich weiß, dass unsere Beziehung diesen Worten nicht gerecht wird, zumindest noch nicht. Und das tut trotz meiner festen Überzeugung, hier und heute das Richtige zu tun, weh. Die Erinnerungen an den gestrigen Tag sind noch frisch: wie er mich mit dem Stock bedroht hat und immer wieder davon sprach, mich zu verlassen.

Aber meiner lieben Trauzeugin Margrethi entgeht nichts. Flüsternd legt sie mir die Hand auf die Schulter: »Du must deinen künftigen Mann doch ansehen, wenn er dir die Liebe verspricht.« Sie freut sich so über unsere Vermählung. Na wenigstens eine!

Dann bin ich an der Reihe. Den Text auf Suaheli habe ich zu Hause auswendig gelernt und gebe Juma nun ein Eheversprechen, das von ganzem Herzen kommt.

Zu guter Letzt unterschreiben wir zusammen mit unseren Trauzeugen die Hochzeitspapiere und werden vom Standesbeamten mit den Worten »In guten wie in schlechten Zeiten« in ein glückliches Eheleben entlassen. Seine Worte klingen noch lange in mir nach. Wie sehr wünsche ich uns die guten Zeiten, von denen er gesprochen hat.

Schweigend und jeder tief in seinen Gedanken versunken verlassen wir das Gebäude. Wir spüren beide die Bedeutung dieses Schrittes in ein gemeinsames Eheleben, wissen aber nicht so recht, wie wir uns nun verhalten sollen. Unser unbekannter Trauzeuge hat sich bereits mit seinen Shilling in der Tasche aus dem Staub gemacht, nur Margrethi ist in Feierstimmung und lädt uns spontan zu sich nach Hause ein. Warum auch nicht, wo wir doch schließlich gerade geheiratet haben?

Margrethi bewohnt zwei Zimmer eines Suaheli-Hauses, das direkt hinter dem großen Secondhandmarkt liegt, den ich damals vor über einem halben Jahr gemeinsam mit Juma besuchte. Im engen Wohnzimmer steht neben einer Couch ein niedriger Tisch mit weißem Spitzendeckchen. Ein Holzbett stößt aus Platzmangel an dem Sessel an, auf den sich Margrethi niederlässt, nachdem wir uns auf die Couch gesetzt haben. Die graubraunen Wände sind unverputzt, und rotgoldene Weihnachtsgirlanden hängen von der Decke herab, viele Tansanier lassen sie das ganze Jahr über hängen. Ein mit Blumen bestickter Vorhang trennt das Wohnzimmer vom Eingangsbereich ab. Teller, Tassen und Aluminium-Schüsseln in verschiedenen Größen stapeln sich neben der Tür.

Im Nu sind wir von einem Dutzend Leuten umringt, die sich über diesen ungewöhnlichen Besuch freuen. Stolz stellt uns Margrethi ihre kleine Tochter vor, die mit ihren abstehenden Rastas sehr keck aussieht. Daneben drängen sich ihre Schwester, eine Cousine mit Baby auf dem Arm und ein paar neugierige Nachbarinnen in das kleine Zimmer.

Alle sind gekommen, um uns zur Vermählung zu gratulieren. Juma und ich sind im ersten Moment völlig sprachlos, so überrascht sind wir von den vielen herzlichen Glückwünschen. Irgendjemand stellt einen Krug mit Mangosaft auf den Tisch, und beschwingt von der angenehmen Erfrischung erzählt Juma von unserer geplanten Deutschlandreise. Margrethi ist begeistert und gratuliert Juma zu der patenten Frau, die er sich da ausgesucht hat. Die anderen pflichten ihr mit heftigem Kopfnicken bei. Als dann jemand das Radio

andreht, verwandelt sich das neugierige Bestaunen im Nu in eine ausgelassene Hochzeitsfeier.
»Schau, Nicky, auch das ist Afrika«, flüstert mir Juma ins Ohr. »Erst fühlst du dich verloren und einsam, und im nächsten Moment hast du Menschen um dich herum, die dir das Gefühl geben, ein Teil der Familie zu sein.«
Wie recht er damit hat. Die Ausgelassenheit der Frauen steckt nun auch mich an. Heute ist mein Hochzeitstag, das muss gefeiert werden!
Nach ein paar Stunden tanzen, singen und feiern sind wir völlig erschöpft und brechen zum allgemeinen Bedauern unserer spontanen Hochzeitsgäste auf. Margrethi umklammert zum Abschied fest meine Hand, und ich muss ihr hoch und heilig versprechen, sie noch öfter besuchen zu kommen. Sie winkt uns noch lange hinterher, bis uns das Getümmel des Secondhandmarkts schließlich verschluckt.
Zielstrebig bahnen wir uns den Weg durch die engen Verkaufsstände des Marktes, um zur *Daladala*-Haltestelle zu gelangen. Es ist brütend heiß, während wir auf den Bus zur Fähre warten. Plötzlich wird Juma unruhig. »Nicky, ich glaube, ich möchte jetzt erst einmal allein sein«, murmelt er leise und sieht mir dabei bittend in die Augen.
Ich kann sein Bedürfnis zwar verstehen, doch macht mich die Aussicht, den Rest meines Hochzeitstages ohne meinen Mann zu verbringen, traurig.
»Na gut, wenn du meinst. Ich finde schon selbst nach Hause«, verabschiede ich mich trotzdem von ihm.
»Also dann, bis heute Abend.« Und schon ist er in der nächsten Seitengasse verschwunden.
Jetzt, wo ich ganz allein im *Daladala* sitze und der nervenaufreibende Tag vorüber ist, überfällt mich auf einmal eine große Ratlosigkeit. Bin ich wirklich stark genug für das alles, oder bin ich dieses Mal einfach zu weit gegangen? Wird es zwischen Juma und

mir wieder so schön werden, wie es noch vor ein paar Tagen am Strand von Mombasa war? Wird Juma sich in seinem neuen Leben einfinden und dem Ruf der Straße widerstehen können?
Es sind diese Fragen, die mir Angst vor der Zukunft machen. Aber noch möchte ich auf mein Gefühl vertrauen. Und vielleicht ist es sogar Bestimmung, dass selbst Jumas Nachname so gut zu mir passt. Aus dem Suaheli übersetzt bedeutet *Mtawa* nämlich »Nonne«. Und entspricht damit sehr wohl meinem Lebensziel, keine eigene Familie haben zu wollen, um für Kinder wie Raju und Ganesh, die bereits auf der Welt sind und niemanden haben, da sein zu können. Und ist nicht selbst Juma tief in seinem Innern immer noch ein verlorenes Kind?

~

Zwar sind wir nun verheiratet, aber auch in den nächsten Tagen stellt sich bei mir kein Honeymoon-Gefühl ein. Juma geht weiterhin jeden Tag zu seinem Schuhstand, und meine »Flitterwochen« bestehen darin, zwischen verschiedenen Ämtern hin und her zu rennen.
Endlich ist es so weit. Das letzte Dokument, das für Jumas Visumsantrag noch gefehlt hat, ist eingetroffen. Ich stecke die internationale Hochzeitsurkunde in den dicken Umschlag und bringe ihn zur deutschen Botschaft. Dort wird mir gesagt, dass die Bearbeitung des Antrags zwei Monate dauern wird. Eine lange Wartezeit, in der von nun an Angst und Ungewissheit meine tagtäglichen Begleiter werden. Was, wenn der Antrag einfach abgelehnt wird? Was, wenn alles umsonst war? Und was, wenn Juma vorher durchdreht und verschwindet?
Jumas Verhalten macht mir diese unerträgliche Zeit nicht gerade leichter. Juma ist kaum mehr bei mir und teilt mir nicht einmal mehr mit, wohin er geht, wenn er das Haus verlässt. Das nagt ge-

waltig an mir. Natürlich wäre es falsch, ihm meine deutschen Vorstellung von einer gut funktionierenden Partnerschaft aufzuzwängen, aber wie soll ich ihn verstehen lernen, wenn er nicht mehr mit mir spricht?

Da trifft es sich gut, dass Teacher, ein sympathischer Mann um die vierzig, gerade heute bei mir vorbeischaut. Teacher lebt ebenfalls in Kigamboni und arbeitet seit nahezu zwanzig Jahren ehrenamtlich als Streetworker. Nachdem er als Jugendlicher die Highschool beendet hatte, war es ihm aus finanziellen Gründen nicht möglich zu studieren. Um trotzdem etwas Sinnvolles zu tun, begann er damit, Straßenkinder aus seiner Nachbarschaft zu unterrichten. Bis heute ist er die Vertrauensperson der Straßenkinder, Straßenjungs und Straßenmädchen in Kigamboni und Umgebung. Nicht selten springt er als Streitschlichter ein, wenn Wut und Hass außer Kontrolle geraten. Teacher kennt Juma, seit dieser als kleiner Junge nach Dar es Salaam gekommen war.

Einmal brachte Teacher mir ein altes, zerknittertes Foto mit, auf dem er selbst als Zwanzigjähriger und Juma mit sieben oder acht Jahren abgebildet war. Sein Einsatz für die Straßenjungs hat mich von Anfang an tief beeindruckt. Auch die Tatsache, dass er selbst durch seine ehrenamtliche Arbeit kaum ein Einkommen hat, von einem Tag zum nächsten leben muss und dennoch so vielen Menschen mit Rat und Tat zur Seite steht, ist außergewöhnlich und einzigartig.

Heute bin ich es, die Rat von ihm braucht.

»Seit Juma und ich verheiratet sind, spricht er kaum noch mit mir. Er kommt und geht, wann es ihm passt – die ganze Vertrautheit ist plötzlich verschwunden. Hast du vielleicht eine Erklärung dafür?«

Teacher kann sich ein Schmunzeln nicht verkneifen.

»Weißt du, für einen tansanischen Mann ist es selbstverständlich, dass eine Frau nach der Hochzeit kein Anrecht darauf hat, zu fragen, wohin er geht und was er vorhat. Das ist das traditionelle

Rollenverständnis. Mich verwundert es kaum, dass Juma das nun genauso macht. Aber sprich mit ihm darüber und lass ihm etwas Zeit. Das wird helfen.«

Teachers Erklärung leuchtet mir ein, und gleichzeitig verdeutlicht sie mir auch auf erschreckende Weise, wie unterschiedlich unsere Kulturen doch sind.

Schließlich fasse ich mir ein Herz und versuche am Abend noch einmal mit Juma über mein Problem zu sprechen. Er versteht, dass es mich quält, und verspricht, in Zukunft Bescheid zu geben, wohin er geht und wann er ungefähr wieder nach Hause kommen wird.

Ich bin erleichtert. Es sind genau diese Eigenschaften, nämlich die Bereitschaft, zuzuhören und sich ändern zu wollen, die mich trotz aller Hindernisse an Juma glauben lassen.

Indessen treten jedoch bald neue Probleme auf. Juma ist zunehmend gelangweilt von seiner Arbeit am Schuhstand, da sie nur wenig einbringt und er trotzdem den ganzen Tag auf dem Markt verbringen muss. Sein Schuhgeschäft ist einfach nicht die ideale Lösung, denn ohne Erfolgserlebnisse entsteht Langweile. Und gerade Langweile ist für einen ehemaligen Drogenabhängigen die größte Gefahr. Aber wie wir es auch drehen, uns fällt im Moment absolut keine Alternative dazu ein und wir vereinbaren deshalb, dass Juma durchhalten wird, bis wir aus Tansania wegkönnen.

Außerdem kann es mittlerweile jederzeit so weit sein, dass ihn die deutsche Botschaft zum Interview ruft. Dieses Gespräch soll dazu dienen, diejenigen herauszufiltern, die eine Zwangs- oder Scheinehe eingehen.

Juma und ich kennen uns nun schon fast ein Jahr und wohnen seit Monaten zusammen. Dennoch bin ich beunruhigt. Was, wenn sie Juma in die Enge treiben und er einen Blackout hat? Täglich durchsuche ich das Internet auf Hinweise zum Inhalt des Interviews. Doch statt nützlicher Hinweise finde ich nur Berichte, die meine schlimmsten Befürchtungen bestätigen. Eine Deutsche berichtet, dass das Visum ihres Mannes noch nach der Hochzeit abgelehnt wurde.

Die E-Mail der deutschen Botschaft in Dar es Salaam lässt tatsächlich nicht lange auf sich warten. Bereits diesen Freitag, also schon übermorgen, um elf Uhr, wird es so weit sein. Ich kann kaum mehr schlafen vor Sorgen, und auch Juma ist in diesen Tagen noch stiller als sonst.

Doch dann kommt die Rettung. In letzter Minute! Ich finde eine Webseite, auf der alle Fragen, die zur Familienzusammenführung von der Botschaft gestellt werden, der Reihe nach aufgelistet sind. Schnell drucke ich die Sätze mit den fünfunddreißig Fragezeichen aus, um sie am Abend zusammen mit Juma durchzugehen. Schon bei den ersten Fragen stelle ich fest, dass meine Sorgen nicht unbegründet waren. Woher sollte Juma auch wissen, wann ich geboren wurde, wenn er das nicht einmal von sich selbst weiß? Über die Vornamen meiner Eltern haben wir noch nie geredet, und Mama und Papa würde für das Interview wohl kaum ausreichen. Die Nachnamen unserer Trauzeugen habe sogar ich mittlerweile vergessen. Das alles lernen wir bis spät in die Nacht auswendig.

Pünktlich am nächsten Morgen stehen wir vor dem topmodernen Botschaftsgebäude in der Innenstadt von Dar es Salaam, in dem gleich mehrere europäische Botschaften untergebracht sind. Die Sicherheitsvorkehrungen sind hoch, vor allem seit dem Bombenanschlag von 1998 auf die amerikanische Botschaft. Wie am Gate eines Flughafens wird man am Eingang des Gebäudes von Kopf bis Fuß gründlich abgetastet und durchleuchtet. Erst dann gibt das Sicherheitspersonal, das hinter einer kugelsicheren Glasscheibe sitzt, die Drehtür frei.

Eingeschüchtert von der professionellen Geschäftigkeit dieses Ortes, steuert Juma zögernd auf den Sicherheitsbeamten am Eingang der deutschen Botschaft zu. Von weitem sehe ich, wie er mit den Beamten ein paar Worte wechselt und sie ihn daraufhin kopfschüttelnd abweisen. Mit hängenden Schultern kommt Juma zurück. »Die wollen mich nicht reinlassen. Hab ich dir nicht gesagt, dass jemand wie ich keine Rechte hat?«

»Aber hast du ihnen denn nicht von deinem Termin mit der Botschaft erzählt?«

»Doch, aber das nutzt doch alles nichts, solange ich nicht mit Geldscheinen wedele.«

Genervt starten wir einen zweiten Anlauf, dieses Mal zusammen. Als einer der Wächter mich sieht, greift er sofort zum Telefon, um bei der deutschen Botschaft nachzufragen, und schon lassen sie Juma passieren. Bis zur Tür kommt er ja noch, aber dann: Wrumms! Juma ist gegen die Scheibe geknallt. Woher soll er auch wissen, dass es elektrisch gesteuerte Drehtüren gibt.

Schließlich verschluckt ihn das riesige Gebäude. Ich setze mich auf eine kleine Mauer in den Schatten des riesigen Gebäudes, um auf ihn zu warten. Nervös starre ich ununterbrochen auf den Eingangsbereich. Einfach alles hängt von diesem Interview ab.

Die halbe Stunde, die ich dort warten muss, kommt mir wie eine Ewigkeit vor – dann kommt er endlich heraus.

»Und, wie war's?«, stürze ich auf ihn zu.

»Ach, war in Ordnung.« Er winkt lässig ab. »Ich hab ein bisschen mit der Frau geredet, weißt du, so von Tansanier zu Tansanier. Ich wusste genau, was sie von mir hören will und was lieber nicht. War eine Kleinigkeit!«

»Bist du sicher? Was hat dich die Angestellte denn gefragt?«, hake ich misstrauisch nach.

»Gleich zu Beginn wollte sie wissen, ob ich schreiben kann. Da habe ich ihr die Wahrheit gesagt, dass ich nie auf einer Schule war und so. Du hast doch gesagt, das dürfte kein Problem werden, oder?«

»Nein, ich glaube kaum, dass das deutsche Gesetz Analphabeten diskriminiert. Und, was wollte sie sonst noch wissen?«

»Es waren die gleichen Fragen, die wir schon miteinander be-

sprochen haben. Und dann wollte sie noch wissen, was du mir zu Weihnachten geschenkt hast«, antwortet er mit einem schelmischen Grinsen.
»Scheint ja ganz lustig zugegangen zu sein bei euch. Hast du ihr tatsächlich gesagt, dass ich dir eine Unterhose geschenkt habe?«, frage ich ihn belustigt.
»Ich musste doch bei der Wahrheit bleiben!«, verteidigt sich Juma, woraufhin wir beide losprusten. Mir fällt ein Stein von Herzen! Heiter und beschwingt machen wir uns auf den Heimweg und lachen noch immer über Jumas Unterhose, die nun als Beweis auf einem Fragebogen auf eine Ämterreise geschickt wird – von der deutschen Botschaft in Tansania über die Ausländerbehörde in Deutschland und wieder zurück.

~

Dann passiert das Undenkbare: Eine Woche später ist Juma verschwunden. Bevor er am Morgen zu seinem Verkaufsstand aufgebrochen ist, gab er mir noch Bescheid, dass er am Mittag kurz in die Stadt wolle, um einem Freund ein T-Shirt zu geben.
Es ist Samstag. Normalerweise schließt er seinen Stand am Wochenende schon früher. Aber nun ist es bereits stockdunkel, und Juma ist immer noch nicht heimgekehrt. Um neun, bereits tiefe Nacht in Afrika, weiß ich, dass etwas passiert sein muss. Besorgt mache ich mich auf den Weg zu seinem Verkaufsstand, um nach ihm zu suchen. Mama Omary, die neben ihm verkauft, hat ihren kleinen Laden noch nicht geschlossen. In der Hoffnung, dass sie eine Erklärung für Jumas Verschwinden haben könnte, gehe ich auf sie zu. Aber auch Mama Omary wundert sich, denn Juma sei seit heute Mittag nicht mehr aufgetaucht.
Panik steigt in mir auf. Ich weiß nicht, ob ich ihn zuerst im Krankenhaus oder auf der Polizeistation suchen soll. Juma hat nicht ein-

mal einen Ausweis bei sich. Wenn er verschwunden bleibt, würde ich nie erfahren, was passiert ist.
Gegen zehn Uhr gehe ich zu Samuel. Es gibt sonst niemanden, der mir helfen könnte. Doch das Schloss an Samuels Tür ist verriegelt. Ausgerechnet heute ist er nicht zu Hause. Es hilft alles nichts. Ich kann nichts anderes tun, als bis zum Morgen zu warten. Seit langem ist es die erste Nacht, in der Juma nicht neben mir liegt. Immer legt er seinen Arm um mich, bevor wir eng aneinandergekuschelt einschlafen. Bei jedem Geräusch horche ich auf, bis ich irgendwann in einen unruhigen Schlaf falle.
In der frühen Morgendämmerung mache ich mich sofort auf den Weg in die Stadt, um andere Straßenjungs nach Juma zu fragen. Um diese Zeit ist es im Stadtzentrum noch ruhig, besonders heute am Sonntag. Aber da vorne an der Ecke zur Mansfield Street, ist das nicht Tommy? Ich erkenne ihn an seiner blauen Hose, die er jeden Tag anhat. Heute Morgen ist er damit beschäftigt, seine T-Shirts in einem Eimer mitten auf dem Gehweg zu waschen.
»Hey, Tommy! Hast du vielleicht gestern mitbekommen, ob Wagadugu Probleme mit der Polizei bekommen hat?« Wagadugu ist einer der vielen Spitznamen, unter denen Juma auf der Straße bekannt ist.
»Nö, keine Ahnung! Wenn die Bullen ihn mitgenommen hätten, dann wüssten wir das«, antwortet er lapidar.
»Was meinst du, soll ich trotzdem bei der Central Police nach ihm schauen?«, frage ich Tommy mit einem letzten Fünkchen Hoffnung, dass Juma dort und nicht in einem Krankenhaus ist.
»Kannst du ja machen, aber der ist bestimmt nicht dort. Ich wasch dann mal meine Kleider weiter«, teilt er mir gleichgültig mit, zieht sein T-Shirt aus und taucht es in die bereits braune Brühe. Ich muss also alleine zur Central Police gehen. Werde ich dort sonntags überhaupt jemanden antreffen? Und wenn Juma tatsächlich dort sein sollte, wie hole ich ihn wieder heraus?

Die große zweiflügelige Eingangstür des fünfstöckigen Polizeigebäude steht weit offen – ein gutes Zeichen. Ich steuere geradewegs auf einen langen Empfangsschalter zu, hinter dem eine Dame in Uniform sitzt. »Mein Freund ist verschwunden!«, platze ich heraus. Verwundert schaut sie mich an, schlägt einen dicken Wälzer auf und fragt nach seinem Namen.

»Juma Mtawa«, antworte ich ihr. Das zerschlissene Buch, das alle Aufnahme- und Entlassungstage der Insassen beherbergt, besteht aus unzähligen Seiten. Die Minuten vergehen, doch Jumas Name scheint nicht darunter zu sein.

»Ju ... ma ... Mta ... wa«, entziffert die Beamtin dann auf einmal mit zusammengekniffenen Augen und zeigt gleichzeitig mit dem Finger auf die betreffende Stelle. Das muss er sein! Aufgeregt versuche ich nun selbst einen Blick auf die Seite zu erhaschen, aber dann lese ich unter Wohnort: *Kinondoni.* »Mein Juma ist aber nicht aus Kinondoni, sondern aus Kigamboni!«, stelle ich mutlos fest.

»Seit wann ist er denn verschwunden?«, hakt die Dame nach.

»Seit gestern, dem 21. Januar ...«, antworte ich ihr, während sie weitersucht. Doch es wird wohl kaum einen zweiten Juma mit diesem Nachnamen geben.

»21. Januar, 14 Uhr, Juma Mtawa aus Kigamboni, da haben wir ihn doch!«, freut sich die Polizistin, noch ehe ich es recht begreifen kann. Ein Gefängniswärter wird losgeschickt, um mir diesen Juma vorzuführen. Die Minuten kommen mir wie Stunden vor. Endlich geht die Tür quietschend auf und ... es ist tatsächlich Juma! Mein Juma! Ich könnte weinen vor Erleichterung, ihn lebend vor mir zu sehen. Die Suche ist zu Ende, und alles wird wieder gut werden, die Reise, unsere Pläne ...!

Der Gefängniswärter gestattet uns nur wenige Minuten. Den Schalter wie eine Trennmauer zwischen uns, stehen wir uns nun gegenüber. Juma wirkt total verstört. Ich habe den Eindruck, er kann die Tränen nur schwer zurückhalten. Als ich nach seinen Händen greife, merke ich, wie kalt sie sind. »Wieso bist du so kalt?«, frage ich ihn besorgt.

»Sie haben mich unten in den Kerker gesteckt, ich habe die ganze Nacht gefroren«, erwidert er matt. Er ist barfuß und trägt zu einer dünnen dunkelblauen Stoffhose nur ein Unterhemd. Hilflosigkeit überfällt mich bei dem Gedanken, dass er mir gleich wieder weggenommen wird. Ich möchte ihn jetzt sofort mitnehmen, doch der strenge Gefängniswärter macht mir unmissverständlich klar, dass sie Juma so lange behalten werden, bis ich einen Einheimischen gefunden habe, der für ihn bürgt. Und da heute Sonntag ist, solle ich morgen mit den erforderlichen Dokumenten wiederkommen. Nein, auf keinen Fall lasse ich Juma noch einmal eine Nacht da drinnen!

Hoffnungsvoll hole ich unsere Hochzeitsurkunde hervor, die ich am Morgen extra noch eingesteckt habe, und strecke sie der dicken Polizistin entgegen. Neugierig studiert sie das beigefarbene Dokument und gibt dabei immer wieder Laute des Staunens von sich. Sie kann es gar nicht glauben, und mit ihrer Sprachlosigkeit zieht sie auch den strengen Gefängniswärter an, der ihr nun neugierig über die Schulter blickt. Nahezu fünf Minuten vergehen, in denen die beiden ihre Verwunderung kaum verbergen. Schließlich kann sich der Beamte doch von dem Dokument losreißen, geht fasziniert auf Juma zu und schüttelt ihm fest die Hand.

»Hongera! … Hongera!«, wiederholt er seine Glückwünsche voller Hochachtung, als ob er dem tansanischen Präsidenten persönlich gegenüberstünde. Wenn die Sache nicht so ernst wäre, müsste ich jetzt lauthals loslachen. So etwas hat er wohl noch nie erlebt, dass einer seiner jungen Insassen mit einer *Mzungu* verheiratet ist. Dennoch meint er weiterhin, keine Befugnis zu haben, um Juma gehen zu lassen.

»Ich hole Juma noch heute hier raus! Und wenn Sie mich zu ihm einsperren müssen, ich gehe nicht ohne ihn nach Hause!«, erwidere

ich wütend. Von tansanischen Beamten habe ich die Nase wahrlich voll. Aufgebracht drehe ich mich um und mache mich direkt auf den Weg, um Mary zu einer Bürgschaft zu überreden.
Mary ist in Kigamboni aufgewachsen, und sie ist eine wahre Quasselstrippe. So kommt es, dass sie viele Leute kennt, unter anderem auch die richtigen Autoritätspersonen. Und wirklich, durch sie wird das Unmögliche möglich, und um zwei Uhr begleitet sie mich mit allen notwendigen Dokumenten in den Händen zur Central Police zurück.
Wir werden in das Büro des Kommissars geführt, der sich sichtlich über den nicht alltäglichen Besuch einer Weißen zu freuen scheint. Nachdem ich ihm meinen Kummer vorgetragen habe, amüsiert er sich köstlich über unser ernstes Problem. Ein gutes Zeichen, dass er mir helfen wird. Neugierig fragt er mich, wer denn der Junge sei, um den ich mich so bemühe. Ich antworte ihm, dass er mein Mann ist – und scheine ihn damit nur noch mehr zu erheitern. Dazu benutze ich Wörter aus dem Straßenslang, so dass er diesen Tag nicht so schnell vergessen wird, an dem ihn eine *Mzungu* um die Freilassung ihres Straßenjungen-Lovers bat.
Meine Vorstellung bleibt nicht ohne Wirkung. Nachdem der Kommissar sich an mir sattgefragt hat, ordnet er dem strengen Gefängniswärter an, Juma in sein Büro zu holen. Als Juma eintrifft, liest er uns dessen Vergehen laut vor: »Bewaffneter Raubüberfall mit Körperverletzung. Am Dienstag, den 15. Februar um 21.20 Uhr wurden Mashaka Mohamed, Juma Mtawa und Ismail Abdulla im Stadtteil Kariakoo von einer Polizeistreife aufgegriffen, als sie Mr. S. Gupta, einen indischen Geschäftsmann, mit einem Stein schwer verletzten, um ihm seine Aktentasche zu entreißen (...)«
Der Kommissar seufzt tief und legt die Akte beiseite. »Soweit ich weiß, vermisst diese junge Dame ihren Mann erst seit gestern Mittag. Holen sie mir doch die beiden Mittäter auch noch herauf, um Klarheit zu schaffen«, befiehlt er dem Gefängniswärter. Der aber

zögert aus irgendeinem Grund und gesteht schließlich seinem Chef, dass sie nur einen Juma Mtawa haben, von weiteren Jungs wüsste er nichts.

»Das dachte ich mir schon. Ein wirkliches Trauerspiel, unsere Polizisten. Immer wieder werden Akten manipuliert, um unschuldigen Leuten einen Fall aufzudrücken, die dann Bestechungsgeld zahlen sollen. Junger Mann, Sie dürfen jetzt nach Hause gehen. Gnädige Frau, entschuldigen Sie bitte vielmals das Missverständnis«.

Juma und ich blicken uns erleichtert an und verlassen schnell das Gebäude. Endlich ist er wieder frei! Gemeinsam mit Mary gehen wir zurück zur Fähre, Juma ist immer noch völlig durch den Wind. Erst jetzt fällt mir sein strenger Geruch auf. Unvorstellbar, in welchem Schmutz er die letzten dreißig Stunden verbracht haben muss.

Wir nehmen die Fähre nach Kigamboni, doch als sie anlegt, verabschiedet sich Juma plötzlich von uns. »Ich komme dann am Abend heim«, sagt er und ist so schnell verschwunden, dass ich nicht einmal fragen kann, wohin er geht.

Eine halbe Stunde nach mir trifft er jedoch ebenfalls zu Hause ein. Seine triefenden Boxershorts verraten mir, dass er im Meer gebadet hat.

»Ich musste mich erst noch rein waschen«, fügt Juma erklärend hinzu, während er sich trockene Kleider überzieht. Dann kuscheln wir uns eng aneinander und halten uns fest, bis er nach einer Weile berichten kann, was seit gestern passiert war. Ich schreibe mit:

UNSCHULDIG IM GEFÄNGNIS, 21. JANUAR 2006

Es geschah gegen zwei Uhr mittags in der Mansfield Street. Es war kein guter Tag. Ohne es zu ahnen, steckte ich plötzlich bis zum Hals in Schwierigkeiten und wurde von der Polizei misshandelt. Eustasi, einer der Polizisten, der mich noch von früher kennt, verlangte zehntausend Shilling von mir. Wie damals, als ich noch auf der Straße lebte, wollte er Geld kassieren. Doch weil ich nichts bei

mir hatte, zwangen mich die Polizisten mit Gewalt, in ihren Pick-up einzusteigen. Wie einen Banditen haben sie mich gepackt, einer von ihnen hielt mir sogar ein Maschinengewehr an den Kopf und tat so, als wollte er jeden Moment abdrücken. In meinem ganzen Leben werde ich nicht vergessen, was sie mir gestern angetan haben.
Während der Fahrt zur Polizeistation drohten sie, dass sie mir einen besonders schweren Fall aufdrücken würden, so dass ich lange Zeit im Gefängnis verbringen würde. Sie meinten, wir Jungs hätten kein bürgerliches Leben verdient. Wir würden es doch lieben, im Gefängnis zu sitzen.
Jetzt, wo es mit mir endlich aufwärtsgeht, wollten sie mich wieder zu Boden reißen. Ich wollte weinen, aber was hätte das schon gebracht?
Der Vorfall von gestern ist ein schlechtes Omen. Wenn ich den Segen meines Vaters nicht bekomme, dann wird mein Leben auch weiterhin vom Pech verfolgt sein.

Selbst im größten Unglück lässt sich noch etwas Gutes finden. Der Vorfall mit der Polizei hat Juma aufs schmerzlichste daran erinnert, was für ihn vor nicht allzu langer Zeit noch an der Tagesordnung gestanden hatte. Die Hilflosigkeit im Kerker und der Schock, mit einem Maschinengewehr bedroht worden zu sein, hat ihn nachdenklich werden lassen. Seine Menschenrechte sind erneut gebrochen worden, und genau deshalb spürt er nun, dass er durchhalten muss, um sich in Zukunft wehren zu können.

~

Die nächsten Tage verlaufen angenehm ruhig. Juma kommt wieder pünktlicher nach Hause, und auch ich komme endlich mal wieder dazu, mich um mich selbst zu kümmern. Durch das Auf und Ab der letzten Wochen war ich erschreckend dünn geworden. Ich habe das Gefühl, dass ich gerade eine Veränderung durchmache, die Juma bereits hinter sich gelassen hat. Als hätte ich mir seine Last übergestreift, verwandle ich mich immer mehr in einen düsteren, antriebslosen Menschen. Auf meine Kleidung und mein Aussehen lege ich schon lange keinen Wert mehr, statt Freude am Leben empfinde ich meist nur noch Wut und Hass auf die Unmenschlichkeit, die mir überall begegnet. Selbst meine Sprache hat sich verändert. Ich rede schnell und nuschelnd, benutze Wörter aus dem Straßenslang. Und ich spüre, dass mich die Gesellschaft zunehmend ausschließt. Der Kreislauf der Verachtung hat begonnen, und meine Selbstsicherheit ist auf dem besten Wege, verlorenzugehen.

Zu allem Überfluss ist die Regensaison dieses Jahr ausgeblieben, und die unerträgliche Hitze mit knapp vierzig Grad erdrückt mich. Mittlerweile bringe ich nur noch fünfzig Kilo auf die Waage, während es bei meiner Ankunft noch fünf Kilo mehr waren. Langsam, aber sicher gehen meine Kräfte zu Ende, ich kann einfach nicht mehr!

Doch dann begehe ich einen schwerwiegenden Fehler. Zum Spaß nenne ich es sogar noch »Lebensversicherung«, als ich Juma dazu überrede, einen Fünftausender-Schein in eine Hülle zu stecken und ihn immer bei sich zu tragen, für den Fall, dass wieder ein Polizist Bestechungsgeld von ihm verlangt. Juma will es mir noch ausreden, aber ich begreife nicht, in welche Gefahr ich ihn damit bringe.

An diesem Nachmittag komme ich ausnahmsweise früher von der Stadt nach Hause. Als ich sehe, dass die Tür zu meinem Zimmer offen steht, wundere ich mich noch, was Juma denn um diese Zeit schon hier macht. Tatsächlich liegt er auf meiner Matratze und stiert ausdruckslos an die Decke. Ich beuge mich zu ihm: »Hey, du bist ja schon da!«, und will ihn auf die Wange küssen. Doch da bemerke ich, dass er so anders aussieht, irgendwie fremd und um Jahre gealtert. Sein Gesicht ist grau, versteinert und trüb.

»Juma, was hast du denn?«
»Nichts«, ist die Antwort. Weiter brauche ich auch nicht zu fragen. Denn als ich mich zu ihm setze, steigt mir bereits der Geruch von Marihuana in die Nase. Nein, bitte, lass das nicht wahr sein!

DER SCHWACHE TAG, 10. FEBRUAR 2006

Gestern war ich wie immer im Tuberkulose-Krankenhaus. Dort sah ich wieder so viele kranke und heimatlose Jungs, die mich an früher erinnerten. Und – wer war ich eigentlich geworden? Ich merkte, dass ich mich irgendwo zwischen meinem Leben als Straßenjunge und meinem Leben als Ehemann verloren habe. Vielleicht hilft ja ein Besuch bei meinem Kumpel Oswege, dachte ich. Also ging ich nach Kariakoo, Oswege hält sich meistens in der Nähe der großen Müllhalde dort auf. In dieser Gegend gibt es viele bewaffnete Verbrecher und Dealer, aber eben auch alte Freunde von mir, die immer noch so ein elendes Leben führen wie einst ich.
Unterwegs bin ich dann Iddi begegnet, den ich aus dem Gefängnis kenne.
›Na, wie schaut's aus mit White Sugar, *sollen wir eine Runde rauchen gehen?‹ Ich sagte ihm, dass ich im letzten Jahr damit aufgehört habe, aber er hat nur gelacht. ›Und jetzt denkst du, du bist was Besseres?‹, fragte er mich spöttisch.*
Verdammt, das wollte ich nicht hören. Ich weiß doch selbst nicht, wo ich hingehöre. Und dann habe ich mich auf einmal wieder an das bombastische Gefühl von damals erinnert – man fühlt sich so stark und wird fast eins mit seinen Freunden, die ihre Drogen mit einem teilen.
Auf dem Weg zu seiner Bude habe ich noch mit mir gekämpft, aber ich schaffte es einfach nicht, umzudrehen. Ich habe nicht viel geraucht, nur ein paar Mal dran gezogen. Nach zehn Minuten habe ich mich davongemacht – ich wollte nur noch nach Hause. Ich habe mich so über meine Schwäche geschämt.

Seit ich vor vier Monaten mit den Drogen aufgehört habe, gab es nichts, was mich in Versuchung führen konnte. Gestern ist es das erste Mal passiert – und es soll das letzte Mal bleiben!

Jumas Drogenausrutscher wirbelt neue Sorgen in mir auf. Meine Zuversicht, dass wir durchhalten werden, bis die Botschaft über Jumas Visum entscheidet, schwindet zusehends. Muss ich weiterhin in Jumas Nähe bleiben, bis das Gift und der Drang nach den Drogen erneut aus seinem Körper entwichen sind? Doch Einengung ist das Letzte, was er wohl im Moment ertragen kann. Als er am Morgen das Haus verlässt, bleibt die Angst zurück. Angst, dass er genug von mir und seinem neuen Leben hat.

Um mich abzulenken, mache ich mich auf den Weg nach Kinondoni, meinem ehemaligen Zuhause, wo es immer so viel zu lachen gab mit meinen netten Nachbarn. Ich sehne mich danach, wieder ein paar sorgenfreie Stunden zu verbringen, mit ihnen auf einer Strohmatte zu sitzen und zu quatschen, einfach mal unbekümmert zu sein, so wie es andere junge Frauen eben auch tun.

Aber leider ist auch hier nichts mehr so wie früher.

»Karibu Nicky! Dich haben wir ja schon eine Ewigkeit nicht mehr gesehen«, begrüßt mich Mama Samson vorwurfsvoll.

Und sie hat ja recht. Ich vernachlässige in letzter Zeit alles und jeden, weil mich mein Leben mit Juma so sehr vereinnahmt.

Es wird trotzdem noch ein schöner Nachmittag, und ich verbringe die meiste Zeit damit, mit Mama Samsons kleiner Nichte zu spielen. Die unbekümmerte Fröhlichkeit des Mädchens macht mir jedoch nur noch deutlicher, was für ein ernster und betrübter Mensch aus mir geworden ist. Besonders heute, wo ich nicht weiß, was mich zu Hause erwarten wird, möchte ich am liebsten gar nicht mehr zurück. Aber es wird langsam spät. Es hilft alles nichts, ich muss mich der Situation stellen.

Mit gemischten Gefühlen trete ich den Heimweg an und sehe Juma

bereits von weitem auf einer Stufe vor dem Haus sitzen. Sein Gesicht ist ernst, und ich befürchte schon das Schlimmste.
»Bist du okay?«, frage ich und kann die Angst in meiner Stimme nicht verbergen.
»Du hast Angst vor mir, stimmt's?«, fragt er mich niedergeschlagen. Ein dicker Kloß in meinem Hals hindert mich an einer Antwort. »Warum?«, fragt er mich noch einmal.
»Ich habe Angst, dich verloren zu haben«, gestehe ich ihm schließlich.
Juma hört schweigend zu. Er scheint nachzudenken. Auch er ist traurig.
»Du darfst keine Angst vor mir haben, ja? Ich habe gestern ein letztes Mal mit dem Feuer gespielt, versprochen. Ich werde nun für unser gemeinsames Leben stark bleiben!«
Als wir uns schließlich umarmen, fühle ich mich, als ob ich einen Ertrinkenden zu retten versuche und dabei selbst mit in die Tiefe gerissen werde.

~

Valentinstag 2006. Der Tag der Liebe. In Tansania gibt es so gut wie keine Schokolade, und wenn, dann ist sie zu teuer, und an Blumen ist erst recht nicht zu denken. Trotzdem habe ich die leise Hoffnung, dass dieser Tag doch noch einen freudigen Ausgang nehmen könnte. Denn für heute habe ich mir vorgenommen, zur deutschen Botschaft zu gehen, um wegen des Visums nachzuhaken. Vielleicht liegt mittlerweile eine Entscheidung vor?
Mit weichen Knien betrete ich wenig später den klimatisierten Empfangsraum der Botschaft. Als ich an die Reihe komme, verlässt mich beinahe der Mut. Falls die Deutsche hinter dem Schalter mir sagen sollte, dass es noch eine Weile dauern wird, dann ist das jetzt mein Untergang.

Ich habe kein gutes Gefühl, als ich ihr meinen Namen nenne und sie in ihren Akten zu blättern beginnt.

»Haben Sie denn noch keine E-Mail von uns bekommen?«, fragt sie mich erstaunt. »Eigentlich müsste die Nachricht schon vor vier Tagen rausgegangen sein.«

Ich halte den Atem an. »Welche Nachricht denn?«, bringe ich gerade noch heraus, bevor sie mir einen Zettel unter die Nase hält.

»Hier bitte unterschreiben. Herzlichen Glückwunsch, Sie können Ihren Mann jetzt mit nach Deutschland nehmen!«, lächelt sie mich an und übergibt mir Jumas grünen Reisepass. »Na dann, gute Reise!«

Ich bringe immer noch kein Wort heraus, drehe mich um und gehe auf dem schnellsten Weg zur Damentoilette.

Jetzt muss ich erst einmal allein sein. Ich kann es noch nicht glauben, haben wir es tatsächlich geschafft? Ich spritze mir kaltes Wasser ins Gesicht, um zu begreifen, dass es wahr ist. *Ja, wir haben es tatsächlich geschafft!,* wiederhole ich ein paar Mal leise und weiß nicht, ob ich vor Glück weinen oder lachen soll. Mein Spiegelbild holt mich jedoch schnell wieder auf den Boden zurück. Ich sehe erbärmlich aus. Ich bin viel zu dünn, meine Kleider, meine Haut und meine Haare sind ganz grau vor Hitze, Staub und Schmutz. In dieser sauberen Toilette fühle ich mich plötzlich noch dreckiger als auf den Straßen von Dar es Salaam.

Auch der monatelange Stress lässt sich nun nicht von einer Minute zur anderen abschalten. Ich gerate regelrecht in Panik, jede Minute zählt, Juma muss die erlösende Nachricht sofort erhalten. Doch wo soll ich ihn finden? Seinen Schuhstand haben wir bereits letzte Woche aufgelöst, und so bleibt mir doch nichts anderes übrig, als nach Hause zu gehen und bis zum Abend auf ihn zu warten.

Als ich die Zimmertür öffnen möchte, merke ich, dass sie gar nicht verschlossen ist. Und tatsächlich, Juma ist schon zurück. Da liegt er und schläft seelenruhig. Was für ein Glück!

Leise schleiche ich mich herein und schmiege mich eng an ihn. »Hey, du kleiner Langschläfer, aufwachen!«, flüstere ich ihm ins Ohr und halte ihm den aufgeschlagenen Reisepass direkt vor seine Nase. Da wacht er auf und blickt mit großen Augen auf den Stempel auf seinem Foto: *Bundesrepublik Deutschland.*

»Juma, du wirst fliegen wie ein Vogel, dein Traum ist endlich wahr geworden!«

8

Journey ist die Reise
Purpose ist der wahre Sinn
Solitude ist positives Alleinsein

02. März 2006, nach einem fünfzehnstündigen Flug mit Zwischenhalt in Dubai erreichen wir in den frühen Morgenstunden den Frankfurter Flughafen.

Juma kann es immer noch nicht fassen, dass er nun tatsächlich einfach so nach Deutschland einreisen darf. Und wie erwartet zuckt er bei der Passkontrolle ängstlich zusammen. Ich kann ihn gerade noch am Ärmel festhalten, als wir an die Reihe kommen. Der Zollbeamte lächelt Juma aber nur freundlich an und wünscht uns eine gute Zeit.

Schon geht es weiter den langen Flur entlang in Richtung Gepäckausgabe. Jauchzend betritt Juma mit mir das Laufband in der Mitte der Halle, das uns schneller vorwärtsbringen soll. Und auch der ersten Rolltreppe seines Lebens begegnet er mit wenig Skepsis. Er springt mutig auf, gerät dann aber durch den plötzlichen Ruck der Vorwärtsbewegung gefährlich ins Schwanken. Lachend fange ich ihn auf.

Doch wenig später ist der ganze Spaß abrupt zu Ende: Juma ist als Erster am Ausgang und öffnet nichtsahnend die Tür. Trübes deutsches Winterwetter und eisige Luft schlagen ihm entgegen. Trotz meiner Vorwarnung trifft ihn die Kälte wie ein Schock. Sein Gesicht erstarrt vor Entsetzen. »Das ist ja wie im Kühlschrank!«, ist das Einzige, was er noch hervorbringt, bevor seine Zähne zu klappern beginnen.

In Deutschland ist noch tiefster Winter und wahrlich die schlechteste Jahreszeit, um aus Afrika hierherzukommen. Ein Temperaturunterschied von vierzig Grad lässt auch meine Glieder in

Sekundenschnelle steif werden. Es dauert nicht lange, da bibbern wir beide um die Wette. Ich habe völlig vergessen, wie hart und durchdringend die Kälte sein kann.
Schnell setze ich Juma unsere warme Wollmütze auf, die wir zum Glück zusammen mit einer gefütterten Winterjacke in Tansania auf dem Secondhandmarkt gefunden haben.
Als wir die Straße überqueren, um zu den Bahngleisen zu gelangen, fängt es auch noch an zu schneien. Juma hat zwar noch nie in seinem Leben Schnee gesehen, aber im Moment ist ihm das auch ziemlich egal, denn seine Hände sind schon ganz blaugefroren.
Zum Aufwärmen zeige ich ihm kurzerhand die Bahnhofstoilette, damit er seine Finger unter dem warmen Wasser aufwärmen kann. Lange dauert es nicht, bis er wieder herauskommt. Das Wasser sei viel zu heiß, jammert er. Natürlich, er kennt ja gar kein vorgeheiztes Wasser aus dem Wasserhahn!
Den Stadtbummel durch Frankfurt streichen wir erst einmal. Wir wollen nur noch so schnell wie möglich nach Hause zu meinen Eltern. Juma staunt nicht schlecht, als ich das Ziel im Touch-Screen des Fahrkartenautomaten eingebe und – ohne Geld hineinzustecken – kurz darauf die Tickets in der Hand halte. Die einzigen Automaten, die Juma bisher von weitem gesehen hat, waren die Geldautomaten der Banken in Dar es Salaam.

~

Es ist *Rushhour,* und wir finden kaum einen freien Platz im ICE. Die Leute haben es eilig, zur Arbeit zu kommen. Mit unseren Taschen quetschen wir uns mühsam zwischen den Sitzreihen durch. Dann finden wir beide noch zwei Sitzplätze, allerdings nicht nebeneinander. Juma fühlt sich nicht wohl, so allein neben lauter weißen Menschen in dunklen Geschäftsanzügen. Den Kopf auf die Hände gestützt, sitzt er steif auf seinem Platz und starrt zu Boden. Keiner lacht, keiner redet – das muss der größte Schock für ihn sein – die Stille, mit der wir Deutschen uns umgeben. Ein Blick aus dem Fenster macht alles nur noch schlimmer. Der Himmel ist grau, die Wiesen, die Bäume, einfach alles ist farblos und trist.

Auf einmal befallen mich Zweifel, ob es richtig gewesen ist, Juma hierherzubringen. In eine Welt, die mir selbst schon lange widerstrebt. Eine reiche Welt, in der streng geregelte Abläufe das alltägliche Leben bestimmen. Es ist zum Verrücktwerden: Die Reichen können frei sein, aber sie nutzen ihre Freiheit kaum, während die Armen von einer Freiheit träumen, die sie höchstwahrscheinlich ebenfalls nicht nutzen würden, wenn sie reich wären.

Eins jedoch steht fest: Mein unerschrockener afrikanischer Sternendieb hat mit einem gehörigen Kulturschock zu kämpfen, alles Zureden hilft nichts, Juma bleibt stumm und ist den Tränen nahe.

Unsere nächste Station ist der Stuttgarter Hauptbahnhof. Der Berufs- und Pendelverkehr hat bereits nachgelassen, und der nächste Zug ist angenehm leer. Schlotternd betreten wir das Abteil und setzen uns zwei älteren Damen gegenüber. »Euch ist es ja ganz schön kalt«, stellt eine der beiden mitfühlend fest.

»Wir kommen auch gerade aus Afrika«, antworte ich ihr lachend, um ihr den Wahnsinn unseres Dilemmas deutlich zu machen. Juma versteckt schon wieder den Kopf zwischen seinen Händen. Er möchte nichts sehen, nichts hören und erst recht nicht reden.

Die Oma aber ist richtig süß. Nach einer Weile stupst sie Juma vorsichtig an und zeigt mit ihrem Finger nach draußen: »Schnee!«, versucht sie, ihm sein erstes deutsches Wort beizubringen und schafft es damit tatsächlich, Juma ein Lächeln auf die Lippen zu zaubern. »Schnee«, wiederholt Juma und ist bereit für das nächste Wort von ihr. Auf einmal zieht die Dame aber einen Zehn-Euro-Schein hervor und steckt ihn Juma zu. »Das ist für dich, damit du dir zum Neustart etwas Schönes kaufen kannst!«, sagt sie und

blickt ihn aufmunternd an. Juma wird verlegen und möchte das Geld nicht annehmen, doch die Frau besteht darauf.
»Du hast vielleicht ein Glück. Gerade angekommen und schon wirst du von einem völlig fremden Menschen beschenkt. Das ist ziemlich ungewöhnlich für Deutschland«, erkläre ich Juma die Situation, sonst könnte er ja glatt meinen, dass man hier für Geld gar nicht zu arbeiten braucht …
Ihre nette Geste rührt mich dermaßen, dass ich ihr etwas mehr von Juma und mir erzähle. In wenigen Worten schildere ich ihr Jumas hartes Straßenleben, unsere Heirat und unsere Reise nach Deutschland. Interessiert möchte die alte Dame noch mehr über Jumas Familie wissen.
Danach scheint sie sich sicher zu sein, dass Juma einiges an Trost gebrauchen kann. Ohne lange zu überlegen, wühlt sie wieder in ihrem Handtäschchen und drückt ihm spontan fünfzig Euro in die Hand. Das ist ja fast wie beim Lotto! Juma weiß gar nicht, wie ihm geschieht, und auch ich bin völlig baff. So viel Großzügigkeit und Anteilnahme hatte ich nicht erwartet. Wenn das mal kein guter Start ist!
Die beiden Frauen fahren noch eine Station weiter, doch wir müssen jetzt schon aussteigen. Schnell noch tauschen wir unsere Adressen aus, mit dem Versprechen, in Kontakt zu bleiben. Der Zug bleibt in Schwäbisch Gmünd stehen, wir steigen aus, und das Erste, was Juma noch vor meinem Vater erblickt, sind zwei junge Frauen, die sich auf dem Bahnsteig leidenschaftlich küssen. In Tansania sind homosexuelle Beziehungen bis heute noch absolut tabu. Und ich erkenne an Jumas Blick, wie verwirrt er ist. Doch viel Zeit zum Verdauen bleibt nicht. Juma hat ganz andere Sorgen. Gleich wird er meinem Vater zum ersten Mal begegnen, vor dem er sich grundlos fürchtet. Zwar weiß ich selber nicht, wie meine Eltern auf Juma reagieren werden, aber sie werden ihm schon nicht den Kopf abreißen.

»Ich habe mal davon gehört, dass ein Tansanier, der in die USA ausgewandert war, von dem Vater seiner amerikanischen Freundin erschossen wurde!«, begründet Juma seine Angst. Er wird doch wohl nicht wirklich denken, dass mein Vater auch ein Pistole besitzt?

Von weitem sehe ich meinen Vater auf uns zukommen. Seine Haare sind aufgrund seines hohen Alters bereits schneeweiß. Seine ungarische Nase hingegen – wie auch meistens bei mir – ist knallrot vor Kälte. Mein Vater kommt aus Budapest, doch außer der Nase sehe ich eher meiner deutschen Mutter ähnlich, die zu Hause auf uns wartet und sicherlich bereits mein Lieblingsessen gekocht hat: Kässpätzle!

»Siehst du, da ist mein Vater schon. Und er lächelt. Vertrau mir einfach!«, stupse ich Juma aufmunternd an. Er traut sich kaum, aufzuschauen. Doch als wir vor meinem Vater stehen, reicht er ihm höflich die Hand und begrüßt ihn halb deutsch, halb tansanisch mit »Hallo, Baba!«. Auch mein Vater heißt uns beide herzlich willkommen und freut sich sichtlich, uns zu sehen. Na, wenigstens das wäre geschafft! Vor meiner Mutter wird er sicherlich keine so große Angst haben.

Ach herrje! Dabei habe ich glatt Tammy vergessen – unser vierzig Kilo schweres Golden-Retriever-Weibchen, die zum Glück bei meiner Mutter zu Hause geblieben ist. Hoffentlich begrüßt sie uns nicht allzu stürmisch, sie hat mich immerhin schon ein halbes Jahr nicht mehr gesehen. Juma ist Hunde nicht gewöhnt. In Dar es Salaam gibt es kaum welche, denn das Geld reicht meist nicht einmal für den eigenen Bedarf, geschweige denn für Haustiere.

Und andersherum gefragt, ist Tammy an Afrikaner gewöhnt? Ich habe keine Ahnung, wie sie auf einen völlig dunklen Mann reagieren wird.

Nach nur zehn Minuten Autofahrt erreichen wir auch schon das weiße Reihenhaus, in dem meine Eltern wohnen. Meine Mutter steht be-

reits in gespannter Erwartung am Fenster, und Tammys Gebell ist bis auf die Straße zu hören, und dann geht auch schon die Tür auf.
Tammy – der Größe nach eher ein Bär als ein Hund – springt freudig an mir hoch. Juma weicht vorsichtshalber einige Schritte zurück. Kräftig sieht sie aus, hat bestimmt wieder einige Kilo zugenommen. Ohne zu zögern, macht sie sich nun auch über Juma her und leckt ihm beinahe übers Gesicht. Gerade noch rechtzeitig schiebt meine Mutter Tammy mit aller Mühe in den Hauseingang zurück und begrüßt Juma auf ihre herzliche Art. Immer noch sieht sie aus wie Mitte vierzig, obwohl sie bereits zehn Jahre älter ist. Früher habe ich mich noch darüber gefreut, dass ich genau diese Eigenschaft von ihr vererbt bekommen habe. Als ich mit dreiundzwanzig Jahren das erste Mal in Tansania war, nannten mich dort alle *Kitoto*, kleines Mädchen. Damals sah ich deutlich jünger aus, was mir auch einen gewissen Schutz verlieh. Niemand wollte einem Mädchen etwas antun. Aber mittlerweile muss ich leider feststellen, dass die Äquatorsonne doch stärker ist als mein gutgesinntes Erbgut.
Etwas eingeschüchtert steht Juma nun mit uns im Wohnzimmer. Er tut meiner Mutter richtig leid. Ihre mitfühlenden Fragen, wie er sich wohl bei dieser Kälte in einem fremden Land fühlen mag, muss ich übersetzen, denn sie sprechen kein Englisch. Doch dem freundlich lächelnden Gesicht meiner Mutter kann Juma sicherlich trotz der Sprachhindernisse ablesen, dass er willkommen ist.
Mir war eigentlich schon vorher klar gewesen, dass meine Eltern Juma trotz ihrer damaligen Bedenken herzlich aufnehmen würden. Sie sind schließlich schon einiges gewohnt von mir. Nicht nur ihr neuer Schwiegersohn kennt das Straßenleben, auch unser Hund Tammy hat vor vier Jahren noch auf der Straße gelebt. Ich besuchte damals einen Freund in Portugal, und wir hatten vereinbart, gemeinsam in seinem Auto nach Deutschland zurückzufahren. Thorsten, der dort ein halbes Jahr studiert hatte, war noch mit dem Auszug beschäftigt, und so beschloss ich, aufmerksam geworden durch die vie-

len streunenden Hunde, das Tierheim in Porto zu besuchen. Und da begegnete ich Tammy, die mich durch das Käfiggitter treuherzig ansah. Ich zögerte nicht lange und nahm Tammy, die damals knapp dreißig Kilo schwer war, spontan in unserem vollgepackten Fiesta auf den Schoß und brachte sie so über drei Landesgrenzen. Auch sie hatten meine Eltern damals – vom anfänglichen Schock abgesehen – zum neuen Familienmitglied erklärt.

Juma sieht immer noch nicht ganz glücklich aus, und so gehen wir erst einmal in mein Zimmer hoch. Dort steuert er direkt auf die Matratze zu, die ihm meine Eltern neben mein schmales Bett gelegt haben, und vergräbt seinen Kopf unter dem Kissen.

Ich habe nicht damit gerechnet, dass Juma solche Anfangsschwierigkeiten haben würde, und beschließe, ihn erst einmal in Ruhe zu lassen.

Wenig später bringe ich Juma das Essen aufs Zimmer, vielleicht fällt es ihm so leichter, sich einzugewöhnen. Aber er rührt es nicht an. Um sieben Uhr möchte er dann schlafen, immer noch dick eingepackt in seine Winterjacke, zwei Pullis, Socken, Mütze und einen Schal. Und das, obwohl die Heizung auf Hochtouren läuft und ich ihm eine dicke Daunendecke gegeben habe. Ratlos gehe auch ich zu Bett.

Möchte er für sich sein, oder braucht er meine Nähe? Ich traue mich nicht, mich neben ihn zu legen. Vielleicht ist er böse auf mich, dass ich ihn in so ein kaltes Land gebracht habe. Ich fühle mich hilflos, so habe ich ihn noch nie erlebt. Jetzt, wo ich dachte, in Deutschland aufatmen und neue Kräfte schöpfen zu können, braucht Juma anscheinend mehr Unterstützung als je zuvor.

»Juma, soll ich zu dir kommen?«, traue ich mich schließlich doch zu fragen, da auch er keinen Schlaf zu finden scheint.

»Ja«, antwortet er leise, und erleichtert krieche ich unter seine Decke und halte ihn fest umarmt, bis er wenig später eingeschlafen ist.

~

Vielleicht war es ganz gut, dass ich in Tansania noch nicht wissen konnte, wie schwer der Start in Deutschland für uns werden würde. Wahrscheinlich hätte ich dann nie die Kraft aufgebracht, bis zu unserem Abflug durchzuhalten. Nun aber gibt es kein Zurück mehr. Wir müssen da gemeinsam durch, immer mit dem Ziel vor Augen, dass es Tag für Tag besser werden wird.

Und tatsächlich, einige Tage nach unserer Ankunft beginnt Juma langsam, Interesse an seiner Umwelt zu zeigen.

Neugierig betrachtet er die Bücher und CDs in meinem Zimmer und hört sich das ein oder andere Lied an. Zwar mit traurig-ernstem Gesichtsausdruck, aber immerhin liegt er nicht mehr starr auf dem Bett. Dann, als ich ihn endlich dazu bringe, mit hinunter ins Wohnzimmer zu gehen, erlebt er zur Abwechslung einen lustigen Kulturschock: Meine Mutter sitzt mit Lockenwicklern auf dem Wohnzimmersessel und föhnt sich die Haare unter einer tragbaren Kunststoffhaube. Erst, als meine Mutter Jumas erschrockenes Gesicht sieht und lauthals loslacht, muss auch Juma mit einstimmen.

Nicht nur Juma begegnet seinem neuen Umfeld jetzt mit dem nötigen Humor, auch ich habe schon bald etwas zum Lachen.

Zum Beispiel habe ich großen Spaß daran, als ich ihn dabei beobachte, wie er völlig ratlos vor einer deutschen Toilette steht. Möglichst sachlich erkläre ich ihm die Funktion der Klobrille – um dann aber eine Minute später zu sehen, wie er sich auf die nackte Kloschüssel setzt.

Und dann der Kampf mit dem Toilettenpapier. Ähnlich ungeschickt, wie ich mich anfangs in Afrika mit der Wasser-Methode angestellt habe, hantiert Juma nun mit Klopapier. Ich muss es ihm mehrmals erklären, bis er versteht, wie man seinen Allerwertesten auch damit sauber bekommen kann …

Auch die deutsche Tierliebe gibt Juma so einige Rätsel auf. Warum wir in unserem Wohnzimmer einen Wellensittich in einem Käfig gefangen halten, wundert ihn schon. Und als ich ihm dann auch noch die Bedeutung von dessen Fußring erkläre, macht er mir die Ironie dieser Situation bewusst: »Bei euch sind selbst Vögel mit einer Nummer registriert, und für Hunde muss man Steuern zahlen, während ich nicht einmal eine Geburtsurkunde besitze«, bemerkt er trocken.

Auch mit meinen Eltern versteht sich Juma mittlerweile so gut, dass wir sogar ab und zu mit ihnen abends vor dem Fernseher sitzen. Doch jedes Mal, wenn ein küssendes Pärchen oder auch ein Mann und eine Frau zusammen im Bett zu sehen sind, dreht sich Juma verlegen weg.

»Machen die jetzt etwa Liebe?«, flüstert er einmal entsetzt. »Um diese Uhrzeit noch nicht, keine Sorge«, erkläre ich ihm amüsiert, doch er ist erst beruhigt, als meine Mutter das Programm wechselt.

Dann wird es Zeit, dass Juma auch meine Verwandten kennenlernt. Meine Großeltern sind die Ersten, die wir besuchen wollen. Mein Großvater ist normalerweise ein sehr stiller Mensch und den ganzen Tag in Kreuzworträtsel versunken. Mehr als »Hallo, Opa« und »Tschüss, Opa« spreche ich daher nur selten mit ihm. Doch als er Juma sieht, ist er von Anfang an unglaublich interessiert.

Das Kreuzworträtsel ist mit einem Mal vergessen, und lächelnd schaut er immer wieder zu Juma hinüber, während ich meiner Großmutter von Afrika erzähle. Opa hätte jetzt sicher viele Fragen an Juma, denn er ist bestimmt der erste Afrikaner, der auf seinem Sofa sitzt.

Zum Schluss erhebt sich Großvater sogar und begleitet Juma und mich zur Haustür – eine Seltenheit, die selbst meine Oma zum Staunen bringt. Dann verschwindet er plötzlich im Schlafzimmer und überreicht Juma kurz darauf einen nagelneuen Wollpullover.

»Du frierst doch hier bestimmt«, brummt er schüchtern und schüttelt Juma lange die Hand.

Meine Oma, in ihrer herzlichen Art, nimmt uns beide in den Arm und drückt auch Juma bei der Verabschiedung einen dicken Schmatzer auf die Wange – so, wie sie es auch bei uns Enkelkindern immer tut.

»*Bibi alinipa busu*«, »Deine Oma hat mir einen Kuss gegeben«, freut sich Juma, als wir wieder wegfahren. Wie viel doch ein schwäbisches *Bussile* wert sein kann! Es zaubert ein Lächeln auf Jumas Lippen, und hilft dabei, dass er sich jetzt ein kleines bisschen weniger fremd fühlt.

Am Abend finden wir zum ersten Mal seit unserer Ankunft Zeit, Jumas Eindrücke in unserem Heftchen festzuhalten.

»Na, Juma, was sagst du jetzt? Bevor dir überhaupt ein Bart gewachsen ist, hast du eine schwäbische *Mzungu* geheiratet, von ihrer Oma ein Bussi bekommen und lebst in Deutschland«, ziehe ich Juma auf, der von Natur aus überhaupt keinen Bartwuchs hat.

MEIN NEUES LEBEN, 08. MÄRZ 2006

Ich kann es immer noch nicht glauben. In meinem ganzen Leben habe ich noch nie soviel Glück gehabt. Ich habe immer geglaubt, dass ich für immer in Afrika leben muss. Aber dann ist Nicky eines Tages aufgetaucht, wie ein rettender Stern am Himmel.

Aber ich ahnte es schon immer: Aus jeder Sackgasse gibt es einen Weg, der wieder herausführt.

Endlich bin ich in Deutschland und habe die Chance auf ein neues Leben bekommen. Jetzt bin ich zwar weit weg von meiner Heimat Afrika, aber hier werde ich Geld verdienen können, mit dem ich mir meine Träume erfüllen kann. Ich liebe dieses Leben, obwohl es auch so hart sein kann. In Afrika gibt es keine Arbeit – nur deshalb wollen so viele von dort fort. So wie mir geholfen wurde, möchte ich anderen meine Erfahrungen und Ratschläge weitergeben. Aber erst muss ich das Leben hier in Deutschland neu erlernen. Die Sprache bereitet mir noch große Schwierigkeiten, und auch die Kultur ist so anders. Alle um mich herum sind weiß, und mir kommt es auf der Straße so vor, als würden mich alle anstarren.

Manchmal fühle mich wie ein totaler Schwachkopf, weil ich bei so vielem um Hilfe fragen muss. Daran muss ich mich erst noch gewöhnen, denn ich habe in den Jahren auf der Straße jeden Tag darum gekämpft, auf niemanden angewiesen zu sein. Aber ich werde es schaffen, denn ich will lernen, wieder zu leben!

~

Nicht nur Juma, auch mir fällt die Eingewöhnung nicht gerade leicht. Ich merke, wie mich die harten Bedingungen in Afrika verändert haben. Ich bin sehr ungeduldig geworden und ertrage das Gejammere in Deutschland nur noch schwer. Mein Unverständnis fängt bei den Haustieren an: arme Tammy hier, arme Tammy dort. Mal ist es angeblich zu heiß für sie, mal zu weit zum Laufen, dann wieder geht es nicht, sie eine Stunde allein zu lassen. Ich liebe Tiere über alles, aber mittlerweile wundert es mich nicht mehr, dass man in Afrika sagt: »Besser als Hund in Europa geboren werden denn als Mensch in Afrika.«

Auch das extreme Sicherheitsdenken, das man in Deutschland für unumgänglich hält, stört mich plötzlich. Meist engt es mehr ein, als dass es im Leben weiterhilft. Ist es nicht traurig, wie viele Träume und Wünsche gleich wieder verlöschen, nur weil man *zu sicher* denkt?

Außerdem fällt mir an Jumas unbefangenem Umgang mit der Natur auf, wie weit wir Europäer uns davon entfernt haben. Vor Jahren unterrichtete ich einmal in den Semesterferien eine erste Klasse in Englisch. Als ich mich mit den Kindern draußen in eine duftende Blumenwiese setzen wollte, um ihnen die Namen der Pflanzen beizubringen, wies mich tatsächlich eine Sechsjährige darauf hin, dass sie ihre Hose nicht schmutzig machen wolle.

Wahrscheinlich habe ich mich schon zu sehr an die vielen Abenteuer in Afrika gewöhnt, so dass mir nun das Leben in Deutschland

ein wenig eintönig erscheint. Das Reden und Zuhören fällt mir schwer und ist anstrengend, ich habe mich verändert und scheine nun nicht mehr hierherzupassen.
Doch Juma soll sein eigenes Deutschland entdecken können. Denn schließlich haben wir nur hier die Chance, unseren Traum von einem neuen Leben in Afrika zu verwirklichen.

~

Zwei Wochen nach unserer Ankunft in Deutschland beginnt, zumindest für mich, der Arbeitsalltag.
Mein Elternhaus haben wir hundertfünfzig Kilometer hinter uns gelassen und leben nun in Albstadt in einem möblierten Zimmer.
Ab Montag werde ich wieder mit meiner Arbeit in der Kolbenfabrik beginnen. Herr Bürkle, mein netter Chef, hatte mir noch in Afrika angeboten, dass ich jederzeit wieder bei ihm anfangen könne. Ich willigte gern ein, verriet ihm damals aber noch nichts von meinem Plan, Juma dort auch irgendwie unterzubringen. Einem Analphabeten ohne Sprachkenntnisse in einem kleinen Dorf auf der Schwäbischen Alb Arbeit zu besorgen ist zugegebenermaßen fast ein Ding der Unmöglichkeit. Ich kann nur beten, dass Herr Bürkle uns nicht im Stich lassen wird!
Auch unser Vermieter Willi ist ein alter Bekannter von mir, bei dem ich wegen meiner vielen Auslandsaufenthalte bestimmt schon vier- oder fünfmal ein- und ausgezogen bin. Schließlich bietet sich das komplett möblierte Zimmer in seinem Mehrfamilienhaus ideal für Juma, mich und unsere Rucksäcke an.
Wieder ist es für Juma ein Neuanfang in der Fremde – wo er sich doch gerade erst an meine Eltern gewöhnt hat. Wie sehr ihn die Ungewissheit belastet, erfahre ich am Abend vor meinem ersten Arbeitstag:

MEINE SORGEN IN DER FREMDE, 15. MÄRZ 2006

Jeden Morgen wache ich ohne Freude auf, denn im Moment sitze ich nur zu Hause herum. Das Leben hier ist so teuer. Ich werde noch verrückt, weil sich all meine Gedanken nur noch um Geld drehen. Werde ich bald eine Arbeit finden? Werde ich eines Tages wirklich genug Geld verdienen?

Um Juma auf andere Gedanken zu bringen, bitte ich ihn, mir mehr von seiner Mutter zu erzählen.

Glucksend schildert er mir, wie er ihr als Baby einmal im hohen Bogen auf die Bluse gepinkelt hatte. Darüber kann sich Juma krummlachen und steckt mich mit seinem fröhlichen Kichern an. Nicht umsonst nenne ich ihn abwechselnd Frechdachs, Schlingel oder Bengel.

»Ich wünschte, ich könnte mich heute um meine Mama kümmern und für sie sorgen«, sinnt er nach. »Eines Tages möchte ich ihr Grab sehen, und dann weine und bete ich für sie. Sie war so hübsch und schlank. Die Farbe ihrer Haut hatte denselben tiefdunklen Ton wie meine.«

Jumas Worte über seine Mutter machen mich traurig, denn sie starb so einen sinnlosen Tod. Einen Tod, der sicher hätte verhindert werden können, wenn sie sich nur rechtzeitig einer Tuberkulose-Behandlung unterzogen hätte. Der Gedanke an Tuberkulose beunruhigt mich auf einmal wieder. Gleich am nächsten Tag vereinbaren wir einen Termin beim Arzt, um Jumas geheilte Tuberkulose noch einmal durchchecken zu lassen. Sicher ist sicher.

Seine Lunge wird geröntgt, eine Speichelprobe wird entnommen. Wenige Tage später steht das Ergebnis fest: Seine Tuberkulose hat zwar deutliche Spuren hinterlassen, und ein beträchtlicher Teil der Lunge ist vernarbt, aber Juma gilt als geheilt! Allerdings sollte er dringend aufhören zu rauchen, ermahnt ihn der Arzt zum Schluss.

~

Hier, in unserem neuen Zuhause, gibt es wieder einiges zu entdecken für Juma. Vor allem der elektrische Herd mit den vier Kochplatten bereitet ihm Schwierigkeiten. Hundertmal kann ich ihm erklären, welcher Schalter zu welcher Platte gehört, er kriegt es einfach nicht hin.

Ein andermal entdecke ich am Morgen eine Colaflasche im Gefrierfach. Nur gut, dass sie aus Plastik ist und nicht aus Glas. In Jumas Nähe muss man mit allen Flaschen sowieso vorsichtig umgehen, er schraubt sie nämlich grundsätzlich nicht zu. In Tansania trank er immer aus kleinen Wasserpäckchen, in die man mit den Zähnen ein kleines Loch reißt, um das Wasser herauszusaugen.

Unser Dorf liegt auf neunhundert Meter Höhe, und typisch für diese Lage auf der Schwäbischen Alb liegt hier im Winter jede Menge Schnee. Oft kommen die Gemeindearbeiter mit Lastwagen, um die riesigen Schneemassen wegzutransportieren. So auch in diesem Jahr. Juma, der noch nie weißbedeckte Straßen gesehen hat und hier das erste Mal einen Schneeball formt, hat einen Heidenspaß damit. Auch über parkende Autos, die komplett unter Schneehaufen vergraben sind, staunt er nicht schlecht.

Leider hat sich seit meinem ersten Arbeitstag in der Kolbenfabrik noch keine Gelegenheit ergeben, Herrn Bürkle nach einem Job für Juma zu fragen. Um zu verhindern, dass Juma während meiner Schichten nur zu Hause rumsitzt und sich unnütz fühlt, beschließen wir, bei den benachbarten Bauernhöfen zu fragen, ob sie nicht einen jungen Mann zum Anpacken gebrauchen können. Den Kühen ist es schließlich ziemlich egal, ob Juma Deutsch spricht oder nicht. Und nebenbei könnte er ein paar Worte des hiesigen Dialekts lernen.

Der erste Bauer, den wir zusammen mit seinen fünfzig Kühen besuchen, ist zwar hin und weg von Juma, was für ein schöner junger Mann er doch sei, aber leider brauche er im Moment niemanden.

»Juma, hast du gehört? Vielleicht solltest du ja Model werden!«, necke ich ihn, um ihn etwas aufzuheitern. Mit seinen kleinen Krin-

gellöckchen sieht er inzwischen in der Tat viel sympathischer aus als mit seinem kahlgeschorenen Schädel.
Natürlich bleiben auch unangebrachte Sprüche aus der Nachbarschaft nicht aus. Eine Bäuerin posaunt zum Beispiel herum, dass dieser junge Afrikaner mit Sicherheit ein Sozialfall werden würde. Doch leider wollte Juma diese Vorurteile nun so gar nicht erfüllen, denn eines Tages begleitet er mich kurzerhand zur Arbeit und stellt sich Herrn Bürkle selbst vor.
Als ich die Schicht an meiner Maschine antrete, ist Juma immer noch in Herr Bürkles Büro verschwunden, und ich frage mich, ob dies ein gutes Zeichen ist oder ob es nur wegen der Verständigungsschwierigkeiten so lange dauert.
Schließlich tritt Juma freudestrahlend neben mich.
»Ab Montag komme ich mit dir zur Frühschicht, Kollegin!«

~

Juma beißt die Zähne zusammen.
Obwohl er ziemlichen Respekt vor dem Chef, den weißen Kollegen und den großen Drehmaschinen hat, findet er nach zwei Wochen langsam Gefallen an der Arbeit. Tapfer erträgt er den Lärm der Maschinen, denn die Ohrenstöpsel sind ihm nicht ganz geheuer. Und obwohl es in der Produktionshalle verdammt warm ist, sträubt er sich dagegen, seinen dicken Wollpullover auszuziehen. Im T-Shirt fühlt er sich zu nackt und zu schwarz, also doch lieber schwitzen.
Die Schicht teilen wir uns mit acht deutschen und rumänischen Mitarbeitern. Zu Jumas Aufgaben gehört es, auf einen Auslöseknopf zu drücken, wenn ein Stahlkolben gebohrt werden soll, oder Kolbenteile auszublasen und abzuschleifen. Eigentlich würde auch das Stichprobenmessen mit einem Messgerät dazugehören, aber Juma kann mit Kommazahlen nichts anfangen.
Im Vergleich zu seinen Kollegen nimmt er die Arbeit allerdings fast

schon zu ernst. Auch an Feiertagen würde er am liebsten zur Arbeit gehen. Untätig daheim zu sitzen findet er langweilig. Auch während der Arbeitszeit verbringt er jede Minute gewissenhaft vor seiner Maschine. Nicht einmal eine Pinkelpause gönnt er sich, wohingegen es unter seinen Kollegen ganz normal ist, mehrere Schwätzchen zu halten oder Zigaretten zu rauchen.

Zigaretten! Das alte Problem. Juma raucht zwar bei der Arbeit nicht, aber ganz damit aufzuhören traut er sich noch nicht. Dessen ungeachtet werde ich nicht müde, ihm von den Zigaretten abzuraten, denn jemand mit seiner beschädigten Lunge und seiner Suchtvergangenheit sollte einfach nicht rauchen.

Und tatsächlich kommt der Tag, an dem sich Juma endgültig von seinem Laster befreien will. An diesem Tag veranstalten wir im Garten ein kleines Ritual, indem wir alle verbleibenden Zigaretten auf einem kleinen Holzhaufen anzünden und gemeinsam die grüne Giftflamme beobachten. Es ist wie ein kleines Fest und das endgültige Ende seiner selbst auferlegten Gefangenschaft der Nikotinsucht.

Mittlerweile sind wir uns einig, dass wir nur so lange in Deutschland bleiben wollen, bis wir genügend Geld gespart haben, um uns in Afrika etwas aufzubauen. Juma träumt von einem eigenen Haus, und daher übernehme ich solange Miete und Lebenskosten, bis er sich einen ansehnlichen Betrag auf seinem Konto angespart hat.

Juma ist nämlich sehr sparsam geworden und gibt keinen Cent unüberlegt aus. Meistens rechnet er übrigens in Würstchen. Das heißt, wenn er ein schickes T-Shirt für fünf Euro sieht, überlegt er, dass er sich dafür zehn Würstchen kaufen könnte – seine Leibspeise in Deutschland.

Wie ich bald feststellen soll, hat Juma seinen ganz eigenen Sparstil entwickelt. Immer wieder kommt es vor, dass ich im Kleiderschrank auf Geldscheine und Münzen stoße. Schön einzeln versteckt und eingewickelt zwischen seinen Kleidern.

»Sag mal, hast du etwa Angst vor Einbrechern?«, spreche ich ihn verwundert darauf an.

»Nein, ich bin es einfach noch von der Straße gewohnt, dass man Geld verstecken muss, sonst ist es am nächsten Tag nicht mehr da!«

Am liebsten würde er keinen Cent ausgeben, denn zum ersten Mal hat es einen Wert bekommen. Geschenktes oder geklautes Geld war für ihn bislang nur ein Fetzen Papier gewesen, das ihm die nächste Mahlzeit oder den nächsten Joint gesichert hat. Jetzt aber steht er dafür stundenlang auf den Beinen und kann am Ende des Monats stolz das Resultat seiner Mühen auf dem kletternden Kontostand ablesen.

Sein Arbeitseifer bringt aber auch Nachteile mit sich, denn meine Versuche, ihm Deutsch beizubringen, scheitern gänzlich. Es ist einfach alles viel zu viel für den Anfang, und deshalb macht Juma komplett zu. Bevor wir uns in den Haaren liegen, spreche ich lieber weiterhin Suaheli mit ihm und überlasse es ihm selbst, wie er mit der deutschen Sprache zurechtkommt.

Zum Glück gibt es da aber noch unsere Nachbarin Carmen, eine lebhafte Mutter mit blonder Mähne, die immer wieder bei uns vorbeischaut. Sie wohnt mit ihrem Mann und ihren zwei erwachsenen Kindern schräg gegenüber und kannte Juma schon aus früheren Erzählungen von mir.

Carmen ist ein Schatz. Ihre Besuche sind eine willkommene Abwechslung, denn Juma kann sich nur schwer mit sich selbst beschäftigen. Bücher lesen kann er nicht und einen Fernseher haben wir nicht. Wenn ich das Haus verlasse, um für eine Stunde allein in die Natur zu gehen, findet er immer eine Ausrede, warum er mich nicht allein gehen lassen will. Er hält es nicht aus, allein zu sein, denn dann kommen die Erinnerungen hoch, die ihn traurig machen.

Ich aber brauche gerade genau das Gegenteil. Am liebsten möchte ich einfach nur Zeit und Ruhe für mich selbst finden – schließlich hat sich auch für mich viel verändert in den letzten Monaten. Mein Gesicht ist ernst, meine Augen sind starr. Ohne dass ich es will, strahle ich etwas Abweisendes aus, und wie ein Bumerang treffen mich dabei die Reaktionen meiner Mitmenschen, die sich daraufhin von mir zurückziehen.

Zwei Menschen jedoch lassen sich nicht von meiner Introvertiertheit beeindrucken und stehen uns immer zur Seite. Gerade Carmen ist es, die Juma Schritt für Schritt an das Leben der weißen Menschen gewöhnt, indem sie ihm immer wieder neue deutsche Wörter beibringt und ihn einmal sogar alleine zum Supermarkt schickt. Außerdem gibt es Robby, einen sechsjährigen blonden Nachbarsjungen, mit dem Juma immer wieder die Umgebung per Fahrrad erkundet. Bei ihm fühlt sich Juma sicher, denn auch ohne die Sprache zu können, wird er für Robby eine Art älterer Bruder. Es vergeht kaum ein Tag, an dem sie nicht zusammen losziehen oder Robby bei uns vorbeischaut. Wie mir auch schon in Tansania aufgefallen ist, hat Juma ein ganz besonderes Händchen für Kinder – er nimmt sie ernst, und sie vertrauen ihm blind. Mit ihnen kann er so vieles aus seiner verlorenen Kindheit nachholen.

~

Der Winter geht, und das Stuttgarter Frühlingsfest kommt. Juma kennt von Deutschland bisher nur das Kleinstadtleben, doch für diesen Samstag planen wir einen Bummel durch die Stuttgarter Königsstraße und einen Besuch auf dem Volksfest. Als wir in die Menschenmassen der Fußgängerzone eintauchen, greift Juma erschrocken nach meiner Hand. Auch ich erstarre für einen Moment, denn wir berühren uns sonst nie in der Öffentlichkeit. So will es Jumas Kultur, und da wir uns in Tansania kennengelernt haben, ist diese Regel auch für mich ganz normal geworden. Jetzt, wo ich daran erinnert werde, wie schön es sich anfühlt, öffentlich zu zeigen, dass man zusammengehört, finde ich es sogar etwas traurig, dass er meine Hand nur heute braucht.

»Komm, Juma, wir setzen uns hierher und beobachten die vorbeilaufenden Leute ein bisschen«, schlage ich ihm mitten auf der Königsstraße vor.

Wir setzen uns auf die Stufe vor ein Schaufenster und halten Ausschau nach auffälligen Gestalten.

»Schau! Die da drüben mit den langen Bärten und dem Rucksack«, sagt Juma, der sich nur zu gerne auf dieses Spiel einlässt, das uns schon auf der Samora Avenue eine Menge Spaß bereitet hat. Er zeigt auf zwei Männer, die in schlampigen Kleidern auf einer Bank sitzen und Bierflaschen in der Hand halten.

»Das sind Leute, die mit dem *deutschen* Leben fertig sind und auf der Straße leben. Ihre einzigen Freunde sind wahrscheinlich nur ihr Hund und ihre Bierflasche.«

»Ist das dein Ernst?« Juma kann es nicht glauben. »In Afrika erzählt man, dass Menschen in Europa Geld vom Staat bekommen, wenn sie Probleme haben. Wieso leben sie dann auf der Straße?«

»Manchen von ihnen ist es vielleicht ähnlich ergangen wie dir. Auch hier in Deutschland können eine traurige Kindheit, Probleme mit den Eltern oder auch die falschen Freunde den Frust über das Leben so übermächtig werden lassen, dass es einen aus der Bahn wirft. Und um zu vergessen, betrinken sie sich dann rund um die Uhr. Die Gesellschaft verstößt sie, nennt sie *Penner.*«

»Penner? Das gefällt mir. Dann bin ich auch ein Penner!«, freut sich Juma über das neue deutsche Wort.

»Penner!«, lacht Juma. »Juma ist ein Penner«, sagt er zu sich selbst. Ich sollte jetzt besser meinen Mund halten. Von allen Vokabeln sind es die Schimpfwörter, die Juma sofort aufschnappt und sich merken kann. Auf Deutsch zu fluchen bereitet ihm am meisten Spaß – wie ein großer Bengel eben.

Im nächsten Moment läuft eine junge Afrikanerin direkt an uns

vorbei. In schnellem Suaheli spricht sie in ihr silbernes Handy und scheint es eilig zu haben. Zu ihren hochhackigen Schuhen trägt sie ein elegantes Kostüm und über der rechten Schulter ein schickes Handtäschchen. Goldener Schmuck baumelt von ihrem Hals und ihren Handgelenken. Ihre afrikanischen Kringellöckchen trägt sie glatt gepresst und mit viel Gel zu einer Hochsteckfrisur geformt.
Ungläubig schüttelt Juma den Kopf. »Selbst die afrikanischen Mamas sehen hier anders aus. Bei uns tragen sie Khangas und meist ein Baby auf der Hüfte, und hier sehen sie aus wie Filmstars!«
»Genug gesehen!«, beende ich unser Beobachtungsspiel. »Lass uns jetzt zum Frühlingsfest gehen!«
Kaum eine halbe Stunde später tauchen wir bereits in das bunte Treiben eines typisch deutschen Volksfestes ein. Dieses Mal müssen wir uns unbedingt an den Händen halten, denn Juma ist vollkommen damit beschäftigt, in alle Himmelsrichtungen gleichzeitig zu schauen, um die vielen verschiedenen Karussells zu bestaunen. Zum ersten Mal in seinem Leben sieht er ein Riesenrad und eine Achterbahn. Am besten gefällt ihm aber der Robotermann, ein verkleideter und maskierter Mensch, der sich vor einer Weltraumkulisse zu Techno-Musik roboterhaft bewegt. Juma versucht sogleich, ihn nachzuahmen, und winkt auffordernd den umstehenden Menschen zu, die ihn vergnügt dabei beobachten.
Anschließend fahren wir Geisterbahn. Juma hat natürlich keine Ahnung, was ihn dort drinnen im Dunkeln erwarten wird, und schreit erschrocken auf, als sich ein Skelett über unseren Wagen hängt und noch eine Weile bei uns mitfährt. Als wir wieder draußen sind, können wir uns vor Lachen kaum mehr halten. »In meinem ganzen Leben habe ich so etwas noch nie gesehen!«, sagt er mit Lachtränen in den Augen.
Danach will er unbedingt »Revolution« fahren, ein längliches Karussell, das in hohem Bogen nach oben schießt und sich dabei auch noch um die eigene Achse dreht. Nein, nicht mit mir! Da bringen

mich keine zehn Pferde rein! Also setzt er sich mutig als einzig Schwarzer zwischen lauter Weiße in die erste Sitzreihe des Höllengefährts. Kurz darauf werden die Sicherheitsbügel heruntergefahren, und los geht die Fahrt. Juma lacht und lacht und winkt mir immer wieder zu.
Glücklich machen wir uns am Abend auf den Heimweg, und Juma grübelt noch lange darüber nach, wie er das heute Erlebte in seinem nächsten Telefonat mit Samuel in Worte fassen soll.

~

Nach drei Monaten gehört Juma schließlich schon ganz hierher. Überall ist zu spüren, dass die Menschen offen auf ihn zugehen und ihn gleich ins Herz schließen. Egal ob wir zu seiner Bank gehen oder in die Bibliothek – immer wird er freudig begrüßt.
Kein Wunder, Juma sieht mit seiner tiefdunklen Haut und seiner muskulösen Statur einfach umwerfend aus, lacht gerne und viel und steckt alle Menschen um sich herum mit seiner Fröhlichkeit an. Jumas große Lebensfreude ist etwas ganz Besonderes und für mich das schönste Geschenk, das er mir je hätte machen können.
Als wir Ilse, eine gute Freundin, besuchen, die wir schon seit ein paar Wochen nicht mehr gesehen haben, stellt auch sie überrascht fest, wie sehr sich Juma verändert hat.
»Ich kann dir nicht sagen, was es ist … aber warte mal …«, sagt sie und kramt in einem Papierstapel auf dem Tisch. »Hier, sieh mal, das sind Fotos von eurer Ankunft, wie traurig er da aussieht! … Und jetzt, schau nur, was für einen tollen Strahlemann du da hast!«
Und tatsächlich, wenn ich es nicht schon getan hätte, würde ich ihn glatt vom Fleck weg heiraten!

~

Mittlerweile ist es Juni, und das Ausländeramt ruft Juma zu einem Integrationskurs. Dort soll er von nun an täglich vier Stunden die Schulbank drücken, gemeinsam mit zwanzig anderen Ausländern, um Deutsch zu lernen.

Aufgeregt wie ein Erstklässler, sitzt er an seinem ersten Schultag mit Schreibblock und Stift neben seinen größtenteils älteren Klassenkameraden aus den verschiedensten Ländern. Da alle außer ihm lesen und schreiben können, zieht die Lehrerin das Tempo deutlich an, so dass Juma nicht mehr mitkommt. Eigentlich war für ihn ein Kurs speziell für Analphabeten vorgesehen, doch für den waren nur türkische Frauen angemeldet, und daher wollte die Volkshochschule auf keinen Fall einen afrikanischen Mann dazusetzen.

Schade, denn obwohl Juma kaum mithalten kann, lernt er plötzlich mit Feuereifer. Auch die Mitschüler helfen ihm, wo es nur geht, und so wird aus den Türken, Russen, Italienern, einer Malaiin, einer Brasilianerin und dem schwarzen Juma in kurzer Zeit ein wundervolles Team.

Diszipliniert geht er von nun an jeden Tag um acht Uhr zur Schule, mittags bleiben knapp zwei Stunden für Essen und Hausaufgaben, bis wir um drei Uhr in die Fabrik zur Spätschicht aufbrechen. Es ist anstrengend, aber Juma blüht dadurch richtig auf. Jede zweite Woche, wenn ich zur Frühschicht muss, gehe ich allein zur Arbeit, da Juma Unterricht hat. In der Regel ist er bereits zwei Stunden vor mir zu Hause und überrascht mich jedes Mal damit, dass das Essen schon fertig auf dem Tisch steht. Kochen, Abwaschen und Putzen sind zu seinen Lieblingsbeschäftigungen geworden – oft necke ich ihn damit, dass er die perfekte schwäbische Hausfrau sei. Einmal zieht er daraufhin mein geblümtes Sommerkleid an und singt mit hoher Fistelstimme ein tansanisches Kinderlied, während er mit dem Kochlöffel im Topf rührt. Das ist mein Juma, wie er leibt und lebt!

~

Tansania … wie lange ist es doch schon her, dass wir in Afrika waren! Juma leidet nach fünf Monaten in Deutschland zunehmend an Heimweh und telefoniert deshalb immer öfter mit Freunden aus der Heimat. Meist gibt es keine großen Neuigkeiten, dann aber erhalten wir eine schockierende Nachricht: Samuel erzählt, dass Issa, ein befreundeter Straßenjunge aus der Samora Avenue, von Passanten totgeschlagen wurde.
Es passierte gegen Mitternacht, Issa hatte gerade einem Passanten das Handy geklaut und wurde von einer Gruppe Männer gestellt. Sie schlugen so lange mit Steinen und Flaschen auf ihn ein, bis er kein Lebenszeichen mehr von sich gab. Ein grausamer Mord an einem Zwanzigjährigen, aber nichts Außergewöhnliches für Straßenjungs.
Für Juma aber rückt die Nachricht von Issas Tod sein altes Leben wieder in den Vordergrund. »Nicky, genauso hätte ich an Issas Stelle sterben können. Passanten hatten mich einmal beim Stehlen erwischt, rissen mich zu Boden, und ehe ich mich versah, holte einer von ihnen einen Kanister herbei. Ich spürte, dass sie mich mit einer Flüssigkeit übergossen. Aber es war kein Wasser, es war Benzin. Sie hätten nur noch nach einem Streichholz greifen müssen, dann wäre ich in Flammen aufgegangen. Ich wäre bei lebendigem Leibe verbrannt. Aber in letzter Sekunde kam noch ein Straßenwächter dazu. Nur auf seinen Befehl hin ließen die Passanten von mir ab. Ich hatte so viel Glück, und Issa stirbt einfach! Hoffentlich habe ich bald genug Geld beisammen, um wieder nach Afrika zu gehen!«
Und ich muss ihm recht geben. Obwohl es uns hier momentan sehr gut geht, dürfen wir nicht unser eigentliches Ziel, ein besseres Leben für Juma in Afrika, aus den Augen verlieren. Bis Ende des nächsten Monats könnten unsere Ersparnisse tatsächlich ausreichen, um zurückzufliegen, denn bis dahin wird er dreitausend Euro zusammengespart haben – und das reicht für ein eigenes Haus in Tansania.
Gesagt, getan. Der Flug ist auf Ende September gebucht, und die

Tage bis zu unserem letzten Arbeitstag sind gezählt, denn wir wollen vorher noch eine kleine Reise machen und meine indische Freundin Rajnie in Rom besuchen. Damals in Indien war Rajnie ein halbes Jahr lang meine Nachbarin gewesen, als ich in dem Heim für behinderte Straßenkinder Raju und Ganesh betreute. Rajnie und ich freundeten uns schnell an, schließlich waren wir im gleichen Alter. Umso mehr schockierte mich ihr Familiendrama, das ich aus nächster Nähe miterlebte. Rajnie hatte sich zu der Zeit in einen italienischen Praktikanten verliebt, aber ihre Eltern waren sehr traditionsbewusst und daher strikt gegen Angelo.

Die Familie arrangierte eine Blitzhochzeit mit einem entfernten Verwandten und drohte ihr, sie umzubringen, falls sie noch weiter Schande über ihre Familie bringen sollte. In einer Nacht-und-Nebel-Aktion flüchteten Rajnie und Angelo schließlich und heirateten noch am nächsten Tag, bevor sie Indien in Richtung Italien verließen.

Auf dem Weg zum Flughafen Karlsruhe/Baden-Baden ist Juma bereits ganz aufgeregt, er hat schon so viel von Italien gehört und freut sich auf die Offenheit und Spontaneität der Menschen dort, die ich ihm als fast schon afrikanisch beschrieben habe.

Nur drei Stunden später empfangen uns Rajnie und Angelo herzlich in Rom. Schon so lange haben wir uns nicht gesehen, und Juma kennen sie nur aus meinen E-Mails. Nach zwei aufregenden Tagen in Rom sitzen wir nun alle im Zug, um weiter in den Süden zu Angelos Mama nach Matera zu fahren.

Spätestens dort ist Juma vollends von Italien begeistert. Die Gastfreundschaft der Menschen erinnert ihn tatsächlich an seine Heimat Afrika, und Angelos Mama verwöhnt uns rund um die Uhr mit Pizza, Pasta und Mozzarella, so dass wir beinahe platzen. Eine typisch italienische Mama eben, die man sofort ins Herz schließen muss. Es entgeht mir nicht, wie auffallend oft Juma ihre Nähe sucht und ihr beim Kochen zusieht …

Die unkomplizierte Art der Italiener steckt Juma an. Mal hier ein Begrüßungsküsschen auf die Wange, mal dort ein *Ciao* oder *Come sta.* Jumas Sprachhemmung ist spurlos verschwunden, und er probiert sich eifrig im Italienischen. Rajnie spricht es mittlerweile auch schon wie eine echte Italienerin und ist bis heute so verliebt in ihren Angelo, dass es auch Juma und mir leichter fällt, unsere Zuneigung füreinander offen zu zeigen. Viel zu schnell ist die Woche in Italien um, und schon befinden wir uns gestärkt von der schönen Reise im Flugzeug zurück nach Deutschland. In nur wenigen Tagen wird es weitergehen nach Tansania, und zum ersten Mal habe ich Angst davor.

Wird Juma die erneute Umstellung verkraften und sich an sein neues Leben als »reicher Mann« gewöhnen können? Es gibt so viele Hindernisse und Gefahren, die bei unserer Rückkehr auf uns zukommen könnten. Es könnten plötzlich neidische Bekannte auftauchen, die auch etwas abbekommen wollen, und was ist mit Jumas ehemaligen Freunden von der Straße? Werden sie akzeptieren, dass ihnen Juma nicht mit Geld helfen kann?

In ein paar Tagen wird sich herausstellen, ob unser afrikanischer Traum in Erfüllung gehen wird!

9

Joy ist Freude
Jealousy ist Neid
Safety ist Sicherheit

29. September 2006, Flughafen, Dar es Salaam. Bereits auf dem kurzen Weg vom Ausstieg bis zur Gepäckausgabe schlägt uns die schwüle Luft Afrikas entgegen. Augenblicklich macht sich in mir die beruhigende Gewissheit breit: Hier gehöre ich her!

Die Taschen voll mit allerlei Geschenken und einem enorm angewachsenen Kleiderbestand, steuern wir aufgeregt auf den Ausgang des Flughafengebäudes zu. Wenigstens wissen wir, wo wir die ersten Nächte verbringen können, bis wir eine eigene Bleibe gefunden haben. Mama Maryam versicherte uns am Telefon, dass sie uns bis dahin gerne bei sich aufnehmen wird. Alles andere liegt jedoch noch im Ungewissen.

Weil es schon dunkel ist, nehmen wir zur Sicherheit ein Taxi, um zur Fähre zu gelangen. Noch fühle ich mich wie nackt, als einzige Weiße unter all den Schwarzen. Selbst Juma fühlt sich fremd, obwohl es doch seine Heimat ist. Die Armut und der Dreck in den Straßen Dar es Salaams fällt ihm genauso auf wie mir. Zum ersten Mal betrachtet er seine Heimat mit den Augen eines Fremden. Während wir mit dem Taxi von einem Schlagloch ins andere rumpeln, lässt mich das Gefühl nicht los, dass sich Tansanias Zustand seit unserer Abreise sogar noch verschlimmert hat.

Als wir uns vom Taxifahrer verabschieden, ist es bereits nach zehn Uhr, und die Fähre nach Kigamboni ist um diese Zeit zum Glück fast leer.

»Hast du das Geld?«, flüstert Juma, als wir auf einer Holzbank auf dem Deck der Fähre Platz nehmen.

Möglichst unauffällig überprüfe ich den Brustbeutel, in dem Jumas

Ersparnisse in Fünfhundert-Euro-Scheinen immer noch sicher um meinen Hals hängen. Das letzte Stück bis zu Mama Maryams Haus wird noch aufregend. Es sind zwar nur zehn Minuten Fußweg, aber um diese Zeit läuft man nicht mit vollen Taschen, einem Haufen Bargeld und dazu noch mit weißer Haut draußen herum.

Aber auf den Lehmstraßen in Kigamboni herrscht noch reger Betrieb, und wir kommen sicher bis zu Mama Maryams Haus.

Die erste Hürde wäre geschafft, und die Wiedersehensfreude ist groß. Kaum angekommen, zieht Juma bereits sein dickes Fotoalbum hervor, um es stolz Mama Maryam zu zeigen. Aber das schwache Petroleumlicht reicht kaum aus, um die Bilder in Ruhe anzusehen, und so beziehen wir, müde von der langen Reise, bald schon unser Zimmer.

Aus Jumas ehemaligem Zuhause ist inzwischen ein kleiner Friseursalon geworden, so dass wir für die nächsten Tage bei Mama Maryams ältestem Sohn untergebracht sind, der sich gerade als Fischer auf See befindet.

Die zerfledderte Schaumstoffmatratze, auf der wir am Boden schlafen sollen, ist dunkel vor Schmutz. Und das löchrige Moskitonetz lädt die lästigen Moskitos eher dazu ein, bei uns auf Abenteuerreise zu gehen, anstatt sie von uns fernzuhalten. Aber wenigstens müssen wir uns nicht ihr nerviges Gesumme anhören, denn unser Zimmernachbar hat sein Radio auf voller Lautstärke. Unsere Körper schwitzen und schwitzen, wie schon lange nicht mehr. Die unebenen Wände des kleinen Zimmerchens bestehen aus Ästen und Lehm, und auch im Boden haben sich hier und da große Löcher gebildet. Auch nicht dumm. Eines davon bietet sich nämlich als ideales Versteck für unser Geld an.

Als sich Juma zufrieden auf sein Geldversteck setzt, kann ich mir das Lachen nicht mehr verkneifen. Wir stellen uns die Gesichter unserer deutschen Freunde vor, die wahrscheinlich keinen Fuß in so ein Zimmer setzen würden, und müssen vor allem über Carmen lachen, die beim Anblick einer Kakerlake kreischend das Weite suchen würde.

Keine Frage, wir sind wieder in Afrika. Und auch wenn wir die paar Tage in Staub und Dreck schlafen werden, sind wir Mama Maryam mehr als dankbar, dass sie uns bei sich aufnimmt.

Am nächsten Tag besprechen wir mit ihr sogleich die Wohnungsfrage, denn sie hat sich in der Zwischenzeit für uns nach einem Haus umgeschaut. Doch Mama Maryams Antwort ist ernüchternd. Für vier Millionen Tansanische Shilling, ungefähr 2500 Euro, gäbe es zurzeit kein Haus in Kigamboni.

»Aber wenn wir kein Haus kaufen können, warum bin ich dann jeden Tag an dieser verdammten Maschine gestanden und habe geschuftet?«, bricht es verzweifelt aus Juma heraus.

Energisch treibe ich ihm die negativen Gedanken wieder aus, schließlich gibt es ja noch Teacher, der uns sicher weiterhelfen kann.

Und schon am nächsten Tag laufen wir ihm zufällig in Kigamboni über den Weg. Überrascht und erfreut, uns wiederzusehen, ist Teacher sofort bereit, sich nach einem geeigneten Haus umzuschauen. Es wäre nur eine Frage der Zeit, verspricht er und entfacht damit neue Hoffnung in uns.

Bald schon wird deutlich, dass sich die Suche und der Einzug in ein eigenes Haus über Wochen hinziehen wird. So lange können wir auf keinen Fall bei Mama Maryam bleiben. Doch Mama Maryam ist ein Engel. Sofort weiß sie Rat und vermittelt uns innerhalb weniger Stunden ein kleines Zimmer in der Nachbarschaft. Sogar ein großes Bett mit Matratze steht dort für uns bereit, und wir können bereits zwei Tage später einziehen.

Ein großer Kokosnussbaum über dem Dach und das Meer direkt auf der anderen Straßenseite sorgen in unserem vorübergehenden Zuhause für die nötige Kühle. Den Blick auf die Brandung säumt ein grüner Streifen wilde Natur, auf dem Mango- und dicke Baobabbäume stehen. Es dauert nicht lange, da macht sich auch schon unser Kokosnussbaum bemerkbar. Mit einem lauten Schlag knallt eine Kokosnuss direkt auf das Wellblechdach über uns.

~

Nach den ersten Wochen haben wir uns zwar wieder gut in unseren afrikanischen Alltag eingefunden, aber die politische Lage in Dar es Salaam macht uns große Sorgen. Die Stadt lässt »aufräumen«. Straßenverkäufer, Autowäscher und Holzbuden werden von Polizisten, Baggern und Bulldozern vertrieben, und innerhalb weniger Tage wird alles niedergewalzt, was nicht zu einem »sauberen« Stadtbild passt. Tausende Menschen verlieren über Nacht ihren Arbeitsplatz, ihre Häuser und Geschäfte. Auch Mubas Holztisch haben die dunkelgrünen Schlagstockmänner mitgenommen.

Beim Anblick der leergefegten Samora Avenue erfasst mich eine unbeschreibliche Wut. Statt bunter afrikanischer Kunst, Souvenirs und selbstgeschnitzten Holzfiguren sind nur noch verrostete Fenstergitter, Klimaanlagen und schmutzige Hauswände zu sehen. Es ist keine Stadtverschönerung, es ist die Ausrottung der Armen, die hier betrieben wird.

Muba versucht es mit Humor zu nehmen, aber ihm bleibt das Lachen im Halse stecken. Gerade jetzt, wo sein Geschäft mit den Ledersandalen hervorragend gelaufen war und er mit dem Geld den Arzt für die Mutter und die Renovierung des Elternhauses bezahlen wollte, verliert er seinen Arbeitsplatz. Es scheint, als wären seine jahrelangen Bemühungen umsonst gewesen.

Um meinem angestauten Ärger Luft zu machen, spreche ich ein paar übrig gebliebene Straßenverkäufer an, die kleine Päckchen mit Trinkwasser verkaufen. Obwohl sie dafür ins Gefängnis kommen können, verkaufen sie heimlich weiter. Inzwischen bekommt man kaum mehr Trinkwasser oder Säfte in der Innenstadt, nur noch die teuren Supermärkte in der Innenstadt sind zugelassen.

Als ich die Wasserverkäufer auf die rücksichtslosen Vorgänge anspreche, blicken sie plötzlich stumm zu Boden. Das Thema scheint ihnen unangenehm zu sein. Als mir endlich dämmert, dass hier wohl andere Gesetze herrschen, verstumme auch ich.

Am Abend bekomme ich meine Vermutung von Juma bestätigt: Kritiker werden hier kurzerhand ins Gefängnis gesperrt, und die Menschen halten nun aus Angst ihren Mund, anstatt sich zu wehren. Ich könnte platzen!

In den folgenden Tagen berichten Zeitungen von den ersten Selbstmorden: Familienväter, die ihre Kinder nicht mehr ernähren konnten. Menschen, deren Lebenswerk zerstört wurde und die keinen anderen Ausweg mehr sahen.

Manche meiner Freunde, die sich bisher mit dem Verkauf von selbstgeflochtenen Armbändern über Wasser gehalten haben, sind so aufgebracht, dass sie sagen, der Staat würde sie zum Stehlen zwingen. Tatsächlich schnellt die Kriminalitätsrate in die Höhe. Während Juma in all den Jahren nie eine Handfeuerwaffe bei den Straßengangs gesehen hatte, häufen sich nun Berichte über bewaffnete Raubüberfälle.

Doch die Bagger bleiben nicht stehen. Schließlich wird auch unser geliebtes *Hoteli*, in dem wir regelmäßig zu Abend gegessen haben, zur Hälfte abgerissen.

In den *Uswahilini,* den Armenvierteln, leben die Armen unter sich. Mit Stadtverschönerung kann all das nichts zu tun haben, denn keiner der hohen Männer würde jemals einen Fuß in diese Gegend setzen.

Kopfschüttelnd machen sich die Menschen inmitten der zurückgelassenen Trümmerhaufen an die Aufräumarbeit und machen mit dem, was nicht dem Erdboden gleichgemacht wurde, tapfer weiter. Immer noch bekommen wir in unserem Stammlokal etwas zu

essen, auch wenn wir hier nun abends vor den Mauerresten des Lokals von allen beobachtet werden können.
Mit fatalen Folgen, wie sich wenige Tage später zeigt. Es ist spät und bereits dunkel, als Juma unweit von unserem *Hoteli* Bananen und Melonenscheiben für den Nachtisch holen möchte. Zufällig schaue ich gerade in seine Richtung, als sich zwei Jungs hinter seinem Rücken aufbauen und ihn anzupöbeln scheinen. Komisch, Juma ignoriert sie völlig und konzentriert sich ausschließlich auf den Obstverkäufer.
Jetzt packt ihn einer der beiden Kerle auch noch grob an der Schulter. Erschrocken lasse ich meinen Löffel fallen. Durch einen Spalt in den Mauerresten beobachte ich die Szene, die nur vom flackernden Licht der Petroleumlampe des Obststandes beleuchtet wird. Jetzt sehe ich, dass beide stark betrunken wirken, und der eine hält noch eine Bierfalsche in der Hand. Es sind Straßenjungs! Immer aufgebrachter reden sie auf Juma ein, der ihre Wortattacken mit angespanntem Gesichtsausdruck kommentiert, ohne sie dabei anzusehen.
Soll ich hinübergehen und ihm zur Seite stehen? Nein, es wäre unangebracht, sich hier mitten in der Nacht als *Mzungu* einzumischen. Bestimmt weiß sich Juma selbst zu helfen, und außerdem sind noch genug andere Leute um ihn herum. Dennoch ist mir vor Angst fast schlecht – und wenn sich Juma nun doch von ihnen herausfordern lässt?
Plötzlich greift der größere der beiden Straßenjungs nach hinten an seinen Hosenbund, so als ob er etwas hervorziehen wollte. Ein heißer Schreck durchfährt mich. Aber es kommt nicht mehr zum Kampf, denn Juma hat sich bereits umgedreht und läuft auf mich zu. Wütend grölen ihm die Jungs hinterher, aber zum Glück folgen sie ihm nicht.
»Die wollten mir mit ihren Macheten an den Kragen, weil ich eine *Mzungu* an meiner Seite habe«, schnauft er aufgebracht, als er sich wieder zu mir an den Tisch setzt.

Mir zittern immer noch die Knie. Obwohl es schon spät ist, bleiben wir noch eine Weile sitzen, um sicherzugehen, dass uns die Straßenjungs nicht irgendwo auflauern.

»Weißt du, was mich besonders schmerzt?«, fragt er und deutet mit dem Kinn auf eine andere Gruppe Straßenjungs, die an uns vorbeizieht. »Ich kann ihren Neid sogar verstehen – schließlich war auch ich lange getrieben von meinem Zorn. Ich war einer von ihnen, und jetzt darf ich ihnen nicht helfen, um mich selbst zu schützen!«

~

Die Suche nach einem Haus dauert weiter an, und Juma ist immer noch arbeitslos. Früher war es noch relativ einfach gewesen mit etwa fünfzig Euro Startkapital ein kleines Geschäft zu eröffnen. Aber jetzt ist es nicht mehr erlaubt, einen Tisch oder eine Bude am Straßenrand aufzustellen, und Juma beginnt vor Langeweile wieder damit, in der Stadt herumzuhängen.

Immer öfter kommt er danach abends völlig frustriert nach Hause. Viele Freunde halten ihn nun für reich und beschimpfen Juma als Geizhals, wenn er ihnen kein Geld gibt. Während ich mich schon längst daran gewöhnt habe, dass sich die Leute ständig Hilfe oder Geld von mir erhoffen, ist es für Juma eine völlig neue Situation, mit der er ganz und gar nicht klarkommt. Ich frage mich, wie lange sich unter solchen Umständen den Umgang mit denjenigen vermeiden lässt, die ihn wieder an die Drogen erinnern?

Auch Juma möchte sich wieder nützlich machen können, und so eröffnet er vorübergehend wieder einen Stand für Badeschlappen. Sein neuer Verkaufsplatz befindet sich auf einem schmalen Trampelpfad in der Nähe des früheren Marktes. Hier kommt kein Bagger durch, und wir hoffen, dass auch die Straßenverwaltung fernbleibt. Der tägliche Gewinn liegt nahezu bei null, aber das spielt im

Moment keine Rolle. Juma ist beschäftigt, und somit kommen wir beide zur Ruhe.
Das Leben zeigt sich nun endlich von seiner Sonnenseite. Schon bald hat Juma neue Freundschaften mit seinen Standnachbarn geschlossen, die neben ihm Radios und Kleider verkaufen.
Zwei Wochen später ist auch Teacher fündig geworden: Nach anstrengenden Verhandlungen mit verschiedenen Hausbesitzern kann er Juma schließlich ein sehr gut erhaltenes Haus vorführen, das mit seinen vier Zimmern, einem bereits vorhandenen Fundament für zwei weitere Räume und einem großen Grundstück für umgerechnet dreitausendfünfhundert Euro zu haben wäre. Der Preis liegt zwar über unserer Planung, aber nachdem Juma das Haus selbst in Augenschein nehmen konnte, gibt es kein Zögern mehr. Seine Augen leuchten regelrecht, als er mir von dem großen Suaheli-Haus vorschwärmt.
»Ach Nicky, was machen wir jetzt bloß? Mein Geld wird nicht reichen, und schließlich brauche ich ja auch noch etwas zum Leben«, seufzt Juma.
»Mmh, du hast recht. Das Ziel ist jetzt so greifbar nahe, dass es nicht an ein paar hundert Euro scheitern soll. Aber in welchem Zustand ist das Haus, muss man eventuell noch Renovierungen vornehmen?«
»Teacher meinte, dass wir unbedingt ein neues Plumpsklo bauen müssen, denn im Moment gibt es dort nur ein Erdloch, das mit Baumstämmen abgedeckt ist. Es soll tatsächlich schon Fälle gegeben haben, in denen Mieter aufgrund morscher Stämme ins Klo gefallen sind …«, fügt Juma schmunzelnd hinzu.
»Oh, das können wir natürlich nicht riskieren!«, lache ich nun auch über die Vorstellung. »Weißt du was, ich leihe dir einen gewissen Betrag, und du zahlst ihn mir dann später wieder zurück, einverstanden?«
»Nicky, du bist ein Schatz!«, erwidert er glücklich und drückt mir einen dicken Kuss auf die Wange.

Teacher, der ein wahres Organisationstalent ist, kümmert sich bis ins kleinste Detail um den komplizierten Kaufprozess. In kürzester Zeit besorgt er uns drei Zeugen, informiert den Straßenverwalter und findet einen Anwalt, der bei der Kaufabwicklung ebenfalls nicht fehlen darf. Aufgeregt macht sich Juma wenige Tage später zusammen mit Teacher auf den Weg zum Anwalt, um den Kaufvertrag zu unterschreiben. In Teachers Aktentasche befindet sich Jumas ganzes Geld – beinahe sechs Millionen Tansanische Shilling – sechs dicke Bündel mit je hundert Zehntausender-Scheinen.
Stunden vergehen, und es ist bereits später Nachmittag, als es an der Tür klopft und Juma mir freudestrahlend den Kaufvertrag entgegenstreckt. Es hat geklappt! Es hat wirklich geklappt! Juma ist von nun an stolzer Hausbesitzer!
Es sprudelt nur so aus Juma heraus: »Nicky, viermal mussten sie von vorne beginnen, um das viele Geld zu zählen! Beim ersten Mal hat sich ein Zeuge verzählt, dann der Verkäufer, und dann glaubten sie auch noch, wir hätten ihnen Falschgeld untergejubelt. Nur gut, dass unser Anwalt dabei war, und dann haben wir auch schon die Papiere unterzeichnet.«
Spontan veranstalten wir eine kleine Party mit Kuchen und Säften in unserem Zimmer. Ich könnte Teacher vor Dankbarkeit um den Hals fallen. Wir hätten wirklich niemand Besseren finden können, der sich um all die rechtlichen Formalitäten bis ins kleinste Detail kümmert.
Der permanente Druck, der seit so langer Zeit auf mir gelastet hat, weicht mit einem Mal einer unbeschreiblichen Freude und Erleichterung. Auch Juma kann nun endlich aufatmen. Ein Haus ist in Tansania eine Art Versicherung für die Zukunft. Niemals mehr wird er sich Gedanken um die Miete machen müssen, und selbst ohne Geld in der Tasche oder wenn er krank werden sollte, bietet ihm sein Haus den nötigen Schutz. Niemand wird ihn mehr vertreiben können, niemand kann ihn auf die Straße setzen. Wenn er

ein paar der Zimmer untervermietet, sichert er sich sogar ein monatliches Einkommen, von dem er in Zukunft leben kann.
Jumas Traum ist tatsächlich in Erfüllung gegangen!

~

Frei von Existenzsorgen, gibt sich Juma nun die größte Mühe, auch mich glücklich zu sehen. Von Tag zu Tag wird er liebevoller im Umgang mit mir, umsorgt mich und nennt mich »Baby« oder auch mal »Schätzle«. Nicht zu vergleichen mit dem Mann, den ich damals geheiratet habe! Jetzt, wo er sein Herz endlich geöffnet hat, genieße ich jede einzelne Minute mit ihm.
Voller Freude blicken wir dem Tag entgegen, an dem wir das Haus beziehen können. Da erst gegen Monatsende einer der bisherigen Mieter auszieht, müssen wir uns ein wenig gedulden, bis wir selbst dort einziehen können. Aber wenigstens muss sich Juma so keine neuen Mieter suchen, das Haus ist bereits voll belegt.
Das Einzige, was in diesen Tagen zunehmend anstrengend wird, sind die vielen unerwarteten Besuche von völlig fremden Menschen, die um unsere finanzielle Unterstützung bitten. Tatsächlich klopft es einmal am Sonntagmorgen um halb sieben in der Früh an unsere Tür. Ich habe nicht die Absicht aufzumachen und ziehe mir mit einem Murren die Decke übers Gesicht. Juma aber, neugierig wie immer, möchte unbedingt wissen, wer es ist. Als er die Tür einen Spaltbreit öffnet, schaut das fremde Gesicht eines Teenagers hindurch. Er, Peter, sei ein Freund von José, einem Waisenjungen, dem ich seit einem Jahr die Internatskosten für das Gymnasium bezahle. José hat nach dem Tod seiner geliebten Oma keine Verwandten mehr, bei denen er in den Schulferien unterkommen könnte, und so nahm ihn ein Freund in Kigamboni bei sich auf. Dort vertreibt er sich die Zeit leider oft mit älteren Straßenjungs. So viel wusste ich bereits, aber was mir jetzt zu Ohren kommt,

macht mich ratlos. Anscheinend hat er Peters Handy geklaut, und dieser möchte es natürlich nun von mir zurückerstattet haben.
Es kostet mich drei anstrengende Tage, bis ich José ausfindig gemacht habe und ihn zur Rede stellen kann. Doch nur eine Woche später muss ich ihm schon wieder aus der Patsche helfen. Ein anderer Sechzehnjähriger steht vor meiner Tür: José wurde von der Polizei abgeführt und eingesperrt: eine Schlägerei. Mit einem Stein verletzte er einen Straßenjungen im Gesicht. Als Denkzettel lasse ich ihn dort eine Nacht schmoren, bis ich am nächsten Tag die Kaution für ihn hinterlege – und dieses Mal wirkt es. José möchte so schnell wie möglich wieder zurück zur Schule und verbringt die verbleibenden Ferientage mit Pauken.
An diesem Beispiel sieht man ganz gut, wie schwer es oft ist, zu entscheiden, wie viel Nachsicht sinnvoll ist und wo Druck ausgeübt werden muss – und nicht selten ist die Hilfe trotzdem umsonst.

~

Wenige Wochen später kann Juma in eines der Zimmer seines Hauses einziehen, vorerst ohne mich.
Wir haben uns für diese Regelung entschieden, da wir nicht abschätzen können, wie die Menschen in unserer neuen Nachbarschaft auf den neuen Hausbesitzer und seine *Mzungu* reagieren werden. Schließlich sind gerade dort die meisten Leute bitterarm und arbeitslos.
Auch wenn Juma weiterhin bei mir übernachtet, werden seine eigenen vier Wände immer mehr zu seinem neuen Zuhause. Nicht zuletzt, weil Hamisi, einer seiner neuen Freunde, mit seiner Frau und den zwei Kindern gleich um die Ecke wohnt. Mit den Erlösen seines Schuhstands und den Mieteinnahmen wird Juma nun zum ersten Mal den größten Teil seiner täglichen Ausgaben selbst bestreiten

können. Alles deutet darauf hin, dass er nun endlich ein sicheres, selbstbestimmtes Leben führen kann.
Aber wird er es auch ohne mich schaffen? Hat er sich und sein neues Leben wirklich im Griff? Immer deutlicher spüre ich, dass es Zeit für den nächsten Schritt wird – für die Freiheit unserer Liebe und für Juma, meinen Mann.

10

Love ist Liebe
Longing ist Sehnsucht
Adventure ist Abenteuer

Seit beinahe zwei Jahren bin ich nun an Jumas Seite. In jeder Notlage habe ich zu ihm gehalten, und jetzt ist er stark genug, dass auch ich mich einmal fallen lassen kann. Denn schon seit einigen Monaten träume ich davon, eine zwei- bis dreimonatige Reise zu machen, allein.

Vorsichtig unterbreite ich Juma meine Pläne, und auch er begreift, dass wir nun an einem Punkt angelangt sind, an dem man auch einmal loslassen können muss.

»Bis du wieder da bist, haben sich die Nachbarn dann auch an mich als neuen Hausbesitzer gewöhnt, und die Renovierungsarbeiten dürften dann auch fertiggestellt sein«, räumt er meine Zweifel an seiner Selbständigkeit endgültig aus der Welt.

Auch für mich wird es eine wichtige Erfahrung sein, um herauszufinden, wie ich mich ohne Juma fühlen werde. Werde ich meine alte Unbeschwertheit wiederfinden und wie früher in der Welt herumschnuppern können, ohne vor lauter Sehnsucht nach Juma zu vergehen?

Mein Ziel ist Madagaskar. Die größte Insel Afrikas, das Land des Baobab und vor Millionen von Jahren die Bruchstelle des Urkontinents zwischen Afrika und Asien. Doch es sind nicht nur die berühmten Lemuren-Halbaffen, die Chamäleons oder die einzigartige Pflanzenwelt auf Madagaskar, die mich dorthin ziehen, sondern auch die weitverbreitete Armut im Land.

Je ärmer ein Land ist, umso mehr zieht es mich dorthin. So war es damals auch mit Indien. Ich muss diese Länder sehen, um mehr über das Leben zu lernen, auch wenn die versmogten Slums in Indi-

en eher der Hölle auf Erden gleichen. Und ich möchte die Einheimischen auf Madagaskar kennenlernen, die besondere Kultur dieser Menschen erleben, deren Vorfahren die Insel vor langer Zeit von Malaysia und Indonesien aus besiedelt hatten und sich später mit Afrikanern vom Festland vermischten.
Von Dar es Salaam aus gesehen liegt Madagaskar über tausend Kilometer südöstlich im Indischen Ozean. Das weite Meer zwischen mir und meinem Ziel lockt zu einem weiteren Abenteuer. Ich möchte kein Flugzeug nehmen, sondern mit einem afrikanischen Frachtschiff dorthin kommen.
Es ist Anfang Januar und eigentlich noch keine Saison für Zyklone, die den Schiffsverkehr komplett lahmlegen würden. Täglich suche ich den Hafen von Dar es Salaam auf, um Informationen über die Ankunft des nächsten Frachtschiffs einzuholen. Dort erfahre ich, dass es besser wäre, von Sansibar aus die Reise in zwei Etappen über die Komoren anzugehen.
Dann ist der Tag der Abreise gekommen, und ich verabschiede mich schweren Herzens von Juma, um mein Glück auf Sansibar zu versuchen. Ungewiss, wie sich die Trennung auf uns beide auswirken wird, ist Jumas Stimme beim Abschied belegt. Ich drücke ihm noch ein kleines Stofftier in die Hand, einen bissigen Boxer-Welpen als Wachhund, der auf ihn aufpassen soll. Der Abschied fühlt sich unangenehm an, aber er ist wichtig, damit wir uns beide danach wiederfinden können.
»Pass gut auf dich auf!«, rufe ich ihm noch zu, als ich mich ein letztes Mal zu ihm umdrehe.

~

Die folgenden Wochen werden eine wundervolle und eindrückliche Zeit für mich. Meine Reise nach Madagaskar ist zugleich eine Reise zu mir selbst. Endlich habe ich Zeit, um innezuhalten und die letzten Jahre Revue passieren zu lassen. Ich kam als junge, neugierige Studentin zum ersten Mal in dieses Land und traf auf Menschen, die mir durch ihre Herzlichkeit und ihre Schicksale wertvolle Erfahrungen schenkten, so dass ich unbedingt wiederkommen wollte. Drei Jahre später, bei meinem zweiten Besuch, begegnete ich dann Juma, der zuerst meine Freundschaft und dann mein Herz erobert hat und mit dem ich schließlich die Schatten seiner Vergangenheit besiegt habe. Diese Zeit hatte mich viel Kraft gekostet, mir aber auch das Vertrauen in die Menschen zurückgegeben, das mich auf dieser Reise begleitet.

In Sansibar, dieser traumhaften Insel mit dem türkisblauem Meer und dem feinem weißen Sandstrand, teile ich mir mit afrikanischen Händlerinnen eine Unterkunft. Sie alle waren weit gereist, um in Stonetown, einer afrikanisch-orientalischen Stadt, ihre Waren an die Touristen zu verkaufen.

Unter ihnen treffe ich Klara, eine junge Frau aus Burundi, die mich nicht nur tröstet, als ich zwei Wochen nichts von Juma höre, sondern mir auch *Laana* – den afrikanischen Fluch erklärt, der immer noch auf Juma lastet.

»Dämonen sorgen dafür, dass du dein ganzes Leben lang leiden musst«, erklärt sie und macht mir damit solche Angst, dass ich am liebsten gleich zu Juma zurückwill. Doch dann kommt endlich die erlösende E-Mail von ihm. Er sei den ganzen Tag mit den Renovierungsarbeiten beschäftigt und habe sich schon ganz an sein neues Leben in Tansania gewöhnt.

Mit diesen guten Nachrichten im Ohr warte ich weiter geduldig auf ein Frachtschiff, denn eilig habe ich es nicht, auf die Komoren zu kommen, da der größte Vulkan dort auszubrechen droht.

Nach drei Wochen Erholung am Strand geht meine Abenteuerreise dann tatsächlich weiter, und auch wegen des Vulkans wird Entwarnung gegeben. Zusammen mit siebzig Afrikanern, fünfzig Kühen und ein paar Ziegen wage ich mich auf ein verrostetes Frachtschiff ins weite Meer hinaus und schlafe auf einem Mehlsack neben komorischen Frauen, mit denen ich mich glücklicherweise auf Suaheli unterhalten kann.

Eine weiße Möwe begleitet uns eine ganze Weile, und dann kreuzt auf einmal ein Schwarm Delphine unsere Route. Welch ein Anblick! Und schließlich, beim rotglühenden Sonnenuntergang, spüre ich, wie neue Kräfte in mir aufsteigen und ich mich auf einmal wieder frei fühle. Alle Sorgen und Zweifel sind vergessen. Bevor ich in der folgenden Nacht einschlafe, wünsche ich mir, eines Tages gemeinsam mit Juma auf einem solchen Schiff durch die klare Sternennacht zu gleiten.

Am nächsten Tag begegnen wir einem »Geisterschiff«, das manövrierunfähig im Wasser treibt. Die Passagiere versuchen zwar auf unser Schiff zu klettern, doch dann bricht der Kapitän die Aktion wegen der hohen Wellen ab. Doch leider zu spät, denn mit einem lauten Donnern krachen die beiden Schiffe aufeinander. Der Schreck sitzt uns noch in den Gliedern, als wie durch ein Wunder der Motor des Unglücksschiffs wieder anspringt und es nur wenige Minuten nach uns im Hafen von Moroni auf dem Komorenarchipel eintrifft.

Den halben Weg habe ich damit bereits geschafft, doch Nieselregen, Windböen und der unfreundliche Empfang der Hafenpolizei, die jeden an Bord verdächtigt, ein illegaler Flüchtling zu sein, nehmen mir meine anfängliche Euphorie. Meine Sehnsucht nach Juma wird mit jedem Tag stärker, es schmerzt mich, so weit weg von ihm zu sein.

Am nächsten Tag kommt zu meiner Freude wieder eine E-Mail von ihm, die meine nächtlichen Sorgen vergessen macht. Ich genieße die Aussicht auf die Spitze des schwarzen Vulkanbergs, über dessen zerfurchte Hänge sich der tropische Regenwald wie ein grünes Kleid legt.

Mit Zainabu, die ich auf dem Boot kennengelernt habe, brause ich

in einem Sammeltaxi über neblige Hügelketten und Plateaus bis ans andere Ende der Insel. Dort treffen wir auf Frauen, die mit einer gelblichen Pudermaske aus Sandelholz im Gesicht durch die Gassen laufen, um einen hellen Teint zu bekommen.
Dann, am Strand mit den schwarzen Lavafelsen, segelt plötzlich am helllichten Tag eine Riesenfledermaus über meinen Kopf hinweg – ein sogenannter Flughund.
Zum zweiten Mal nach meiner Hochzeit begegne ich der afrikanischen Polygamie, als mich Zainabus Mann Abdallah gerne zur Zweitfrau genommen hätte. Doch schnell erzähle ich von meinem Juma, der mir so sehr fehlt.
Dann geht meine Reise auch schon weiter nach Moroni, wo ich in einer Villa mit gepflegter Gartenanlage, eleganter Wendeltreppe und blankpoliertem Marmorboden residiere. Es war eine Freundin von Zainabu, die mir, der fremden Weißen, bei einer Tasse Tee ihre Gastfreundschaft angeboten hat, während im Hintergrund leise Musik von Mozart ertönte. So kann ich unweit des Hafens auf ein Schiff nach Madagaskar warten.
Doch mal wieder trügt der Frieden. Das Konsulat will mir kein Visum für Madagaskar ausstellen, die komplette Woche ist kein Frachtschiff gemeldet worden, und die einzige Bank, die es auf dieser Insel gibt, akzeptiert meine Kreditkarte nicht. Eins nach dem anderen schlagen mir die Probleme auf die Stimmung.
Dann der Höhepunkt: Nach einer Woche kommt endlich ein Frachtschiff nach Madagaskar, doch dieses winzige und dazu völlig verrostete Schiffchen, das eher in die Kategorie Boot fällt, wird mich nicht über das gefährliche Meer nach Madagaskar bringen! Hier ist es nun endgültig vorbei mit meiner Abenteuerlust. Sofort versuche ich, Juma ans Telefon zu bekommen, und schaffe es über Teacher schließlich auch. »Juma, bitte sag mir, soll ich zurückkommen oder weiterreisen?«, frage ich ihn.
»Ja, Nicky, bitte komm zurück« knistert es aus dem Hörer.

Zwei Tage später sitze ich aufgeregt im Flugzeug nach Dar es Salaam. Wie wird das Wiedersehen wohl sein? Ist Juma alleine zurechtgekommen? Wird er dazu bereit sein, den nächsten Schritt zu tun, und seinem Vater verzeihen, um endlich frei zu werden von dem Fluch, der seit seiner Kindheit auf ihm lastet?

11

Wisdom ist Weisheit
Freedom ist Freiheit
Blessing ist der Segen

Am späten Nachmittag treffe ich in Dar es Salaam ein, und jetzt sind es nur noch wenige Schritte bis zu Jumas Verkaufsstand. Ob Teacher ihm ausgerichtet hat, dass ich schon heute komme? Ich wage kaum daran zu denken, dass ich heute vielleicht zum ersten Mal mit Juma in seinem Haus übernachten werde. Ob ich ihm noch gefalle? Extra für unser Widersehen habe ich mir ein hübsches rotes T-Shirt gekauft, seine Lieblingsfarbe. Hoffentlich ist er überhaupt da!

Dann sehe ich ihn, und mein Herz fängt an wie wild zu klopfen. Er trägt ein weißes Shirt und seine verwaschenen Lieblingsjeans und hat es sich auf einer Holzkiste bequem gemacht, die hinter seinem Stand steht.

Noch hat er mich nicht entdeckt, aber dann schaut er auf, und so ungläubig, wie er mich anstarrt, hat ihm Teacher wohl nichts ausgerichtet. Ich lächle ihn an und winke ihm zu, doch er bleibt ungewöhnlich zurückhaltend. Freut er sich denn gar nicht?

Dann kommt er mir entgegen. »*Mambo vipi*«, begrüßt er mich und macht dabei ein ernstes Gesicht.

Seine neuen Freunde hingegen empfangen mich mit großem Hallo. Besonders Hamisi, den ich heute zum ersten Mal zu Gesicht bekomme, freut sich sehr, seine »*Shemeji*« – seine Schwägerin – nun endlich kennenzulernen. Zwar ist er mit Juma nicht verwandt, doch wird ein echter Freund in Tansania »*Kaka*« – also Bruder – genannt.

Juma überlässt mir sogleich seinen Platz auf der Kiste und setzt sich auf einer Plastiktüte neben mich in den sandigen Boden. Wir sind uns noch etwas fremd, und so vor allen anderen fehlen uns beiden die Worte. Wir trauen uns nicht einmal, einander anzusehen.

Jay, Ali und Beno, wie sich seine Freunde nacheinander vorstellen, stürzen sich mit vielen Fragen auf mich. Juma bestätigt ihnen, dass ich diejenige bin, von der er die ganze Zeit geredet habe. Und während sie gespannt den Schilderungen meiner abenteuerlichen Reise lauschen, merke ich, dass Juma mich schmunzelnd von der Seite betrachtet.

Erst als die anderen sich wieder ihren Ständen zuwenden, gesteht er mir, wie froh er ist, mich wiederzuhaben.

»Ich habe dich schrecklich vermisst«, flüstert er mir ins Ohr.

»Ich dich ja auch, aber warum warst du denn eben so ernst?«

»Na hör mal! Ich dachte erst, ich sehe nicht recht, als du da um die Ecke gebogen kamst. So eine schöne *Mzungu*, und dann auch noch meine Frau!«, sagt er, nun schon ein wenig gelöster.

»Na dann, lass uns nach Hause gehen! Komm, gib her, ich nehme deinen Rucksack!«, bietet er mir zuvorkommend an und greift auch schon danach. Hamisi begleitet uns auf dem Weg, der sich wie ein Labyrinth um viele Hausecken und über unzählige Trampelpfade schlängelt.

Wir kommen an einem kleinen Kiosk vorbei, wo es alles Mögliche zu kaufen gibt, angefangen bei Brot und Getränken bis hin zu Pflegeartikeln wie Seifen und Cremes, als Juma plötzlich stehen bleibt. Und dann erkenne ich das Haus auch sofort wieder, das ich bisher nur auf Fotos gesehen habe. Ich bin begeistert! Groß, hell und stabil sieht es aus, ganz so, wie ich es mir immer für Juma gewünscht habe. Wir treten in den Flur ein, kommen an vier Zimmern vorbei, an deren Eingänge Vorhänge angebracht sind, und gelangen schließlich durch die Hintertür in den Innenhof, in dessen Mitte ein gelb blühender Baum angenehmen Schatten spendet. Links von uns grenzen drei Lehmhüttchen, die Juma ebenfalls an Familien vermietet hat, das Grundstück zu einem schmalen Fußpfad hin ab, und eine grüne Hecke umsäumt das restliche Grundstück. Besonders hübsch finde ich den geflochtenen Sicht-

schutz aus Palmenblättern, der das neue Plumpsklo und die Dusche umgibt.
Anschließend führt mich Juma in sein Zimmer, das direkt links vom Hauseingang liegt, und Hamisi setzt sich noch eine Weile zu uns. Während sich die beiden miteinander unterhalten, kann ich mich ein wenig im Zimmer umschauen. Auch ohne Genaueres über den Verlauf der letzten Wochen zu wissen, stelle ich sofort fest, dass Juma hier wie ein einsamer Junggeselle gehaust haben muss. Von der Schaumstoffmatratze, die er sich schon vor meiner Reise zugelegt hat, wurde die Plastikverpackung immer noch nicht entfernt, das Leintuch liegt nur lose darauf. Tisch, Stuhl und Sessel – Gegenstände, die er von Teacher bekommen hat – stehen kreuz und quer im Raum herum. Sobald er eine Frau im Haus hat und für jemanden sorgen kann, mausert er sich zum Top-Hausmann, für sich allein jedoch legt er keinen Wert auf Ordnung und Sauberkeit.
Hamisi ist immer noch da. Trotzdem rückt Juma immer näher an mich heran und fängt an, meine Hand zu streicheln. Es zeigt mir, wie sehr ich ihm gefehlt habe, denn sonst berührt er mich nie vor anderen Leuten. Jetzt legt er sogar seinen Kopf in meinen Schoß, und ich beginne, an seinen Kringellöckchen herumzuspielen, die ich so sehr vermisst habe. Es tut so gut, aller Welt zu zeigen, dass wir zueinandergehören.
Endlich verabschiedet sich Hamisi. Er ist sehr nett, aber ich kann es kaum erwarten, mit Juma alleine zu sein. Gemeinsam machen wir es uns auf der Matratze bequem, doch anstatt sehnsüchtig übereinander herzufallen, schmiegt sich Juma schutzsuchend in meine Arme. Es rührt mich, wie er sich nach Liebe und Geborgenheit gesehnt haben muss, und dann, nachdem er eine ganze Weile still meine Nähe in sich aufgesogen hat, beginnt er, von seinen Problemen mit Muba zu erzählen:
»Ich bin so froh, dass du wieder da bist! Die letzten Wochen waren

ganz schön hart, aber jetzt brauche ich mir keine Sorgen mehr zu machen. Weißt du, Muba hat mich völlig im Stich gelassen!«

»Was? Ist das dein Ernst? Muba hat dir das Geld nicht vorbeigebracht?«, frage ich ihn erschrocken. Zusammen mit Juma hatte ich eine gut überdachte Rechnung über seine voraussichtlichen Ausgaben aufgestellt, so dass er während meiner Abwesenheit nie zu viel, aber immer genug Bargeld zur Verfügung haben würde. Sicher ist sicher, vor allem in Hinblick auf seinen damaligen Drogenrückfall.

Mit Muba, der mittlerweile seine handbestickten Sandalen nach Kenia verkauft, hatte ich vereinbart, dass ich mich mit etwas Geld an seinem Geschäft beteilige und er dann meinen Anteil am Gewinn pünktlich zum Ersten des Monats an Juma auszahlen sollte. Aber Muba, mein sonst so zuverlässiger Freund und Verwalter meines »Straßenbüros«, brachte ihm das versprochene Geld nie vorbei und ist seitdem spurlos verschwunden – erst viel später würde ich von Muba selbst erfahren, dass er sich nach dem Verlust seines Arbeitsplatzes durch die städtischen Säuberungsaktionen auf illegale Geschäfte eingelassen hatte, die ihn beinahe das Leben gekostet hätten.

Juma hatte demnach seit über zwei Wochen keinen Cent mehr in der Tasche!

»Aber warum hast du mir denn nichts davon geschrieben?«, frage ich ihn nun ein wenig vorwurfsvoll.

»Ach, ich wollte das selbst regeln und habe jeden Tag nach Muba gesucht, aber keiner wusste, wo er stecken könnte. Also habe ich mein Fahrrad an Hamisi verkauft«, antwortet er sichtlich bedrückt. »Wen hätte ich auch sonst um Geld bitten können, wo doch alle denken, dass ich ein reicher Mann bin? Siehst du, ich wusste doch, dass der Fluch noch immer auf mir lastet. Sobald es ums Geld geht, verlässt mich alles Glück!«

Nach einer kurzen Schweigepause blickt er mich an und fügt entschlossen hinzu: »Nicky, ich hab mir da in den letzten Tagen etwas überlegt. Ich muss dafür sorgen, dass mir das Schicksal in Zukunft wohlgesinnt ist – ich muss unbedingt meinen Vater finden. Nur er kann den Bann von mir nehmen, mit er mich damals belegt hat!«

Erleichtert, dass er sich diesem Kapitel seiner Vergangenheit nun selbst stellen möchte, bestärke ich ihn in seinem Vorhaben.

»Das sehe ich ganz genauso. Ich weiß, er hat damals beinahe dein Leben zerstört. Aber seit achtzehn Jahren hast du deinen Vater nicht mehr gesehen. Du weißt nicht, wie es um ihn steht, und wenn er stirbt, wird der Fluch für immer und ewig auf dir lasten. Ich habe lange gebraucht, um zu verstehen, dass dein neues Leben ohne den Segen deines Vaters nicht gelingen kann, aber du wirst deinen Frieden erst finden, wenn du deinem Vater vergeben hast.«

»Und was ist, wenn er mich nicht sehen will? Außerdem weiß ich doch gar nicht, wo er heute lebt. Er soll sich irgendwo bei Bagamoyo niedergelassen haben. Mehr weiß ich nicht.«

»Hör mal, man kann in diesem Land fast jeden finden, wenn man sich in den jeweiligen Dörfern durchfragt! Wir fangen ganz einfach bei deiner Tante an, sie wird schon wissen, in welchem Dorf dein Vater lebt. Sie wird uns sicher weiterhelfen können.«

»Einverstanden«, Juma streicht mir übers Gesicht. »Wirst du mich denn zu ihm begleiten? Ich möchte, dass er sieht, was für eine wundervolle Frau ich gefunden habe … und dann möchte ich wieder nach Deutschland zurück. Ich habe Sehnsucht nach den Kässpätzle deiner Mama – und außerdem brauchen wir wieder Geld für die nächsten Renovierungen!«

»Abgemacht! Ich helfe dir, deinen Vater zu finden, und du hilfst meiner Mutter, ihre Kässpätzle zu essen«, stimme ich erleichtert zu, dass ich mich nun endlich an ihn schmiegen kann.

Jetzt, wo unsere Seelen wieder im Einklang sind und der Pommes-Verkäufer vor dem Haus das letzte Licht löscht, werden unsere Berührungen drängender. Wir haben uns über die Wochen so sehr vermisst, dass wir uns nun nicht nah genug sein können. Mit liebevollen Küssen und aufregenden Berührungen beweist mir Juma auch in dieser Nacht wieder, welch zärtlicher afrikanischer Ehemann er sein kann …

~

Am nächsten Tag mache ich mich daran, Jumas Junggesellenbude etwas auf Vordermann zu bringen. Ich kaufe eine blühende Topfpflanze für unser gemeinsames Zimmer, schiebe die Matratze, die bisher mitten im Raum lag, in eine Ecke und rücke die restlichen Möbel zurecht. Juma wird Augen machen, wie gemütlich es in seiner »Abstellkammer« auf einmal aussieht!

Früher als sonst kommt Juma heute nach Hause. »Um bei dir zu sein, mein Schätzle«, erklärte er mir und schwenkt eine Tüte voll frischen, saftigen Obststücken. Aber auch meine Überraschung ist seinem Staunen nach voll gelungen, und sogleich zieht er mich zu unserer neuen gemütlichen Schlafecke auf die Matratze. Glücklich kuscheln wir uns eng aneinander und füttern uns gegenseitig mit Melonen-, Bananen,- und Ananasstückchen. Was war ich nur für ein Dummkopf gewesen, zu glauben, dass er mich gar nicht vermissen würde!

Täglich bringt mir Juma von nun an kleine Geschenke mit nach Hause. Eine Tüte Obst, saftige Zuckerrohrstückchen zum Naschen und einmal sogar ein selbstgeflochtenes Armband, das er unter Aufsicht eines Standnachbarn extra für seine *Mzungu* angefertigt hat. Er umschwärmt und umsorgt mich liebevoll – und ich schwebe im siebten Himmel. Endlich kann er mir die Liebe und Aufmerksamkeit schenken, nach der ich mich so oft gesehnt habe. Wie sehr mir doch während meiner Reise sein Lächeln und seine lustige, lebensfrohe Art gefehlt haben. Ich kann nicht genug bekommen, von seiner seidig schimmernden Haut, seinen strahlend weißen Zähnen, die zwischen den vollen Lippen hervorblitzen, seine starken Armen und seinen weichen Händen. Es scheint, als wäre seine Schönheit in dem abgemagerten, kranken Körper des Straßenjungen gefangen gewesen, und erst jetzt, durch die Kraft unsere Liebe, konnte sie aufblühen.

Die Harmonie zwischen uns lässt mich so manche Belastung leichter ertragen, die der afrikanische Alltag so mit sich bringt. Tagsüber ist es im Haus brütend heiß, erst gegen Abend wird die Luft im Zimmer erträglich. Ein kleines Vordach über den Fenstern würde schon helfen, aber im Moment haben wir dafür einfach kein Geld übrig. Solche Sachen müssen bis zu unserer nächsten Deutschlandreise warten, die wir des Geldes wegen auch schon bald antreten werden.

Außerdem hat mich Juma darum gebeten, keinen allzu engen Kontakt zu den Mietern und Nachbarn zu suchen. Mehr als eine freundliche Begrüßung und Smalltalk soll es zwischen ihnen und mir nicht geben, denn nur so fühlt sich Juma sicher vor dem Neid und dem Gerede der anderen. Seine Vorsicht leuchtet mir ein, da ich als Weiße in solch einer armen Gegend stark auffalle und sich sicher nicht jeder mit uns über unser Glück freut.

Daher achte ich Jumas Hausregeln, auch wenn ich es schade finde, dass ich so von ihren Späßen und ihrem Lachen oft ausgeschlossen bleibe. Wie viel Spaß hatte ich doch mit all meinen früheren Nachbarn, von denen viele zu guten Freunden geworden sind.

Aber ich habe Jumas Meinung zu schätzen gelernt, da er nie etwas künstlich beschönigt und mir im Laufe der Zeit viel Wahres über die Denkweise und das Verhalten seiner Landsleute beigebracht hat. Nicht selten bekam ich später in mancher Situation genau das bestätigt, vor dem er mich zuvor gewarnt hatte.

~

Zwei Wochen später unternehmen wir den ersten Schritt auf unserer Suche nach Jumas Vater und beginnen mit einem Besuch bei Jumas Tante im Dar es Salaamer Stadtteil Kagera. Während sie mich bei unserem ersten Besuch vor knapp einem Jahr, als Juma noch wie ein Straßenräuber aussah, für eine naive Touristin hielt – und sie Juma ausdrücklich befahl, mich nicht auszurauben –, begegnet sie mir mittlerweile mit Respekt. Mit ihrem runden Gesicht, dem schweren Körper und der hellen Haut hat sie keinerlei Ähnlichkeit mit Juma. Sie sind äußerlich so verschieden, dass ich mir nur zu gut vorstellen kann, dass Juma ganz nach seiner ruandischen Mutter kommt.
Heute aber ist Shangazi alles andere als begeistert, als wir ihr von unserem Vorhaben erzählen, Jumas Vater – ihren jüngeren Bruder – zu besuchen. Sie will es Juma regelrecht ausreden, diesen »besoffenen Nichtsnutz«, wie sie ihn nennt, aufzusuchen.
»Er ist schon lange gestorben, für mich jedenfalls, und du solltest das genauso sehen!«, rät sie ihm. Während sie noch eine Weile über ihren Bruder herzieht und damit Juma immer mehr verunsichert, werde ich langsam, aber sicher wütend.
»Shangazi, hör doch jetzt bitte auf damit! Ein neues Leben darf man nicht mit der Last des alten beginnen. Erst wenn Juma seinem Vater gegenübertritt, haben sie die Chance, Frieden miteinander zu schließen.«
Bevor noch mehr aus mir herausplatzt, halte ich lieber den Mund. Mir kommt es so vor, als wolle sie das eigene schlechte Verhältnis zu ihrem jüngeren Bruder mit Jumas persönlichem Problem rechtfertigen und uns deshalb tatsächlich glaubhaft machen, sie wisse nicht, wo wir ihn finden können.
»Nicky, du hast doch meine Tante gehört. Er lebt irgendwo im Busch, weit abgelegen von zivilisierten Menschen. Wenn uns dort etwas passiert oder die Leute über dich *Mzungu* herfallen, kann uns keiner helfen«, wendet Juma ein.

»Blödsinn! Wie ich euch schon gesagt habe, wir müssen ihn besuchen. Wenn Shangazi nicht weiß, wo er wohnt, dann soll sie uns eben die Telefonnummern von anderen Verwandten geben. Ich bin mir sicher, dass wir ihn finden werden. Bitte, Shangazi, so hilf uns doch!«, richte ich mich erneut an Jumas Tante.
Schließlich steht sie schwerfällig auf, kramt einen Zettel hervor und diktiert mir den Namen eines Verwandten in Bagamoyo, nach dem wir uns auf dem dortigen Markt durchfragen sollen. Er würde uns weiterhelfen können und uns zu Jumas Vater bringen, meint sie gequält.
Na also, es geht doch!
Dankend verabschieden wir uns von Shangazi und steigen in einen roten *Daladala*, der uns wieder zurück zur Fähre bringt.
Am Freitag, also übermorgen, soll die Suche beginnen. Doch davor muss ich unbedingt noch meinen alten Laptop verkaufen, um genügend Geld für die Reise und Geschenke zusammenzukratzen, denn der Magnetstreifen meiner Mastercard funktioniert nicht mehr. Das ist aber nicht so schlimm, denn in Afrika macht das jeder so. Wenn das Geld ausgeht, werden einfach Couch, Radio, Kleider oder auch das Handy verkauft.

~

Juma staunt nicht schlecht, als ich am Abend mit einem Bündel Banknoten nach Hause komme. Ich erzähle ihm, wie ich den ganzen Tag vergeblich nach einem Käufer suchen musste, bis ich schließlich kurz vor Schalterschluss in einer Bank fündig wurde. Helen, eine tansanische Computerfachfrau, die immer wieder zwischen England und Tansania hin- und herpendelt, gab mir ohne zu zögern 200 000 Shilling für meinen Laptop, der nicht einmal eine Festplatte hatte.
»Ich werde das Gefühl einfach nicht los, dass sie das alte Ding gar nicht gebrauchen kann«, schließe ich meinen Bericht.

Schmunzelnd stimmt mir Juma zu. »Bestimmt hat sie noch nie eine *Mzungu* gesehen, die auf der Suche nach ein wenig Bargeld durch die Gegend rennt. Normalerweise ist das andersrum!«
Doch am nächsten Morgen ist seine gute Laune verschwunden. »*Siendi!* Ich gehe nicht!«, protestiert er entschieden, als ich mich daranmache, unseren Rucksack für die Reise zu packen. Juma streikt und rührt sich nicht vom Fleck. »Was soll ich ihm denn sagen, wenn ich ihn sehe? Dass ich sein *mtoto wa zamani,* sein Kind von früher, bin? Das war ihm doch damals schon egal!«
Doch mit meiner gewohnten Hartnäckigkeit ignoriere ich Jumas Einwände, so gut es geht, und schließlich scheint auch er keine weiteren Ausflüchte zu finden und packt unter lautem Murren seine Tasche.
Eine Stunde später ist dann auch das Geschenk für Jumas Vater besorgt, ein nagelneues Handy. So können Vater und Sohn in Zukunft in Kontakt bleiben – vorausgesetzt, das Treffen verläuft gut.
Als wir im *Daladala* nach Bagamoyo sitzen, setze ich Juma den schwarzen Samtlederhut auf, den ich letzte Woche auf dem Markt in Kariakoo als Geschenk für seinen Vater erstehen konnte. Ich habe ein gutes Gefühl, das Treffen wird bestimmt ein voller Erfolg. Bei so vielen Überraschungen inklusive einer weißen *Mzungu* im Anhang muss sich sein Vater doch einfach freuen!
In Bagamoyo angekommen, steuern wir geradewegs auf den lokalen Markt zu und schauen uns nach jemandem um, den wir nach Onkel Msafiri fragen könnten. Vor einem kleinen Laden erblicke ich einen gebückten alten Mann auf einer Treppe im Schatten sitzen. Na, wenn der mal nicht jeden hier kennt! Und tatsächlich, wir haben Glück: Nachdem wir den alten *Babu* höflich begrüßt haben, stützt er sich sogleich auf seinem Stock ab, um sich aufzurichten. Wir nennen ihm Msafiris Familienstammnamen, woraufhin er uns durch seine wenigen verbliebenen Zähne stolz mitteilt, dass er Msa-

firis Haus kenne. Es sei nur wenige Gehminuten von hier entfernt, und er, der alte *Babu,* wolle uns höchstpersönlich dorthin führen.

Nur fünf Minuten später stehen wir vor einem baufälligen Suaheli-Haus. Der alte *Babu* ruft ein »*hodi*« hinein, um zu sehen, ob jemand zu Hause ist. Eine Frau in einem rot-weißen *Khanga* bittet uns höflich herein, und im selben Moment tritt ein hagerer, hochgewachsener Mann um die fünfzig aus einem der Zimmer.

Msafiris Freude ist groß. »Juma? Ich glaub es nicht! Wie viele Jahre ist es her, dass wir uns das letzte Mal in Dar es Salaam begegnet sind?«, ruft er aus und umfasst Juma zur Begrüßung an den Schultern. »Shangazi hat mir bereits von deiner Deutschlandreise erzählt. Aber ich habe es nicht geglaubt! Dann muss das hier also deine *Mzungu* sein, nicht wahr?«, sagt er und nickt mit seinem Kopf zu mir.

»Shikamoo«, begrüße ich ihn und stelle mich vor. Auch die Frau im rot-weißen Khanga gesellt sich nun zu uns. Wie sich herausstellt, ist sie Msafiris Frau. Laut ruft sie ihre beiden Söhne her, die uns schnell die Hand reichen, um dann gleich wieder tobend draußen weiterzuspielen.

Der alte *Babu* räuspert sich, um uns ein Zeichen zu geben, dass er nun wieder gehen möchte. Doch bevor er uns wieder verlässt, drückt Juma ihm schnell noch einen Tausender in die Hand. Strahlend verabschiedet sich der alte Mann und heißt uns noch einmal herzlich willkommen in Bagamoyo.

Msafiri bittet uns, auf einer Strohmatte im kühlen Hausflur Platz zu nehmen. Wenige Minuten später hackt er mit einem scharfen Messer geschickt die Blätter einer Ananas ab, um uns saftige, süße Ananasstückchen auf einem Tablett zu servieren. Erst jetzt setzt er sich ebenfalls zu uns auf den Boden. Es folgt ein für Tansania typisches Begrüßungsritual, in dem nach dem Wohlbefinden, den Neuigkeiten, der Familie und der Arbeit gefragt wird. Hierbei gehört es sich, grundsätzlich alle Fragen mit »*nzuri*« – »gut« – zu beantworten.

Erst danach bringen wir ohne Umschweife unser Anliegen vor. Geduldig hört uns Msafiri zu und wippt dabei hin und wieder verständnisvoll mit dem Kopf. Sein luftiges Hemd, das an manchen Stellen mit Erde beschmutzt ist, und der Spaten, den er neben sich abgelegt hat, verraten, dass er eben noch auf seinem Acker gearbeitet haben muss. Aber jetzt ist es bereits Mittag und damit zu heiß für die harte Feldarbeit.

»Nun gut, lasst uns überlegen, wann und auf welchen Weg wir die Reise angehen werden. Bleibt erst einmal zwei oder drei Tage bei uns, und dann brechen wir auf«, schlägt uns Msafiri vor, nachdem er unser Anliegen gehört hat. Juma stößt mich heimlich mit seinem Ellbogen an. Ich kann mir denken, was er mir damit sagen will, denn ich merke, wie verkrampft er im Umgang mit seinen Verwandten ist. So viel Zeit bei ihnen zu verbringen, darauf waren wir beide nicht eingestellt.

»Samahani Mjomba, Entschuldigung, Onkel, wir können leider nicht mehr so lange warten!«, wende ich daraufhin ein. »Bald schon geht unser Flugzeug zurück nach Deutschland. Wir wollten eigentlich noch heute los zu Jumas Vater und morgen schon wieder zurück nach Dar es Salaam.«

Msafiri runzelt die Stirn, spricht seine Bedenken aber nicht aus. Mit einem Blick auf die Uhr erhebt er sich und meint, er gehe seine Jacke holen, und dann könnten wir sofort los.

Auf dem Weg zur Bushaltestelle versucht Juma, etwas mehr über die Route zu erfahren. »Onkel Msafiri, welchen Weg werden wir nehmen, und wie lange dauert unsere Reise?«

Msafiri runzelt nur die Stirn. »Es ist eine schwierige Fahrt«, sagt er nach einer Weile. »Unser Ziel ist eine kleine Fischersiedlung im Saadani-Nationalpark. Einfacher wäre die Reise in einem Fischerboot, immer nach Norden, der Küste entlang. Aber zu dieser Jahreszeit, kurz vor der Regenzeit, ist das Meer unruhig, und es gibt gefährliche Strömungen. Deshalb müssen wir auf dem Landweg einen großen Umweg fahren. Wenn wir Glück haben, schaffen wir es noch bis zum Abend.«

Die erste Etappe führt uns in einem Kleinbus auf einer platt gewalzten Schotterpiste durch vertrocknetes Buschland. Es gibt zum Glück nur wenige Schlaglöcher – wohl, weil die Straße ausnahmsweise erst kürzlich erneuert wurde –, und so geht es zu unserer Freude zügig voran. Nach knapp zwei Stunden treffen wir auf die Hauptstraße, die Dar es Salaam mit Moshi und Arusha verbindet. Doch wir haben Pech. Den einzigen Bus, der von dort direkt bis nach Saadani, das Dorf, in dessen Nähe Jumas Vater wohnen soll, weiterfahren würde, haben wir um eine Viertelstunde verpasst.

Msafiri geht zu einem Straßenkiosk, um Auskünfte über weitere Reisemöglichkeiten einzuholen. Kopfschüttelnd kommt er zurück. »Wir müssen versuchen, in mehreren Etappen Stück für Stück vorwärts zu kommen. Die Transportmittel, die in Richtung Saadani fahren sind rar, aber uns bleibt nichts anderes übrig.«

Und wie recht er hat! Eine geschlagene Stunde stehen wir uns am Straßenrand die Füße in den Bauch, als endlich ein bereits voll beladener Kleinbus ruckend neben uns hält. Msafiri gibt uns ein Zeichen, uns schnell hineinzuquetschen. Der Andrang ist groß. Es wollen mehr Leute hinein als hinaus. Doch ich habe Glück – oder vielleicht auch am besten gedrückt – und ergattere einen frei gewordenen Sitzplatz, während Juma und Msafiri in gebückter Haltung zwischen etlichen Füßen und Taschen stehen müssen.

Nach nur wenigen Kilometern verlassen wir die Hauptstraße bereits wieder. Weiter geht die rasante Fahrt über eine lehmige Piste an kleinen Siedlungen vorbei. Nicht weit von uns im Landesinneren hängen mittlerweile dunkle Wolken am Himmel, und ein dumpfes Donnern ist zu hören. Mitte Februar ist keine ungewöhnliche Zeit für das Einsetzen der Regenzeit, die bis Mai anhalten kann. Gerade fahren wir durch ein kleines Dorf, als wir die verheerenden Auswirkungen der Naturgewalten mit eigenen Augen sehen. Heute

Morgen noch wütete hier ein *kimbunga*, ein Wirbelsturm, der die Stroh- und Wellblechdächer der niedrigen Lehmhäuser fast komplett fortgerissen hat.
Erschrocken beobachte ich Menschen, die immer noch fassungslos vor ihren zerstörten Häusern stehen, andere beginnen bereits mit den Aufräumarbeiten. Nur gut, dass wir weiter Richtung Osten fahren und damit die schweren Wolken im Landesinneren hinter uns lassen.
Allmählich bekomme ich eine Ahnung von der Weite unserer Reise. Von einer Küste ist weit und breit noch nichts zu sehen. Wenn Msafiri doch nur recht behält und wir Jumas Vater auch wirklich antreffen werden. Schließlich gibt es kein Telefon, um kurz einmal nachzufragen, ob er denn wirklich zu Hause ist.
Es wird bereits dunkel, und bald ist klar, dass wir heute nicht mehr weiterkommen. Wenigstens finden wir ein günstiges Gasthaus, in dem wir übernachten können. Außerdem knurren unsere Mägen, und so laufen wir in der Finsternis ein paar hundert Meter zur Straße zurück, um in einem *Hoteli* noch etwas zu essen zu bekommen.
Msafiri ist ein ruhiger Mann. Er redet mit Bedacht, und im Laufe des Gesprächs werden wir uns immer sympathischer. Selbst Juma – vorher noch äußerst schweigsam – taut langsam auf und traut sich schließlich auch, Fragen über seinen Vater zu stellen.
»*Mjomba*, ich weiß kaum mehr etwas über meinen Vater. Ich weiß nicht einmal, wie und wo er in all den Jahren gelebt hat.«
Msafiri räuspert sich, bevor er zu sprechen beginnt. »Früher war dein Vater ein umgänglicher Kerl. Aber nach den Kriegen in Mosambik und Uganda Ende der siebziger Jahre ist er ein anderer Mensch geworden. Die Kriege haben ihn zerstört. In Uganda kämpfte er an vorderster Front gegen die Truppen von Idi Amin. Dort lernte er auch deine Mutter kennen. Sie war Krankenpflegerin und versorgte Kriegsverletzte der tansanischen Truppen.
Nach dem Krieg ist er mit deiner Mutter dann nach Mwanza ge-

zogen, dort hat er wohl begonnen, die Kriegserlebnisse mit Alkohol zu betäuben. Es wurde auch nicht besser, als du und deine kleine Schwestern zur Welt gekommen wart. Erst hat er das ganze Geld verjubelt, und irgendwann wollte er dann überhaupt keinen Menschen mehr sehen. Er hat sich völlig zurückgezogen. Ich habe ihm damals angeboten, zu uns zu kommen, aber nachdem ihr alle weg wart, wollte er für immer in Saadani bleiben.«

Müde fallen wir nach dem Essen ins Bett und ziehen uns das Bettlaken bis über die Ohren, um die hungrigen Moskitos von uns fernzuhalten. Durch das ständige Quietschen des Bettes unserer Nachbarn, die anscheinend die ganze Nacht nicht genug voneinander bekommen können, ist jedoch nur wenig an Schlaf zu denken. Hoffentlich ordnet Msafiri, dessen Zimmer das übernächste ist, diese Geräusche nicht uns zu ... die Zimmerwände sind dünn wie Papier und lassen jedes noch so leise Geräusch hindurch.

Früh am nächsten Morgen stehen wir daher wenig erholt, aber dennoch startklar auf der einzigen Straße bereit, die das Dorf durchquert. Doch sage und schreibe zwei Stunden lang ist kein einziges Fahrzeug weit und breit zu sehen, bis endlich doch noch ein Lastwagen auftaucht, dessen Ziel tatsächlich Saadani ist.

Gerade als ich mit Juma und Msafiri auf die Ladefläche hinaufklettern möchte, protestiert der Lkw-Fahrer und weist mir einen der zwei Plätze im Führerhaus neben sich zu. Gerne nehme ich an, doch schon bald tun mir Juma und Msafiri leid. Der Zustand der Straße ist katastrophal. Tiefe, vom Regen ausgespülte Rinnen durchziehen den schmalen Lehmpfad, der sich seinen Weg über die Hügel des afrikanischen Buschlandes bahnt. In der Ferne donnert es wieder bedrohlich. Ich glaube mich verhört zu haben, als der Lkw-Fahrer daraufhin meint, es gäbe keine Rückfahrmöglichkeit für uns, falls es wirklich beginnen sollte zu regnen. Diese einzige Straße hier sei bei Regen nicht passierbar – und das glaube ich ihm sofort. So ist eben Afrika!

Überraschend überquert auf einmal eine Affenfamilie seelenruhig vor uns die Straße. Wir müssen uns bereits im Wildpark befinden, dann kann Saadani nicht mehr weit sein. Kurz vor Mittag hält der Lastwagen dann schließlich an einer Straßenkreuzung an. Auf einer Holztafel steht *Saadani* geschrieben, und einige hundert Meter weiter sehe ich Häuser.

Juma und Msafiri steigen von der Ladefläche herunter und kommen an mein Fenster heran.

»Nicky, bleib sitzen, für uns geht es gleich weiter. Was haben wir heute für ein Glück! Der Lastwagen fährt zum Salzwerk, und von dort ist es nicht mehr so weit bis zur Fischersiedlung«, teilt mir Msafiri mit.

Doch dann bekommen wir mit drei uniformierten Männern Probleme, die mich aufgebracht zum Büro des Saadani-Nationalparks führen wollen, damit ich wie die anderen Touristen Eintritt bezahle. Auch nach mehrmaligen Erklärungsversuchen von Jumas und Msafiris Seite wollen sie einfach nicht begreifen, dass nicht jede Weiße eine Touristin ist.

Schließlich kann ich mich nicht mehr im Hintergrund halten und erkläre ihm trotzig, dass ich es mir schließlich nicht ausgesucht habe, dass sich mein Schwiegervater in einem Wildtierpark vor der Gesellschaft versteckt. Erst als ich ihnen meinen Dependant Pass unter die Nase halte, der bezeugt, dass ich mit einem tansanischen Mann verheiratet bin, lassen sie endgültig von mir ab.

Nach einer Viertelstunde durch staubiges Gelände, an Affen und Warzenschweinen vorbei, frage ich mich, wie wir hier jemals zu Fuß hätten herkommen sollen. Ob auch Juma merkt, dass sich auf unserer Reise das Schicksal immer wieder zum Guten fügt? Wie mag er sich nun fühlen, so kurz vor dem Ziel?

Schließlich kommen wir beim Salzwerk an, wo ein paar Männer Säcke mit Meersalz zu einem Lastwagen schleppen. Wir steigen aus und laufen eine halbe Stunde bei glühender Hitze die Staubpiste

zum Meer hinunter. Schließlich eröffnet sich vor uns eine schmale Meeresbucht, in der Hunderte rosarote Flamingos stehen.
Juma aber hat für dieses wundervolle Naturschauspiel im Moment keine Augen. Den ganzen Weg über ist er auffallend still. Gleich werden wir da sein, und mit einem Mal bekommt er wieder Panik.
»Ich kann mich doch nicht einmal an sein Gesicht erinnern!«, murmelt er hinter uns her, während er immer langsamer wird.
Msafiri und ich werfen uns einen vielsagenden Blick zu, und daraufhin nehme ich Juma wortlos bei der Hand. Spätestens jetzt bin ich froh, dass Msafiri mit uns gegangen ist. Ohne ihn würde ich Juma wahrscheinlich keinen Schritt mehr vorwärts bringen.
»Der ist bestimmt wieder besoffen ...«, hören wir ihn sagen.
Während Msafiri und ich beruhigend auf ihn einreden, fällt Juma schon die nächste Ausrede ein: »Was, wenn es stimmt, dass dort Kriminelle hausen und sie uns überfallen?« Fragen über Fragen, in denen er einen Grund zum Umkehren sucht. Aber nun ist es zu spät. Wir sind da, und es gibt kein Zurück mehr.
Wir betreten eine Siedlung aus mehreren Strohhütten inmitten eines schattigen Palmenwaldes. Msafiri steuert, ohne zu zögern, auf einen Anwohner zu, der gerade sein Fischernetz auf dem Boden ausbreitet. Der Fischer weiß sofort, nach wem wir suchen, und begleitet uns an teils betrunkenen, teils heruntergekommenen Gestalten vorbei, bis wir schließlich vor einer Strohhütte stehen bleiben, die Jumas Vater gehören soll. Im Vergleich zu den anderen Strohhäusern dieser Siedlung verdient diese Hütte höchstens die Bezeichnung »Unterschlupf«. Unweit vom Ufer steht sie auf weichem Sandboden mit windschiefen Wänden aus geflochtenen Palmenblättern, die das Strohdach nur unzureichend stützen. Die ebenfalls geflochtene Eingangstür ist halb geöffnet.
»Hodi«, ruft Msafiri hinein, während wir uns im Hintergrund halten. Ich nehme Jumas Hand und spüre den Schweiß auf seiner Haut. Die Erinnerungen an seinen Vater stehen ihm ins Gesicht

geschrieben. All die Schläge, die unberechenbaren Launen und der Hass, mit dem er sein eigenes Kind schließlich aus dem Haus gejagt hat. Ich werde das Gefühl nicht los, dass Juma auch jetzt noch glaubt, dass sein Vater wütend auf ihn losgehen könnte.

»*Nani?* Wer ist da?«, ertönt es von drinnen. Ohne die Antwort abzuwarten, tritt ein barfüßiger Mann Mitte fünfzig mit leicht ergrautem Haar hervor und blickt uns erstaunt, aber freundlich an. Sein blaues Hemd ist nur zur Hälfte zugeknöpft und das Gesicht unrasiert. Zuerst begrüßt er Msafiri, dann mich, und schließlich bleibt sein Blick lange auf Juma ruhen. Es ist völlig still um uns herum, nur das gleichmäßige Rauschen des Meeres ist zu hören.

«*Habari za siku nyingi?* So viel Zeit ist vergangen … Wie geht es dir?«, bricht er schließlich die Stille und blickt Juma mit einem Lächeln an.

Ist dieser Mann nun wirklich Jumas leiblicher Vater? Msafiri liest mir die Frage von meinen Augen ab und bestätigt es mir durch ein leichtes Nicken. Tatsächlich! Ich kann es kaum glauben – wir haben es geschafft! Vor uns steht ein, zumindest auf den ersten Eindruck, freundlicher Mann, in dessen Augen ich wahre Freude über das Wiedersehen mit seinem Sohn entdecken kann.

»Hallo, Baba, ich … ich bin gekommen, um dich zu besuchen. Und ich habe Geschenke für dich dabei«, bringt Juma nur mühsam hervor und überreicht ihm sogleich das nagelneue Handy, um von sich abzulenken und der beklemmenden Situation nicht vollkommen ausgeliefert zu sein. Baba nimmt das Geschenk mit einer leichten Verbeugung entgegen und verschwindet kurz in seine Hütte, um uns eine Strohmatte herbeizuholen.

»Es ist tatsächlich mein Vater. Er ist alt geworden, ich kann mich kaum mehr an sein Gesicht erinnern«, flüstert Juma mir zu.

Baba kommt mit einer großen Strohmatte zurück. Als wir uns alle im weichen Sand niedergelassen haben, beginnt er recht hilflos auf

seinem ersten Handy herumzutippen. Ich gebe Juma ein Zeichen, dass er Baba jetzt noch den schwarzen Hut überreichen soll.
»Hier, Baba, das ist auch noch für dich«, sagt er verlegen und überreicht ihm den Hut. Babas Augen leuchten, als er mit seinen Händen über das feine Samtleder streicht.
»Mein Junge, heute ist wirklich ein außergewöhnlicher Tag, an dem du mich so überraschend besuchst und mich so reichlich beschenkst!«, sagt er überwältigt und setzt sich den Hut sogleich auf. Geschenke haben in Tansania eine wichtige Bedeutung. Sie zeugen von Erfolg und Wertschätzung, und mit leeren Händen aufzutauchen wäre eine große Blamage.
Nicht nur die Geschenke erregen die Aufmerksamkeit der Nachbarn, auch Weiße scheinen hier in der Fischersiedlung nicht oft vorbeizukommen. Immer wieder lugen neugierige Gesichter zu uns herüber, und manche Anwohner ruft Baba sogar zu uns.
»Das ist mein Sohn Juma!«, erzählt er stolz seinen Freunden und Bekannten. »Er ist heute extra aus Dar es Salaam mit seiner Frau zu mir gekommen!«
Bei diesen Worten zuckt Juma zusammen. »Mein Sohn …«, wiederholt er leise und schüttelt den Kopf.
Plötzlich fällt mir der Fluch ein. Hat Baba nicht soeben die magischen Worte ausgesprochen? »Mein Sohn« hat er gesagt. Das heißt doch, er hat nach achtzehn langen Jahren den Bann über seinem Sohn aufgehoben.
Aber Juma scheint das zu schnell zu gehen – innerhalb weniger Minuten soll er sich vom jahrelang verfluchten Kind zum anerkannten Sohn gewandelt haben? In seinen Augen stehen Tränen, doch er reißt sich zusammen. Die vielen Fragen seines äußerst gutgelaunten Vaters nach seinem jetzigen Leben, seinem Haus und über Europa beantwortet er knapp und gequält. Sein Schmerz sitzt tief.
Baba scheint nicht bewusst zu sein, wie sehr sich Juma sein Leben

lang nach einem richtigen Vater, nach seiner Liebe, Anerkennung und Unterstützung gesehnt hat. Hat er seine Worte, mit denen er seinen Sohn so früh von zu Hause vertrieben hat, jemals bereut? Und wenn ja, wird er es je zugeben?

Wir sitzen noch eine Weile beisammen, doch nach einer halben Stunde wird Juma zunehmend unruhiger. »Wir sollten rechtzeitig zum Salzwerk zurück, um uns nach einer Mitfahrgelegenheit zu erkundigen«, drängt er schließlich zum Aufbruch. »Busse gibt es ja keine, und übernachten wollen wir hier auch nicht.«

Juma hat recht. Wo sollten wir auch schlafen? Außer den »Unterschlüpfen« der anderen Fischer, denen der exzessive Alkoholgebrauch auch tagsüber ins Gesicht geschrieben steht, gibt es hier rein gar nichts. Wir erheben uns und schütteln den Sand von uns ab, während Baba die Strohmatte einrollt, um sie in seiner Hütte zu verstauen.

Baba begleitet uns den schmalen Hochpfad über die Meeresbucht zurück. Es ist mittlerweile noch heißer als auf dem Hinweg, und ich muss mir schützend die Hand vor die Augen halten. Das Meer reflektiert gnadenlos die starken Sonnenstrahlen.

Juma trottet hinter uns her, während ich die Gelegenheit ergreife und Baba von unserer letzten Deutschlandreise berichte. Ich erzähle von der harten Fabrikarbeit, die Juma jeden Tag bis tief in die Nacht vor den großen Maschinen erledigt hat.

»Junge, ich staune wirklich. Wie hast du das bloß alles geschafft, wonach andere ihr Leben lang vergeblich streben?«, staunt Baba und dreht sich zu Juma um.

»Ich musste eben schon immer für mich selbst kämpfen«, murmelt Juma vor sich hin, ohne seinem Vater dabei in die Augen zu sehen. Doch der nickt nachdenklich, merkt wohl langsam, dass noch immer Steine zwischen ihnen liegen, die nur er beseitigen kann.

Nach einer Viertelstunde kommen wir zu einem großen Platz, auf dem gerade ein paar Lastwagen mit Salzsäcken beladen werden. Bevor sich Baba bei den Fahrern nach einer Mitfahrgelegenheit für uns umhört, führt er uns in eine offene Buschbar und spendiert uns allen eine Cola.

Hier fehlt es uns wenigstens nicht an Unterhaltung.

»War das nicht gerade Ally, der alte Gauner?« ruft ein Mann in die Runde, nachdem Jumas Vater die Bar in Richtung der Lastwagen verlassen hat.

Neugierig geworden, geht Juma auf die Männer zu. »Kennt ihr diesen Ally gut? Erzählt mir doch etwas über ihn«, spricht er sie an.

»Den kennt doch jeder hier«, antwortet ihm ein verschwitzer Kerl mit Bierbauch. »Es vergeht keine Nacht, in der er nicht sturzbesoffen ist und Streit anfängt. Hab ich nicht recht, Männer?«, ruft er.

»Ja, Abdullah hat recht!«, grölt ein anderer daraufhin. »Mit seinem Geschrei jede Nacht macht er sich bei allen zum Gespött!«

Auch eine junge Frau, die in ihrer aufreizenden Aufmachung wie eine Prostituierte aussieht, mischt sich nun ein. Ihre Pupillen und ihr ausgemergelter Körper verraten, dass sie auf Drogen ist. Gegenseitig feuern sich die mitleiderregenden Gestalten in ihren Geschichten über Jumas Vater an, froh ein noch schwächeres Opfer für ihren Spott gefunden zu haben.

»Jetzt reicht es aber!«, bricht es schließlich aus Juma hervor. Aus seinen Worten klingt all die angestaute Bitterkeit über das, was ihm sein Vater und solche Menschen wie sie ihm angetan haben, heraus.

»Wisst ihr, ich habe meinen Vater das letzte Mal gesehen, da war ich sieben Jahre alt. Ich war ein Kind und brauchte Schutz – und was hat er getan? Er hat mich verflucht und fortgejagt. Seitdem muss ich mich allein durchs Leben schlagen, aber heute bin ich hier. Ich bin den weiten Weg aus Dar es Salaam gekommen, um ihn zu sehen und um meinen Frieden mit ihm zu machen. Denn sonst wird es mir auch irgendwann so gehen wie ihm. Ich will ein besseres Leben, aber dafür brauche ich seinen Segen. Auch wenn er ein Trinker und Unruhestifter ist, bleibt er mein Vater!«

Ein Raunen geht durch die Runde. Einer der Männer klopft Juma anerkennend auf die Schulter. »Ich wünschte, meine Tochter sähe das so wie du. Ich habe sie seit über zehn Jahren nicht mehr gesehen, und meine Enkel kenne ich gar nicht. Wahrscheinlich erzählt sie ihnen, ich sei schon längst tot … Jetzt geh zu deinem Vater, Junge!« Und auch die anderen pflichten ihm bei, wie anständig Juma doch sei.

In dem Moment kommt Baba zurück. Ein Lastwagen wird gleich nach Dar es Salaam aufbrechen und hat noch Platz für uns drei.

Rasch gehen Msafiri und ich in Richtung Parkplatz, doch Juma zögert noch einen Moment. Etwas Wichtiges fehlt noch. Etwas, ohne das er nicht gehen kann.

Baba scheint zu verstehen und nimmt Jumas Hand in die seine. »Mein Sohn. Möge dein Leben voller Freude und Erfolg sein. Komme bald wieder deinen Vater besuchen und vergib ihm, er ist nun ein alter Mann. Gehe nun in Frieden. Gott beschütze dich!«

Jumas Gesicht erhellt sich mit einem Mal, das scheint der Satz gewesen zu sein, der Schlüssel für seine Zukunft.

»Leb wohl, Baba, leb wohl. Das nächste Mal komme ich wieder, nicht als Fremder, sondern als Sohn!«, ruft er ihm nach und klettert schnell zu uns in den Lastwagen.

Unsere Fahrt durch den Saadani-Nationalpark kann beginnen. Mit einem seligen Lächeln auf den Lippen blickt Juma still aus dem Fenster, und gemeinsam beobachten wir, wie jetzt zur Abendstunde eine Giraffen-Familie mit ihrem Jungen unter einem Akazienbaum weidet. Hier und da sehen wir auch Antilopen an uns vorüberziehen, und zusammen mit dem gelungenen Wiedersehen erfasst mich ein tiefes Glücksgefühl, das schöner nicht sein könnte.

»Danke, Nicky!«, bricht Juma schließlich nach einer Weile das Schweigen im Wagen. »Danke, dass du mich hierhergebracht hast.

Nächstes Jahr, wenn ich genug Geld habe, werde ich Baba ein eigenes Fischerboot kaufen, damit auch er ein besseres Leben haben kann«, rundet er die einmalige Atmosphäre ab, bevor vollkommene Dunkelheit die Wildnis Afrikas bis zu einem neuen wertvollen Tag verhüllt.

~

20. März 2007, Nyerere National Airport, Dar es Salaam. Mit dem Ziel vor Augen, in Österreich auf einer Alm Kühe zu melken, besteigen wir das Flugzeug, das uns zuerst wieder zu »unserer« Familie nach Deutschland bringen wird. Wir blicken einem abenteuerreichen Sommerhalbjahr in Europa entgegen, in dem wir ein weiteres Kapitel unserer ganz besonderen Liebesgeschichte erleben werden.
Unsere gemeinsame Reise durchs Leben ist noch lange nicht zu Ende. Vieles lässt sich planen, aber meist kommt es dann doch ganz anders. Leben statt träumen, offen für alles und jeden zu sein und sich von Gewohnheiten und gesellschaftlichen Zwängen befreien – damit lassen sich selbst Sterne vom Himmel holen.

Maisha ni furaha
Life is happiness
Leben ist Freude

Epilog

Ich habe sechzehn Jahre auf der Straße gelebt. Dann habe ich mich geändert, und nun führe ich ein gesellschaftlich anerkanntes Leben.
Du, Nicky, hast mich von der Straße geholt, mir einen Platz zum Schlafen besorgt, mir Essen und Kleider gegeben. Für alles, was du für mich getan hast, möchte ich dir danke sagen, denn du hast weder aussortiert noch diskriminiert.
Auch in Deutschland bin ich lieben Menschen begegnet, die mir jederzeit mit Rat und Tat zur Seite standen. Danke dafür, dass ihr mir gezeigt habt, wie man in Liebe und Frieden miteinander lebt.

Juma, 22. September 2006, Deutschland

Katika maisha yangu niliishi miaka kumi na sita mitaani, baadaye nimebadilika, nimeingia kwenye jamii.
Wewe, Nicky, ulinitoa mimi mitaani, na kunionyesha sehemu kwa kulala, hata kula na kuvaa. Nasema kwa kila jambo ulionisaidia nashukuru sana kwa msaada wako, kwani hujachagua wala hujabagua.
Kwa wote walionisaidia Ujerumani ninasema ninashukuru kwa kila mali na hali. Kwa kuwa na amani na upendo bila kuweka chuki na mtu yoyote.

Juma, 22/09/2006, Ujerumani

Danksagung

An erster Stelle möchte ich meiner Lektorin Angela Gsell von ganzem Herzen danken, ohne die es *Sternendiebe* nicht gegeben hätte. Danke für die wunderbare Zusammenarbeit und die Bereitschaft, sich nicht nur in mich, sondern ganz besonders in die fremde Welt eines Straßenjungen einzufühlen.
Programmleiter Klaus Fricke, der bei unserer ersten Begegnung sofort erkannte, wie »stur« ich bin, und unserem Buch dennoch eine Chance gab.
Monika Weissenbacher und Thorsten Wieser, meine langjährigen Freunde aus der Schulzeit, die mich, obwohl sie mich so wenig sehen, nie vergessen haben und mich bei meinen Deutschlandbesuchen stets mit offenen Armen empfangen.
Carmen Essigbeck, unsere liebe wissbegierige Nachbarin, die Juma und mir besonders in der ersten Zeit in Deutschland die größte Stütze war und in ihren Träumen immer bei uns in Afrika ist.
Ilse Setzepfand, deren Warmherzigkeit und trostspendende Kraft mich überall in der Welt erreichen.
Manfred Bürkle, den menschlichsten Firmenchef, den man sich nur wünschen kann.
Für das große Engagement, mich bei der Verlagssuche zu unterstützen, möchte ich danken:
Dagmar Stuhrmann vom *Zollern-Alb Kurier,* Albstadt
Birgit Trinkle von der *Remszeitung*, Schwäbisch Gmünd
Kerstin Henze bei MDR SPUTNIK mit Jörg Poppendieck
Denise Philipp von der Jugendzeitschrift MÄDCHEN
Der University of Albstadt-Sigmaringen, für die schöne Studentenzeit und die Ermöglichung meiner langjährigen Auslandsaufenthalte in Australien, Indien und Tansania.
Ganz besonders geht mein Dank an:

meine Eltern, dass sie Juma wie ihren eigenen Sohn angenommen haben,
meinen Bruder Andreas, der mir alles schickt, was ich aus Deutschland brauche,
meine Oma, die mich mit ihren handgeschabten Spätzle glücklich macht.